プログラミング新作法

これからプログラムを書く人のために

荒木雅弘・著
ARAKI MASAHIRO

JN205677

講談社

まえがき

　本書は「これからプログラムを書く人」のために，「これからの時代」に求められるプログラミングに関する基礎知識の習得を目指して執筆したものです。まず C 言語の学習から始めて，プログラミングの基本とコンピュータ内部での実行イメージを学びます。次に，開発効率の向上・ミスの削減・わかりやすいコードなどを目指して導入されたさまざまなアイディアを，Java, Elixir, Rust, Python, JavaScript といった広く使われている各種プログラミング言語を使って紹介します。ただしこれらの言語の紹介においては，それぞれの言語仕様全体をカバーすることは意図していません。構造化プログラミング・オブジェクト指向・関数型・安全性・エコシステムなど現代のプログラミングを理解するために必要な概念について，その実現方法を明確に説明しやすい言語を選択して配置しています。説明するときには C 言語やそれまでの章で取り上げた言語との違いに基づいて新しい概念を導入することが多いので，本書は 1 章から順に読むことをおすすめします。

　また，本書はプログラミング言語の説明だけではなく，VS Code, Git, Docker などの開発環境についての導入も行います。紹介するツールやシステムは，プログラミングを現実の問題解決のツールとして活用するときに必要となるものです。使い方の事例は基本的な手順のみにとどめ，背景にある考え方を中心に説明します。

　もう 1 つの本書の特徴として，ChatGPT や GitHub Copilot などの生成 AI の活用ノウハウを随所に紹介している点があります。生成 AI はプログラミングおよびその学習において必要不可欠なものとなりつつあります。ぜひ，積極的に活用してください。

・本書の内容に関して適用した結果生じたこと，また，適用できなかった結果について，著者および出版社は一切の責任を負えませんので，あらかじめご了承ください.
・本書に記載されている Web サイトなどは，予告なく変更されていることがあります. 本書に記載されている情報は，2024 年 7 月時点のものです.
・本書に記載されている会社名，製品名，サービス名などは，一般に各社の商標または登録商標です. なお，本書では，™,®,© マークを省略しています.

目次

まえがき ii

第1章 はじめに　　　1

1.1 プログラミングに必要な知識とは 2
1.2 本書の構成 4
1.3 プログラマに伴走する生成 AI 6
1.4 コーディング環境 10
　　　1.4.1　オンライン実行環境 10
　　　1.4.2　ローカルでのコーディング環境 10
1.5 まとめ 16

第2章 C言語からはじめよう　　　17

2.1 C言語とは 18
2.2 入力・演算・出力 19
　　　2.2.1　変数・定数・リテラル 22
　　　2.2.2　演算子 26
　　　2.2.3　入出力関数 29
　　　2.2.4　数値計算を行うプログラム例 31
　　　2.2.5　配列 33
　　　2.2.6　文字と文字列 35
2.3 制御構造 38
　　　2.3.1　条件分岐 38
　　　2.3.2　繰り返し 42
　　　2.3.3　構造化プログラミング 48
2.4 関数 49
　　　2.4.1　main 関数 49
　　　2.4.2　ライブラリ関数 50

2.4.3	ユーザが定義する関数	51
2.4.4	スコープと記憶域期間	52
2.4.5	関数を用いたプログラム例	53

2.5 ポインタ 55

2.5.1	ポインタと関数呼び出し	56
2.5.2	ポインタと配列	56
2.5.3	関数ポインタ	58

2.6 構造体と共用体 59

2.6.1	構造体	60
2.6.2	共用体	62

2.7 リソース管理 63

2.7.1	ファイル入出力	64
2.7.2	動的メモリ確保	67
2.7.3	並行・分散処理	70

2.8 まとめ 73

第3章 プログラムが動く仕組み 75

3.1 ハードウェアとソフトウェア 76

3.2 ハードウェアの構成 77

3.2.1	CPU	78
3.2.2	メモリ	79
3.2.3	I/O コントローラ	81

3.3 プログラムの実行 82

3.3.1	アセンブリ言語の基本	82
3.3.2	C プログラムとアセンブリ言語の対応	84
3.3.3	数の表現	87
3.3.4	メモリ領域の使い方	94

3.4 ソフトウェアの構成 104

3.4.1	オペレーティングシステム	105
3.4.2	言語処理系	109

3.5 仮想化技術 113

3.5.1	クラウドコンピューティング	113
3.5.2	仮想マシン	114
3.5.3	コンテナ	115

3.6　まとめ 116

第4章　Java：オブジェクト指向　117

4.1　手続き型から新しいパラダイムへ 118
4.2　Java の基本 119
　4.2.1　言語仕様の概要 121
　4.2.2　入力・演算・出力 122
　4.2.3　配列 127
　4.2.4　制御構造 127
4.3　Java におけるオブジェクト指向 128
　4.3.1　オブジェクト指向の考え方 129
　4.3.2　クラス 129
　4.3.3　レコード 134
　4.3.4　オブジェクトの仕組み 136
4.4　オブジェクトによるエラー処理 142
　4.4.1　エラー処理におけるイベントとハンドラ 143
　4.4.2　非チェック例外 145
　4.4.3　チェック例外 147
4.5　データ構造 150
　4.5.1　コレクションフレームワーク 150
　4.5.2　ジェネリックスと型パラメータ 152
　4.5.3　要素へのアクセス 153
　4.5.4　メモリ管理 158
　4.5.5　コレクションフレームワークを用いたプログラム例
　　　　 159
　4.5.6　データベース 161
4.6　オブジェクト指向における問題解決 164
　4.6.1　UML による図式化 164
　4.6.2　デザインパターン 167
4.7　まとめ 170

v

第5章 Elixir：関数型　171

5.1 関数型プログラミングとは 172
5.2 関数型言語 Elixir 173
5.2.1 Elixir の処理系 174
5.2.2 Elixir の基本 175
5.3 関数型言語の典型的な処理 182
5.3.1 Map 183
5.3.2 Filter 185
5.3.3 Reduce 187
5.4 並行処理 188
5.4.1 単純なプロセス生成 189
5.4.2 プロセスの監視 192
5.4.3 エージェント 193
5.4.4 非同期処理 195
5.5 まとめ 197

第6章 プログラミングを支える環境　199

6.1 開発方法論の変遷 200
6.2 バージョン管理 203
6.2.1 Git の基本操作 205
6.2.2 ブランチの操作 207
6.2.3 GitHub 210
6.3 パッケージマネージャ 211
6.4 コンテナ 212
6.4.1 Docker の構成 212
6.4.2 Docker のコマンド 214
6.5 統合的コーディング環境 214
6.5.1 エディタとしての VS Code 215
6.5.2 クライアントとしての VS Code 216
6.5.3 生成 AI の活用 216
6.5.4 Git との連携 218
6.5.5 Docker との連携 219

6.6　まとめ 220

第 7 章　Rust：高性能と安全性の追求　221

7.1　Rust の基本 222
　　7.1.1　Rust の歴史と位置づけ 222
　　7.1.2　パッケージマネージャ Cargo........................... 223
　　7.1.3　基本的な文法 225
　　7.1.4　数値計算プログラムの例 228
7.2　型安全性 230
　　7.2.1　型の分類 230
　　7.2.2　型推論 232
　　7.2.3　列挙型による値の限定 233
7.3　メモリ安全性 239
　　7.3.1　C 言語のメモリ管理 239
　　7.3.2　Java のメモリ管理 240
　　7.3.3　Rust のメモリ管理手法 242
　　7.3.4　ライフタイム 243
7.4　スレッド安全性 245
7.5　まとめ 248

第 8 章　Python：スクリプト言語からエコシステムへ　249

8.1　Python の歴史と位置づけ 250
8.2　Python の基本... 252
　　8.2.1　記憶・演算・入出力 252
　　8.2.2　データ構造と型 254
8.3　Python のプログラム構造 258
　　8.3.1　制御構造 258
　　8.3.2　関数 262
　　8.3.3　クラス 264
　　8.3.4　ファイル入出力 266
8.4　Python のエコシステム 267
　　8.4.1　ライブラリ 267

8.4.2	機械学習ライブラリの事例	270
8.4.3	Project Jupyter	272

8.5 Python と生成 AI 275

8.6 まとめ 276

第 9 章 JavaScript： web アプリケーション開発　277

9.1 JavaScript とは 278

9.2 web の仕組み 279
- 9.2.1 HTML 279
- 9.2.2 CSS 281
- 9.2.3 クライアント側での処理 283
- 9.2.4 サーバ側での処理 284

9.3 JavaScript の文法 287
- 9.3.1 変数 287
- 9.3.2 入出力 287
- 9.3.3 制御構造 288
- 9.3.4 関数 288
- 9.3.5 クラス 289
- 9.3.6 JSON 290

9.4 TypeScript 291
- 9.4.1 型ヒントと型推論 291
- 9.4.2 型エイリアス 291
- 9.4.3 Union 型 292
- 9.4.4 型の互換性 293

9.5 JavaScript/TypeScript のコーディングパターン ... 294
- 9.5.1 web API の利用 294
- 9.5.2 生成 AI を用いたバックエンドのコーディング 295
- 9.5.3 生成 AI を用いたフロントエンドのコーディング ... 299

9.6 まとめ 304

あとがき 305

参考文献 307

索引 308

第1章

はじめに

本章では，本書の特徴的なアプローチである多様なプログラミング言語の習得がなぜ必要なのかという理由の説明から始め，本書の構成，生成 AI とプログラミングとの関係，コーディング環境の導入と進めていきます。

1.1 プログラミングに必要な知識とは

著者の理解では，2022年頃を境に「プロとしてプログラムが書ける人」に求められる能力が大きく変わりました。それまでは，広く利用されているプログラミング言語であるC言語・Java・Python・JavaScriptなどの中から1つを選んでプログラミングの基礎的概念を学び，その後に，組み込み・webアプリケーション・データサイエンスなど，それぞれの応用分野の流儀（流行のライブラリやフレームワークの使い方）を身につければ，しばらくは専門に特化した開発者として仕事ができました。しかし，時代はVUCA（Volatility, Uncertainty, Complexity, Ambiguity; 変動性，不確実性，複雑性，曖昧性）とよばれる不確実で予測不可能な状態となり，これまであまり経験してこなかった事態に対して情報技術を用いた迅速な対応が求められるようになりました。そのような中，生成AIが登場しました。2022年11月にOpenAI社が公開したChatGPTのような生成AIを利用すると，これまでにない問題に対しても自然言語で問題を記述するだけで，それに対する解決策としてのコードをかなり正確に生成できるようになりました（図1.1）。

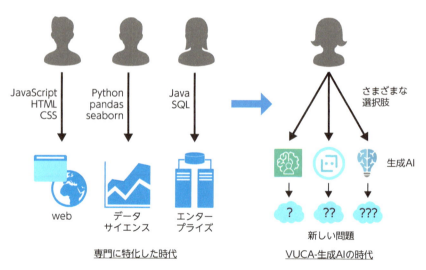

図1.1 専門特化の時代からVUCA-生成AIの時代へ

1.1 プログラミングに必要な知識とは

　生成AIの助けを借りたプログラミングによって問題解決が容易になり，今後はプログラマが不要になるのではないかという楽観的な見方もあります。しかし，問題解決への唯一の正当なアプローチは，その問題における根本的な本質部分を理解し，解決案をデザインし，実装することです。プログラミングはこの最後の実装段階のツールの1つなので，手持ちの解決案の選択肢が少なかったり，問題点が十分に分析できていないような状況では，ノーコード／ローコードツール[注1]などを使ってうわべだけはとにかく動くようなシステムを作っても本質的な問題解決にはつながりません。現実の問題に対する解決案の候補は多岐にわたり，そのすべてをカバーするツールやプログラミング言語はありません。それぞれのプログラミング言語には，得意とする問題領域や，提供される機能，性能特性などに違いがあります。また，言語ごとに，その言語で書かれたプログラムの部品であるライブラリや，開発を支援するツールおよびフレームワークなどを含む，言語固有のエコシステムが存在します。

　適切な解決案を考案し実装するためには，問題の性質を理解し，その問題に適したプログラミング言語を選択する必要があります。さらに，選択した言語のエコシステムを活用することで，効率的に開発を進めることができます。そのため，さまざまな特性を持つプログラミング言語とそのエコシステムに精通していることが，問題解決に役立つのです。

Focus　プログラムとコード

「プログラム」という単語と「コード」という単語は，ほぼ同じ意味で用いられます。一般的にはプログラムはコンピュータが実行する命令の列を表すもの，またコードは特定のプログラミング言語による命令記述を指すことが多いようですが，本書では文脈に応じてよく使われるほうで表記し，厳密には区別しません。

　このような状況においては，前述の「プロとしてプログラムが書ける人」という概念を再定義する必要があります。現段階の生成AIの能力は，作りたいものの仕様を漠然と与えられただけでシステム全体を自動的に作成してくれる，

注1　ノーコード／ローコードツール
　　あらかじめ用意された部品を組み合わせることでプログラミングを行わずに（または必要最小限のコードだけを書いて）システムを構築するツールです。

というところまでは至っていません。生成 AI に対して日本語や英語などの自然言語を用いて適切な粒度の仕様をプロンプトとして与えれば，ほぼ正確に動作するコードを生成することはできます。また，そのようなコードに対するテストや実行のための環境設定ファイルなども生成させることが可能です。このような状況で開発者に要求される技能は，求められている仕様を適切な粒度で正確に記述すること，生成されたプログラムがその仕様に従っているかを判断すること，適切なテストや修正を行う（あるいは生成 AI にテスト・修正させる）ことです。

　そのためには，対象としている分野における問題解決法として主流となっているプログラミング言語およびエコシステムは何か，その典型的な解決パターンはどのようなものか，どの程度の粒度に問題を分割すれば生成 AI が正しいコードを生成しやすいか，生成されたコードが問題解決のデザインに合っていることを確認するには何をすればよいか，というような知識が必要になります。このような知識があれば，問題解決の各手順において生成 AI に与える指示を正確に自然言語で表現できるようになります。

　つまり，「プロとしてプログラムが書ける人」に求められるものは，問題を正しく理解し，生成 AI を使いこなしながらその時点でもっとも信頼されている解決法を用いた実装が行えること，ということになります。本書ではこのような力をつけることを目指します。

1.2 本書の構成

　本書では C 言語についての理解を出発点におきます。その後，プログラムの原理的な理解を求めてコンピュータ内部に下がっていく方向と，高度なプログラミングを求めてコーディング方法論やエコシステムに上がっていく方向の両方をカバーします。前者は作成するプログラムの性能向上と安全性追求の観点から必要な知識になり，後者は有用なシステムを適切なプログラミング言語を用いて開発するという観点から必要な知識になります。これらの説明の過程で現代のプログラミング言語が取り入れてきた安全性・オブジェクト指向・関数型プログラミングおよび各プログラミング言語の開発を支えるエコシステムなどの概念を紹介します（図 1.2）。

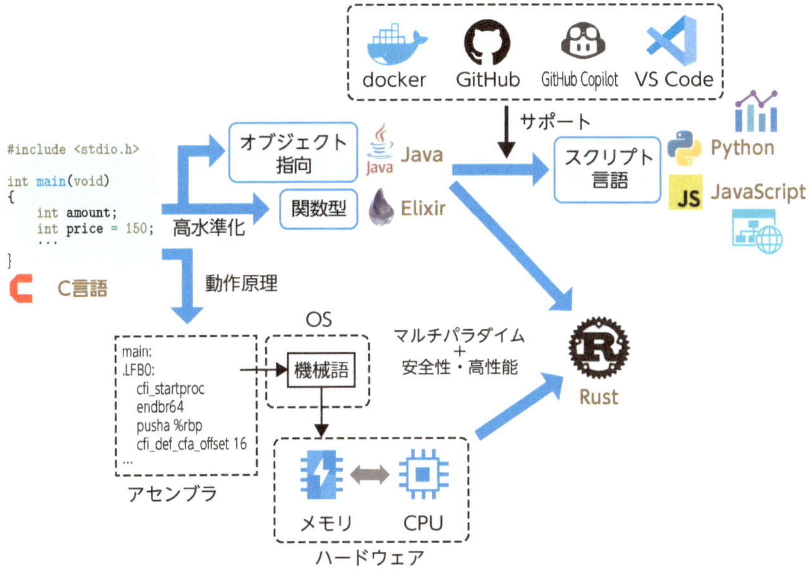

1.2 本書の構成

docker GitHub GitHub Copilot VS Code

サポート

```
#include <stdio.h>

int main(void)
{
    int amount;
    int price = 150;
    ...
}
```

C言語

オブジェクト指向 Java Java

関数型 Elixir

高水準化

スクリプト言語 Python

JavaScript

動作原理

OS

```
main:
.LFB0:
    cfi_startproc
    endbr64
    pusha %rbp
    cfi_def_cfa_offset 16
    ...
```

機械語

マルチパラダイム
＋
安全性・高性能

Rust

アセンブラ

メモリ ⇄ CPU

ハードウェア

図1.2　本書の全体像

　具体的には2章でC言語の基礎的な文法（変数・演算・配列・制御構造・構造体・ポインタ・関数定義など）を説明し，3章でC言語のプログラムがハードウェア上でどのように実行されるかを説明します。4章ではJavaを用いてオブジェクト指向によるプログラムの抽象化について説明します。5章ではElixirを用いてプログラミングを関数の合成とみなす関数型言語の考え方を説明します。6章では，いったん個別のプログラミング言語から離れて，バージョン管理を行うGit，仮想環境を作るDocker，高機能エディタVisual Studio Code，コード生成を助けるGitHub Copilotなど，実務において不可欠なツールやサービスを紹介します。これらのツールのアイディアを理解し，ある程度利用できるようになると，7章以降のエコシステムが充実した言語の勉強に取り組みやすくなります。7章では，安全性と高性能の両立を目指して設計されたRustの概要を説明します。8章と9章では，新しいプログラミングの考え方を取り入れつつ，特定分野のアプリケーションを手軽に作成することができるスクリプト言語を紹介します。8章では，データサイエンス・機械学習を題材としてPythonを，9章ではwebアプリケーションの開発を題材としてJavaScriptを取り上げます。

5

本書で説明の出発点においた C 言語は，開発されてから約 50 年（本書執筆時点）が経過していますが，大学の情報系学科の多くで今でも情報工学の核となるものとして初年次専門教育などに位置づけられています。そして，その知識を前提として発展的なカリキュラムが構成されています。本書でもこの観点に基づき，C 言語に関する理解を核として，ここからどのような必然性を持ってさまざまなプログラミング技術が発展してきたか，という視点で現在広く使用されている技術を紹介します。

1.3 プログラマに伴走する生成 AI

1.1 節でキーテクノロジーとして紹介した生成 AI を用いると，自然言語で記述された仕様からコードを生成することができます。図 1.3 は，ChatGPT で提供されている gpt-4 のインタフェースに，地域ごとの売上額を記載した表形式のデータ data1.csv をアップロードし，「Python で data1.csv というファイルを読み込んで，棒グラフを出力するコードを書いてください」というプロンプトを与えたものです。指示した内容に応じたコードと，その実行結果が出力されています（図を見やすくするためにグラフの位置を変更しています）。

図 1.3　生成 AI によるプログラム生成の例

このように，問題解決ステップの一部としてプログラムを生成し，その実行結果を問題解決ステップに組み込むような機能を，**Code Interpreter** とよびます（図 1.4 左）。生成したコードに対しては，アップロードしたファイルを読み込ませたり，web 検索の結果を利用するように指示することもできます。Code Interpreter の機能については，Python によるデータ集計や可視化が典型的な活用例です。

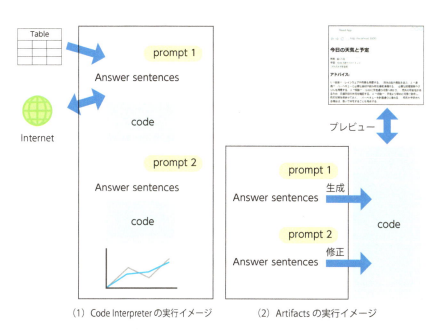

（1）Code Interpreter の実行イメージ　　（2）Artifacts の実行イメージ

図 1.4　生成 AI を活用したプログラミングのイメージ

また，Anthropic 社製 Claude 3.5 Sonnet の **Artifacts** 機能では，コード生成のための対話と生成物であるコードを分離して管理し，コード実行結果のプレビューを行うことができます（図 1.4 右）。生成物は，プログラムだけに限定されずにかなり広い範囲のテキスト出力が含まれ，プレビュー対象の生成物としては，(1) 固定出力系（Markdown, SVG, mermaid, コード），(2)web サイト（HTML + CSS + JavaScript），(3)React コンポーネントが挙げられています[注2]。特に，(2)(3) はユーザからの入力を反映させて動作させることができるの

注2　web 技術や React については 9 章を参照。

第 1 章 はじめに

で，web サイトやアプリを実際に操作しながら，仕様を洗練することで完成に近づけていくことができます。これらの Artifact は公開することができ，さらに，remix 機能を用いると，変更点をプロンプトで指示することで公開 Artifact を自分用にカスタマイズすることができます。

　このような生成 AI はプログラミングにどのような影響を与えるのでしょうか。2023 年 1 月，米国の計算機学会 ACM（Association for Computing Machinery）の学会誌に，生成 AI によってプログラミングの必要がなくなるとする記事 "The End of Programming"（プログラミングの終焉）[注3] が掲載されました。この記事では，これからはアルゴリズムやデータ構造に基づいて人手でコードを書くことはなくなり，生成 AI に少数の事例と評価法を与えることで必要とするコードが生成されるようになると予測しています。そのような状況では生成 AI に正しい指示を与える方法を習得することが重要になるので，プログラミングを習得する必要はなくなるのではないか，と主張しています。

　これに対して，同学会誌の翌月号にはこの記事への反論として，"The Premature Obituary of Programming"（早すぎるプログラミングへの訃報）[注4] という記事が掲載されました。人手によるコーディングから生成 AI によるプログラミングへの置き換えは段階的には進むものの，一斉に全プログラマが不要になるようなことはないという趣旨です。その根拠は，社会環境の変化や技術の進歩によってソフトウェアは発展を続けるので，人間が新たなプログラムを記述する必要性は必ず残り，その新たなプログラムを学習データとすることによって生成 AI のレベルが上がるという循環が生じるというものです。

　本書では後者に近い観点から，生成 AI の活用は各分野で進むものの，プログラミングの必要性はなくならないという立場をとります。それぞれのプログラミング言語には得意とする分野があり，分野ごとに有用なライブラリやフレームワークからなるエコシステムが組み上げられてきました[注5]。未知の問題に対処するためには，自分が技術的経験を積み重ねてきた 1 つのプログラミング言

注3　M. Welsh. The End of Programming. Communications of the ACM, 66(1):34-35, 2023.
　　　URL: https://cacm.acm.org/magazines/2023/1/267976-the-end-of-programming/fulltext, doi:10.1145/3570220.

注4　D. M. Yellin. The Premature Obituary of Programming. Communications of the ACM, 66(2):41-44, 2023.
　　　URL: https://cacm.acm.org/magazines/2023/2/268950-the-premature-obituary-of-programming/fulltext, doi:10.1145/3555367.

注5　ライブラリ・フレームワーク・エコシステム
　　　ライブラリは部品，フレームワークは枠組み，エコシステム（生態系）はそれらの集合体を意味します。

語やエコシステムのみにこだわるのではなく，さまざまな体系を横断して解決案を比較・検討，そして実装する必要があります。

　新しい技術は日々改良され，特定の問題分野における推奨解法（いわゆるベストプラクティス）が次々と入れ替わります。生成AIがプログラミングに必要な作業の大部分を置き換えていく時代においては，これまで直面したことのない問題に対して，日々生まれる新しい技術を組み合わせて迅速に解決案を提示する能力が必要とされています。特に解決法が確立されていない問題に対しては，広汎な技術の理解がキーとなります。これは，現代プログラミング言語を支えるさまざまな技術に精通している必要があるということです。これによってはじめて，問題を適切に分割し，分割された問題への解決法として生成AIによって書かれたコードが正しいかどうかを判断できるようになります。

　実際の開発過程では，生成AIは伴走者としてプログラマを助けてくれます（図1.5）。Microsoft社は，自社の生成AIサービスをCopilot（副操縦士）と名づけて，ユーザを支援することを強調しています。現状では，プロンプトの書き方に関するノウハウを駆使しなければプログラミングにおける適切な伴走者の役目を生成AIに担わせるのは難しいのですが，将来的にはエラーを自動的に修正するようなエージェント技術を中心とする生成AIの進化とともに，より知的なサポートができるようになることが期待されます。そのときに備えて，現状の生成AIでは何ができるかという知見や，生成AIが提示した解決案の適切性を判断できる知識を蓄えておきましょう。

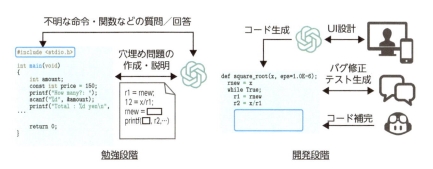

図1.5　プログラミングの学習および開発段階における生成AIの活用

第 1 章　はじめに

　本書では生成 AI を使ったプログラミングの学習支援や，コーディングのサポート事例を紹介しますが，生成 AI 技術そのものについての解説は行いません。生成 AI は日々進化しており，特定のサービスやシステムについての技術解説・ノウハウはすぐに陳腐化してしまうと思われます。本書での勉強を通じて，現状の生成 AI はどのようなことが得意で，どのようなことが苦手なのかということを体験としてわかっていれば，その後の進化にも対応しやすくなると考えます。

1.4　コーディング環境

　以降の章ではさまざまなプログラミング言語でコーディングを行います。最終的には 6 章で説明する仮想化プラットフォーム Docker を使って，言語ごとの仮想環境を手元の PC（これを**ローカル**とよびます）で構築することをおすすめしますが，まずは手軽にコーディングを試してみたい場合には，オンライン実行環境を使うこともできます。

1.4.1　オンライン実行環境

　インターネットに接続できる環境であれば，ブラウザ上でプログラムを記述して実行できるオンライン実行環境を使うことができます。オンライン実行環境の中でも，教育や技術普及を主たる目的として公開されているサービスを **playground** とよびます。ここではオンライン実行環境として paiza.io と，各言語の playground（およびそれに近い環境）を紹介します。

　なお，オンライン実行環境には，外部に公開してはいけないデータやプログラムをアップロードすることがないように気をつけてください。部外秘データを対象としたコードを作成したいときは，生成 AI に対して「日本の都市名からなる 10 件の支店の売り上げを記録した csv ファイルを生成してください」のようなプロンプトを与えて部外秘データと形式が同じとなるダミーデータを生成してから，そのデータに対するコードを書くようにしてください。

10

1.4.1.1 paiza.io

paiza.io（図 1.6）は，メニュー表示が日本語で，ユーザ登録なしでも簡単なコードの実行ができるところがメリットです．ただし，実行可能な時間や使用可能なメモリサイズに制約があります．paiza.io では，2024 年 7 月現在，本書で取り上げるすべての言語が無料プランで実行できます．また，本格的な開発に利用するための有料プランも用意されています．

図 1.6　paiza.io

基本的な使い方は以下のとおりです．

- paiza.io（https://paiza.io）のホームページを開く
- 「🗎 コード作成を試してみる（無料）」と書かれた緑色のボタンをクリックしてエディタ画面へ遷移
- エディタ上部にある緑色のボタンから使用するプログラミング言語を選択
- エディタ部にコードを記述
- エディタ下部にある緑色の「実行 (Ctrl-Enter)」のボタンをクリックする

第1章　はじめに

　paiza.io では「実行（Ctrl-Enter）」ボタンを押すと，入力されたソースコードを実行形式に変換するコンパイル作業をまず行います。コンパイルが成功した場合はプログラムを実行し，「出力」タブの画面に実行結果が表示されます。一方，ソースコードにエラーがあってコンパイルが失敗した場合は，エラー（あるいは警告）メッセージを「コンパイルエラー」タブの画面に表示します[注6]。

　なお paiza.io ではプログラムの実行中にユーザからの入力を受けつけることができません。キーボード入力を受けつけるプログラムを実行する手順は以下のようになります。

- エディタ部にキーボード入力を受けつけるプログラムを記述
- エディタ下部の「入力」タブの画面にプログラムにわたす文字列を入力。複数わたす場合は空白で区切る
- 実行ボタンをクリックしてプログラムを実行
  - 「入力」タブの画面に入力した文字列はプログラムへ標準入力としてわたされる

　また，テキストファイルを読み込むプログラムを実行する手順は以下のようになります。

- エディタ部にファイル読み込みを行うプログラムを記述する
- プログラム名を示すタブの右側にある「+」ボタンをクリックすると「File1」というタブが開く
- 「File1」タブの画面に，読み込ませたい内容をテキストで記述
- 実行ボタンをクリックしてプログラムを実行
  - 「File1」という名前のテキストファイルがカレントディレクトリに存在するものとしてプログラムが実行される
  - 読み込むファイル名を変更したいときは「File1」のタブを編集する

1.4.1.2　各言語の playground

　本書で紹介するプログラミング言語のいくつかは，公式のリリース元やそれ

注6　コンパイルを必要としないプログラミング言語の場合は，「実行時エラー」となります。

1.4 コーディング環境

に近い組織から playground が提供されています。また，自社のクラウドサービスへの導入として提供されているサービスもいくつかあります。これらを使うことで，paiza.io では提供されていない機能に触れることもできます。以下では，本書で取り上げる言語ごとに，それらのサービスを紹介します。

- C 言語
  - Python Tutor (`https://pythontutor.com/`) は，Python, Java, C, C++, JavaScript の playground です，情報工学の教育目的で利用されているもので，コードを 1 行ずつ実行しながら変数の値やメモリの状態を確認することができます。3 章では，C 言語プログラム実行時のメモリの内容を可視化するために，このサービスを利用します
- Java
  - The Java Playground (`https://dev.java/playground/`) は，Java の提供元である Oracle 社が運用している playground です。最新バージョンの Java の機能を試すことや，snippet とよばれるコードの一部を実行することができます
- Elixir
  - Elixir は，多くのプログラミング言語に対応した高機能なオンライン実行環境 Replit (`https://replit.com`) の中で実行することができます。Replit は，メニューや説明の表記は英語で，使用するにはユーザ登録が必要になるので paiza.io に比べてややハードルが高いと感じますが，コンソールを使ったインタラクティブな実行やファイル保存ができるなど，ローカル環境に近い環境でプログラミングの学習が行えます。無料プランでもコードの保存はできますが，書いたコードは原則として公開されるので注意してください
- Rust
  - Rust は公式から playground (`https://play.rust-lang.org/`) が提供されています。リリース前も含めた最新のバージョンやコード分析ツールを試すこともできます
- Python
  - Python はかなり本格的な開発環境がオンラインで提供されています。その中の 1 つである Google Colaboratory については，8 章で説明し

第 1 章　はじめに

ます

- Amazon 社からは，機械学習をターゲットとした開発環境 SageMaker Studio Lab が提供されています。アカウント作成には申請が必要ですが，一定容量まではユーザの作成した環境を保存できることが Google Colaboratory と異なる点です

- JavaScript
  - Codepen (`https://codepen.io/pen/`) は，web のブラウザ側のコーディング言語である HTML, CSS, JavaScript を組み合わせて，その実行結果をプレビューできる playground です。使用事例を 9 章で説明します
  - TypeScript 公式の playground (`https://www.typescriptlang.org/play/`) では，TypeScript/JavaScript に対して，使用言語に関する細かい指定を行ったうえでのコード実行が可能です

1.4.2　ローカルでのコーディング環境

本書で取り上げるプログラミング言語をローカル環境で実行するためには，それぞれの言語の実行環境をローカルにインストールする必要があります。インストール自体はそれほど難しくない場合が多いのですが，インストールする言語によっては既存の設定を変えてしまい，これまで動作していたアプリなどが動かなくなるというトラブルが起こりえます。したがって，仮想環境の構築が行えるようになるまでは，前述のオンライン実行環境を使うことをおすすめします。

ローカル環境でのコーディングに移行した場合は，エディタとして Visual Studio Code (`https://code.visualstudio.com`) （以下 VS Code，図 1.7）を利用することをおすすめします。VS Code は，Microsoft 社が 2015 年にリリースしたオープンソースのテキストエディタです。本体は軽快なエディタで，それぞれのプログラミング言語への対応やメニューの日本語化など便利なツールの追加は拡張機能で行います。

1.4 コーディング環境

図1.7 Visual Studio Code

　現在 VS Code が広く使われている理由として，プログラミング用のエディタとして優れているだけではなく，6章で説明する Git や Docker との連携が容易であるということが挙げられます。また，GitHub Copilot の拡張機能を追加すると，VS Code でのコーディング中に生成 AI によるコード生成補助を試すことができます。GitHub Copilot は GitHub の有料プランですが，教職員や学生は GitHub Global Campus に登録することで無料で利用できます。

　VS Code の基本的な使い方は以下のとおりです。

- VS Code を起動
- コーディングを行うフォルダを開く
  - ウィンドウ左側のサイドバー部にエクスプローラーが開き，フォルダ内のファイルが木構造で表示される
- エクスプローラー中のファイル名をクリックしてファイルを開く
  - ウィンドウ右側のエディタ部にファイルの内容が表示され，編集することができる
  - 拡張機能がインストールされていれば，ファイルの拡張子で言語が判別

第 1 章　はじめに

され，適切なシンタックスハイライトが行われる
- ターミナルで実行
  - 言語処理系がインストールされていることが前提
  - メニューバーからターミナルを選択すると，パネル部にターミナルが開く
  - ターミナルのコマンドラインからコンパイルと実行をする
  - VS Code の実行ボタンからプログラムを起動する場合は，構成を設定する必要がある

1.5　まとめ

本章では以下の内容について説明しました。

- VUCA の時代には，さまざまなプログラミング言語に通じることで，解決方法の選択肢を増やすことが必要となる
- 本書では，C 言語から始めてさまざまなプログラミング言語を紹介しながら，プログラミング全般に必要な幅広い知識の基礎的な部分の習得を目指す
- 生成 AI は副操縦士の役割を果たし，プログラマの伴走者として活躍する
- プログラミングの勉強を支援するさまざまなオンライン環境やローカル環境がある

　本書を読み進めていくうえで実際にコーディングを行うには，5 章までの C 言語，Java, Elixir はオンライン開発環境を使い，6 章で Docker を学んだ後にローカル開発環境を構築して VS Code を使うことをおすすめします。特に Python や JavaScript の開発環境を Docker で構築すると，プログラムの稼働環境やエコシステムに関する理解が深まります。

　生成 AI の仕組みやプログラミング以外の使い方については本書では取り扱いませんが，原理や活用法はぜひ学んでおいてください。一般向けの解説書としては，[岡野原 23] [1] をおすすめします。

第 2 章

C言語からはじめよう

本章では今後の説明の出発点となるC言語について，その概要を説明します。ほぼすべてのプログラミング言語が持つ入力・演算・出力という基本操作から始まり，手続きを記述するのに必要な制御構造，問題を分割するのに必要な関数定義へと進み，新しいプログラミング言語の発展の方向につながるポインタや構造体の概念を説明します。

2.1 C言語とは

　C言語の歴史を図2.1に示します。C言語は1972年に米国のAT&Tベル研究所で開発されたプログラミング言語です。それまでハードウェアごとに仕様が異なる機械語で書かれていた基本ソフトウェア（3章で説明するオペレーティングシステムやユーティリティプログラムなど）の移植性を高める（他の環境で動かすときの変更点を少なくする）という目的で設計されました。条件分岐・繰り返し・配列・構造体・関数定義など，高水準言語で取り入れられている基本的な要素を持ちながら，ポインタの使用やビット演算機能など，低水準言語である機械語に近い記述も可能であることから，基本ソフトウェアのような移植性が求められる対象のみならず，実行速度が要求される組み込み分野などにおいて現在でも広く使われています。

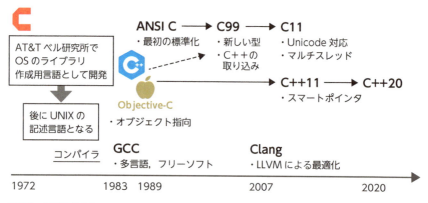

図2.1　C言語の歴史

Focus　プログラミング言語の水準

水準とはプログラミング言語を分類する基準の1つです。言語仕様がコンピュータの実行原理に近いほうを低水準，解決したい問題の構造に近いほうを高水準とよびます。コンピュータが直接実行できる唯一の言語である機械語（および機械語命令とほぼ1対1に対応するアセンブリ言語）がもっとも低水準な言語で，機械語命令にそのまま対応する命令が多いC言語はやや水準が低い言語とみなせます。一方で，論理式でプログラムを記述するPrologや，数学的概念に近い純粋関数の合成を問題解決の基本手順とするHaskellのような言語は高水準な言語といえます。

C言語が開発されてからしばらくは互換性のない処理系がいくつか出現しましたが，1989年にANSI（American National Standards Institute）Cとよばれる標準が定められ，C言語プログラムを機械語に変換するGCCなどのコンパイラが実装されました。その後は何度か新しい機能が追加され，オブジェクト指向を組み込んだC++も現れましたが，本章はプログラミング言語の基本機能の説明を目的とするので，基本的にはANSI Cの仕様に従って説明します。

2.2　入力・演算・出力

コンピュータの基本的な機能は記憶と演算です。また，人間とコンピュータとのやりとりの基本は，記憶すべきデータを入力することと，演算結果を出力することです（図2.2）。これらをつないだ**入力**・**演算**・**出力**の処理およびそれらを成り立たせる**記憶**の機能は，どのようなプログラミング言語でも共通して持っている機能です。

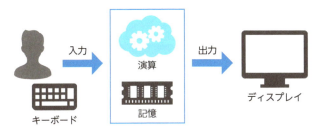

図2.2　入力・演算・出力

Listing 2.1に入力・演算・出力を行う簡単なプログラムを示します。この例のように，英単語や記号を使って，人間にとってわかりやすい形式でコンピュータに実行させる命令を記述したものを**ソースコード**とよびます。

Listing 2.1 入力・演算・出力の例 (code2-1.c) [注1]

```c
#include <stdio.h>

int main(void)
{
    int amount;
    const int price = 150;
    printf("How many do you need?: ");
    scanf("%d", &amount);
    printf("Total : %d yen\n", price * amount);
    return 0;
}
```

　C 言語のソースコードは，**コンパイラ**というプログラムによってコンピュータが直接実行できる 2 進数で表現された機械語に変換されます。この変換作業を**コンパイル**とよびます。

ローカル環境で実行する場合

このコードをコンソールからコンパイルして実行する手順は以下のようになります（ローカル環境に C 言語の開発環境がインストール済みであることが前提です）。1 行目の gcc コマンドは C 言語のコンパイラで，ソースコードにエラーがなければ実行ファイルは a.out という名前で作成されます。2 行目は，カレントディレクトリ（./）にある a.out を実行するコマンドです。

```
$ gcc code2-1.c
$ ./a.out
```

　実行すると，まずディスプレイに "How many do you need?: " と出力され，ユーザからの入力を待つ状態になります。その状態でキーボードから整数値を入力して Enter キーを押すと，入力した整数値に 150 をかけた値が出力されて，プログラムが終了します。

注1　**paiza.io での実行**
　このコードは実行中にユーザが値を入力する命令を含んでいるので，paiza.io では「入力」タブの画面にあらかじめ数字を入力してから「実行」ボタンを押してください。

```
How many do you need?: 2
Total : 300 yen
```

　最初は，Listing 2.1 の上から4行と下から2行はおまじないと考えてください。これらの意味は2.4節で説明します。コードは5行目から順に実行されます。まず，このコードが何をしているのかざっと見ていきましょう。

　5行目から9行目までは命令を表す**文**が1行に1つずつ書かれています。C言語では文はセミコロン；で終わるという規則になっています。文は必ず1行で1つと決まっているわけではなく，1つの文を複数行に分けて書くことや，1行に複数の文を書くこともできます。ただし，1つの文を複数行に分けて書くときは，単語の途中や文字列の途中で改行することはできません。

　5行目は，このコードの中で整数値を記憶しておく**変数**を宣言しています。変数名 amount はプログラマが決めた，この変数の名前です。変数は整数・浮動小数点数・文字のような値の種類を表す**型**を持ち，宣言のときに**型指定子**を用いて型を指定します。5行目では，変数 amount の値が整数（integer）であることを型指定子 int で指定しています。

　6行目は，型指定子の前に const をつけることで，変数 price が一度設定した値を変更することができない変数（すなわち**定数**（constant））であることを宣言しています。const のように変数の振る舞いを制限するものを**型修飾子**とよびます。さらにこの行は定数宣言と同時に，その定数の値として 150 を設定しています。変数である amount はプログラム実行中に何度でも値を変更することができますが，定数である price は一度設定した値を変更することはできません。

　7行目は，出力を行う**関数** printf() を呼び出す命令です。関数は，あるまとまった処理がプログラムの外部に書かれていて，それを呼び出して実行した後，また元の場所に戻ってくるものというふうに捉えてください。決まった文字列をディスプレイに出力するときは，この7行目の記述のように関数 printf() の括弧の中に出力したい文字列を二重引用符 " で囲って与えます。関数にわたす値，すなわち関数への入力を**引数**（ひきすう）とよびます。

　8行目は，キーボードから入力された値を変数に格納する関数 scanf() を呼び出しています。この関数の引数については後で説明するので，ここではこのように書くことでキーボードから入力された整数値が変数 amount に格納され

ると考えてください。

9行目の関数 printf() は，指定した文字列の中に，定数 price の値と変数 amount の値との積を求める**演算**の結果を埋めて表示します。* は積を求める**演算子**です。関数 printf() を用いたこのような表示の方法も詳細は以降で説明します。

このコードに code2-1.c という名前をつけておき，以降の章のさまざまなプログラミング言語でも，入力・演算・出力の基本操作を説明するときに参照します。

この例のように記述された手順を，上から順に1つずつ実行することを**順次実行**とよびます。それでは，このコードに出てきた変数・演算子・入出力関数などの概念について整理しておきましょう。

■ 2.2.1 変数・定数・リテラル

2.2.1.1 変数

コンピュータ内部では記憶装置（メモリ）内にデータを記録します。メモリには1バイト =8ビット（1ビットは2進数1桁で0または1を表す）ごとに16進数で表されるアドレスが割り当てられています。機械語では基本的にこのアドレスを使ってデータの読み書きを行います。しかし16進数表記をそのままプログラムに書いてはわかりづらいので，一般的なプログラミング言語ではそのデータが何を表すかを英単語などで名づけて**変数**とし，コンパイラなどの言語処理系が変数とアドレスを対応づけます。

ただし，1バイトで表現できる整数は 2^8=256 種類と少なすぎるので，一般には複数バイトを用いて値を表現します。たとえば int 型は一般的な処理系では4バイトを使って $2^{32} = 4294967296$ 種類の表現ができるので，これを -2147483648 ～ 2147483647 の範囲の値の表現に用いています。

図 2.3 は，Listing 2.1 の変数 amount がメモリの 0010 5B00 番地から始まる4バイトに対応しており，ここに整数値2が格納されるという状況を，変数を箱にたとえて表したものです。変数は格納できる値に応じた型を指定して宣言され，メモリ上には対応する大きさの場所が確保されます。

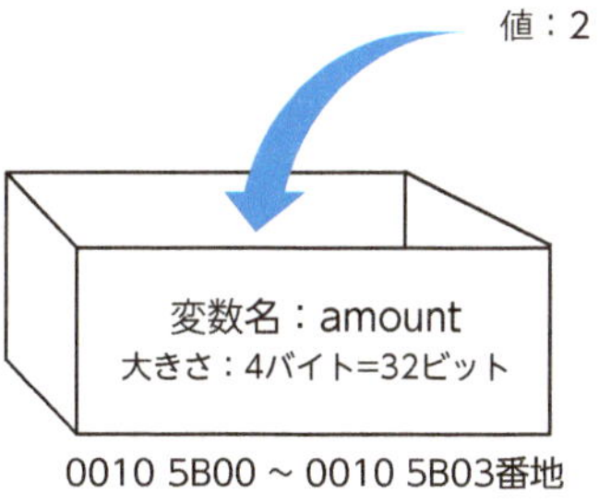

2.2 入力・演算・出力

値：2

変数名：amount
大きさ：4バイト＝32ビット

0010 5B00 ～ 0010 5B03番地

図2.3 変数のイメージ

以下，変数に関する知識を箇条書きと図 2.4 でまとめておきます。

● **変数名**
  ○ 規則
    ● 大文字・小文字の英文字アルファベット，数字，_（アンダースコア）を用いた 1 文字以上の文字列
    ● 先頭文字のみ数字を使うことはできない
    ● 予約語（if や return など）は変数名には使えない
  ○ 慣習
    ● 変数名には小文字のみを用い，複数単語からなる場合はアンダースコアで単語をつなぐ（いわゆるスネークケース），あるいは 2 単語目以降の先頭文字を大文字にしてつなぐ（いわゆるキャメルケース）のいずれかを用いる
      • スネークケースの例：total_amount
      • キャメルケースの例：totalAmount
    ● 1 文字の短い変数名は狭い範囲の一時変数のみに用い，それ以外のデータはその意味を表す英語名を基本として用いる
● **変数の基本型**
  ○ C 言語の基本型は整数型か浮動小数点数型のいずれか
    ● 整数型は int，char（文字を表す），enum（列挙型）
    ● 列挙型は変数のとりうる値が少数に限定されているときに用いる
      • 例：enum signal {Red, Yellow, Blue};と宣言された列挙型変数 signal は値として Red, Yellow, Blue のいずれかをとる

23

第 2 章　C 言語からはじめよう

　　　　ことができるが，実際はそれぞれの値として整数 0，1，2 が割り
　　　　当てられている
- 浮動小数点数型は float（有効桁数約 7 桁），double（有効桁数約
  15 桁）
- 符号（マイナスを表す負符号）の有無や使用するバイト長を指定して宣
  言することもできる
  - 符号つき（signed），符号なし（unsigned），バイト長（short, long）
- **初期化**
  - 変数宣言時に値を与えることを**初期化**とよぶ
    - 例：float tax = 0.1;
- **特殊な型**
  - 配列変数（2.2.5 節）は同じ型の変数を複数まとめたもの
    - たとえば整数型の配列を int ary[5]; のように宣言した場合，
      ary[0] ～ ary[4] の 5 つの変数を整数型の変数として扱える
      - このとき，ary を配列変数名，それに続く [] で囲まれたものを添
        字とよぶ
  - ポインタ（2.5 節）は変数が格納されているアドレスを値とする
    - int *p; のように，指し示す変数の型の情報をつけて宣言する
    - 通常の変数からアドレスを得る演算子は &，ポインタから値を得る参
      照外し演算子は *
  - 構造体（2.6.1 節）は任意の型の変数を複数まとめて型としたもの
    - たとえば身長を整数型，体重を浮動小数点数型としてまとめた構造体
      は struct pdata {int height; double weight;}; と宣言する
      - このとき，pdata を構造体型名，height や weight をメンバ名と
        よぶ
    - 構造体型の変数は struct pdata s01; のように宣言し，メンバに
      は s01.height のようにドット演算子を用いてアクセスする
    - 構造体を指すポインタからメンバへのアクセスは q->height のよう
      にアロー演算子 -> を用いる

24

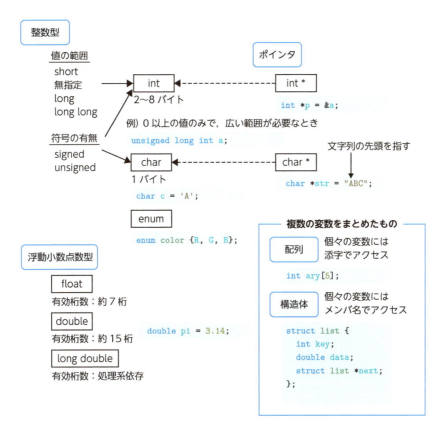

図 2.4 C 言語の変数

2.2.1.2 定数とリテラル

　値を変更することができない**定数**は，型修飾子 const をつけて宣言し，宣言時に初期化を行います。型指定子の指定や定数名のつけ方は変数の場合と同じです。定数に対して値を再代入しようとすると，コンパイル時にエラーとして検出されるので，一度宣言された定数は変更されないことが保証されます。

オブジェクト形式マクロ

C言語では，**オブジェクト形式マクロ**という方法を使って定数を定義することもできます。プログラムの冒頭部にマクロ命令として #define PRICE 150 と書いておくと，コンパイルの前処理で，この行以降のコード中で出現する PRICE という文字列を 150 という文字列に置き換えます。このようなオブジェクト形式マクロは，変数と区別するためにすべて大文字で書く習慣になっています。

Listing 2.1 では，price が定数となっています。しかし，この例では price を変数として宣言してもあまり変わりがないように見えます。price の値を変更しないようにプログラマが注意していればよいだけです。しかし，この「プログラムを書く人が注意しておけばよい」というのと，「原理的にできない」というのとでは大きな違いがあります。プログラムが大規模化して複雑になると，変数の値を変更する箇所がどこにあるかを把握するのは難しくなってきます。このような場合に定数を使うことでプログラムの可読性が向上し，保守性が高まることが見込まれます。また，安全な並列処理やコンパイラによる最適化という観点からも，定数を使うメリットがあります。

言葉のうえで定数とまぎらわしいものに**リテラル**があります。リテラルはプログラム中でそのままの値を表すもので，たとえば Listing 2.1 では 150 は整数型のリテラル，How many do you need?: は文字列型のリテラルです。また，浮動小数点型のリテラルは，0.00125 のような単純な小数表記，あるいは 1.25E-3 (1.25×10^{-3}) のような指数表記で書きます。リテラルはコード中に直接書かれるので，値をプログラムによって変更することはもちろんできません。

2.2.2 演算子

プログラム中では，変数・定数・リテラルに対する演算を行ってその結果を得ます。演算には，日常で使われる四則演算はもちろん含まれますが，プログラムではそれ以外にもさまざまな演算が行われます。変数の値を更新する操作や，ある条件が成立するかどうかの判定なども演算として扱われます。

演算の種類を示す記号を**演算子**または**オペレータ**，演算の対象を**オペランド**と

よびます。そして，演算子と1つ以上のオペランドが組み合わされて**式**が構成されます。たとえば a + 3 という式では，+ が演算子，a と 3 がオペランドになります。式は変数・定数・リテラルに対する演算を表していることになり，その演算結果としての**値**を持ちます。

演算子には以下のような種類があります。演算子ごとにオペランドの数やその型，演算結果の型が決まっています。それぞれの演算子の演算内容については，その演算が必要となる箇所で説明します。

- **処理演算子：関数呼び出し，添字，構造体のメンバ指定など**
  - 例：()，[]，.（ドット演算子），->（アロー演算子）
- **各種単項演算子：アドレス演算子，バイト数の演算，増分演算子など**
  - 例：&，*，sizeof，++，--
- **算術演算子：加減乗除，剰余など**
  - 例：+，-，*，/，%
- **比較演算子：条件式を構成**
  - 例：==，<，>=
- **論理演算子：論理式を構成**
  - 例：&&(AND)，||(OR)，!(NOT)
- **代入演算子：変数の値を書き換え**
  - 例：=，+=，*=

オペランドの数で演算子を分類すると，**図 2.5** 左のようになります。オペランドが1つの演算子を**単項演算子**とよび，式は前置記法とよばれる「演算子 オペランド」（例：-a，++a，&a）という方法で表記します。ただし例外として，増分・減分演算子は a++，a-- のように後置記法でも書くことができます[注2]。オペランドが2つの演算子を**二項演算子**とよび，「オペランド 演算子 オペランド」（例：b + 5 や c >= d）と表記します。C言語唯一のオペランドが3つの演算子は，**三項条件演算子**「オペランド ？ オペランド ： オペランド」で，後述の if 文と似た働きをします。if 文との違いは，この演算全体として値を返すところです。

注2 前置記法 ++a を評価した値は a+1 と等しくなり，後置記法 a++ を評価した値は a と等しくなるという違いがあります。いずれもこの演算を終えた後の a の値は，元の a よりも1大きい整数になります。

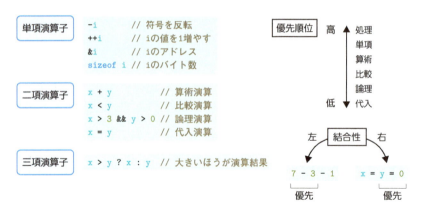

図2.5　C言語の演算子

　式は演算に応じた値を持ちます。直感的にわかりやすいのは算術演算子を用いた式（例：b % 2の値は変数bの値を2で割った余り）で，値は数値となります。比較演算子および論理演算子を用いた式の値は，本来は真偽値となるべきですが，C言語では数値になると定義されています。式で表した条件が成立すれば0以外の値（非0とよばれ，ほとんどの処理系では整数値の1），成立しなければ0を値とします。真偽値と対応づけると，真が非0，偽が0になります。代入式は代入した値が式の値になります（例：c = 2の値は2）。

　式中に複数の演算子があるときは，**優先順位**に従って計算が行われます（図2.5右）。たとえば，e + f * 3という式ではかけ算が先に実行され，その結果に対して足し算が実行されます。一部例外はありますが，おおまかな優先順位は上記の演算子の種類を列挙した順に対応しています。

　また，1つの式中に同じ優先順位の演算子が2回以上出てきたときは，**結合性**に基づいて演算の順序が決まります。結合性には，左側から順に演算する左結合（例：g - h - 3）と右側から順に演算する右結合（例：m = n = 1）があり，どちらを採用するかについて同一優先順位の演算子において決められています。

　なお，論理演算子&&（AND）と||（OR）は左結合で，**短絡評価**方式を採用しています。これは，オペランドを左から順に評価していき，その結果によって式全体の値が確定した時点で残りのオペランドの評価を行わないというものです。たとえば，a && bの評価を行うときに，aを評価してその値が偽であることがわかった場合は，bの値にかかわらず式全体の値が偽になることがわ

かっているのでbの評価は行いません。このような論理式でbの評価によって変数の値が変更されるようなコード（代入演算など）を書いている場合は，注意が必要になります。

2.2.3 入出力関数

C言語では入出力を行う機能は言語仕様に組み込まれておらず，標準ライブラリで用意された**関数**を呼び出すことで行います。ここでは，入力を行う関数 scanf() と出力を行う関数 printf()（図 2.6）を紹介します。

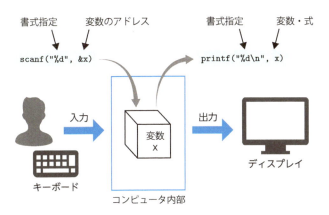

図 2.6　入出力関数

プログラミング言語における関数は，概念的には数学の関数 $y = f(x)$ と同じで，関数 f に**引数** x を与えて呼び出すと，**返却値** y が返されます。引数や返却値に関しては数学的な定義よりも少し柔軟で，引数がない関数や複数ある関数，返却値がない関数，などを定義することもできます。一般的な関数は $y = \sin(x)$ や $y = \log(x)$ のように引数から返却値を求める目的で呼び出されますが，関数の中でも入出力を行う関数は少し特殊で，画面に数字や文字列を出力する，変数の値を取得するなど，主として返却値を求める以外の目的（**副作用**といいます）を持っています。

C言語には文字単位や行単位で入出力を行う関数が複数用意されています。

第2章　C言語からはじめよう

その中でも出力についてよく用いられる関数が printf() 関数[注3] です。

- **出力関数** printf ()
  - 第1引数：書式文字列の形式で，文字や変数値をどのように表示するかを指定する
    - 書式文字列の書き方
      - 全体を二重引用符 " で囲む
      - 出力したい文字はそのまま書く（制御文字などは例外扱い）
      - 変数の値を出力させたい場所は，出力形式を変換指定で書く
        - 変換指定は % の後に d（decimal; 10進整数），f（float; 小数点数），c（character; 文字），s（string; 文字列）など
        - % とアルファベットの間に桁数や出力をよせる方向を書くこともできる
      - 改行などの制御文字は，エスケープ記号 \ とアルファベット1文字からなるエスケープシーケンス（たとえば \n は改行，\t はタブ）で書く
  - 第2引数以降：書式文字列中の変換指定の数だけ変数や式を並べる

Listing 2.1 では，キーボードから入力された値を変数に格納できる scanf() 関数[注4] を用いています。scanf() 関数は，第1引数で入力値をどの型で読みとるかを指定し，第2引数以降に値を設定する変数のアドレスを与えます。変数名からアドレスを得るには，& 演算子を用います。

- **入力関数** scanf ()
  - 第1引数：書式文字列の形式で，読み込みたい形式を示す変換指定を，読み込む値の数だけ書く
  - 第2引数以降：入力された値を代入する変数のアドレスを，変換指定の

[注3] **printf**
Linux の man コマンドによると，printf という単語は "format and print data" から作られているとされています。

[注4] **scanf**
Linux の man コマンドでは，scanf は "input format conversion" を行う関数の1つであると説明されています。

30

数だけ並べる

2.2.4 数値計算を行うプログラム例

Listing 2.1 は順次実行のかなり単純な事例でした。次に順次実行のやや複雑な例として，入力された正整数に対する平方根を数値計算法の1つであるニュートン法を使って求めるプログラムを示します。本章では，このプログラムを順次書き換えて，制御構造や関数の説明を行います。このプログラムおよびこれを発展させたプログラムは [喜多 23] [2] を参考にしています。

今，平方根を求めたい数を x とし，図 2.7 を使って，このプログラムの処理を説明します。ニュートン法では，答えのありそうな範囲を繰り返し処理によって狭めていくことで，答えの近似値を得ます。

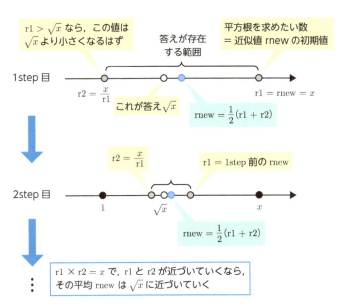

図 2.7　ニュートン法による平方根の計算

まず近似値 rnew の初期値を x とします。$x > 1$ ならば，この近似値は求める平方根より必ず大きくなります。これを上限値 r1 とします。次に，$r2 = \frac{x}{r1}$ を計算すると，これは平方根より必ず小さくなります。これを下限値 r2 とします。そして，それらの平均値を新たな近似値 rnew とします。平方根はこの上限値

第2章　C言語からはじめよう

と下限値の間にあるはずなので，rnew は初期値 x と比べると，求める値の平方根に近づいているはずです。

次のステップ以降では，rnew を新たな上限値 r1, $r2 = \frac{x}{r1}$ を新たな下限値とし，それらの平均値を新たな近似値 rnew とすることを繰り返します。上限値と下限値が接近してくると，近似値 $\approx \frac{入力値}{近似値}$ すなわち 近似値$^2 \approx$ 入力値となって，近似値が入力値の平方根を表すことになります。

Listing 2.2　ニュートン法による平方根の計算

```
 1  #include <stdio.h>
 2
 3  int main(void)
 4  {
 5      int x;
 6      double r1, r2, rnew;
 7
 8      printf("Enter a positive integer: "); scanf("%d", &x);
 9      rnew = x;
10
11      r1 = rnew; r2 = x/r1; rnew = (r1 + r2)/2;
12      printf("%7.5f < %7.5f < %7.5f\n", r2, rnew, r1);
13
14      r1 = rnew; r2 = x/r1; rnew = (r1 + r2)/2;
15      printf("%7.5f < %7.5f < %7.5f\n", r2, rnew, r1);
16
17      r1 = rnew; r2 = x/r1; rnew = (r1 + r2)/2;
18      printf("%7.5f < %7.5f < %7.5f\n", r2, rnew, r1);
19
20      return 0;
21  }
```

```
Enter a positive integer: 2
1.00000 < 1.50000 < 2.00000
1.33333 < 1.41667 < 1.50000
1.41176 < 1.41422 < 1.41667
```

Listing 2.2 では平方根を求めたい数を x として整数型の変数として宣言しています。そして，scanf() 関数でキーボードから入力された値を x に格納した後，9 行目で浮動小数点数型の 1 つである double 型の変数 rnew に代入して

2.2 入力・演算・出力

います。この代入においては，整数から浮動小数点数への変換が自動的に行われます。

11行目では，上限値r1と下限値r2を求め，それらから近似値rnewを求める計算を行っています。

12行目のprintf()関数では，double型の数を表示するための変換指定%fに対して，全体が7桁で小数点以下5桁まで表示するという桁指定を加えて%7.5fとしています。

> **Memo** 代入演算時に自動的に型変換が行われることを，暗黙の型変換とよびます。このコードの例のように表す値の広いほうへの変換は問題が少ないのですが，逆の変換，たとえば浮動小数点数から整数への変換は，小数点以下の数の切り捨てが行われることに注意が必要です。また明示的な型変換は，変数の前に型名を括弧で囲んで，(double) xのように書くことで行います。型変換のことを**キャスト**ともよびます。

このプログラムを動かすと，毎回の計算結果が「下限値 < 近似値 < 上限値」という形で出力され，3回の繰り返しで近似値が入力値の平方根に近づいていく様子がわかります。

2.3節と2.4節では，このListing 2.2を書き換えていきながら，制御構造や関数の説明を行います。

2.2.5 配列

ここまでの例では，プログラム中で扱う1つ1つの値に異なる変数名をつけていました。しかし，この方法では扱う値が多くなると大変です。例として，ある学校の成績処理を行うことを考えてみます。学生数が多くなってくると，個々のデータすべてに異なる変数名をつけて処理プログラムを書くのは現実的ではありません。C言語では大量のデータを扱うときに**配列**を用います(**図2.8**)。配列は，同じ型の多数の**要素**について，それらを順序よく並べた全体を1つの変数名で宣言します。配列を値とする変数を**配列変数**とよびます。配列変数は「型指定子 配列変数名 [要素数];」(例: int ary[5];)という形式で宣言します。

33

配列変数の個々の要素へは，並んでいる順番を整数の番号で表す**添字**を用いて，「配列変数名［添字］」という形式でアクセスします。なお，添字は 0 から始まるという決まりになっています[注5]。

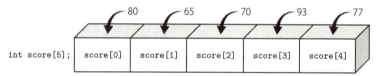

図 2.8　配列変数

Listing 2.3 は，5 人の学生に対してある科目のテストを行った結果を配列変数に格納し，キーボードから添字を入力して，対応する学生の点数を表示する例です。整数型の配列変数 score を要素数 5 で初期化して点数を記憶させています。なお，配列変数の初期化において，右辺に書かれた初期化子の記述から要素数が明らかなものについては，要素数の指定を省略することができます（下記の例では int score[] = {80, 65, 70, 93, 77}; とも書けます）。

Listing 2.3　配列変数の使用例

```c
#include <stdio.h>

int main(void)
{
    int no;
    int score[5] = {80, 65, 70, 93, 77};
    printf("Student number? (0-4): ");
    scanf("%d", &no);
    printf("Score: %d\n", score[no]);

    return 0;
}
```

```
Student number? (0-4): 3
Score: 93
```

注5　添字の最初の数字
　　配列の添字が 1 ではなく 0 から始まる理由は，配列変数とポインタとの関係がわかると理解できます。

34

2.2　入力・演算・出力

　配列変数の個々の要素には，score[0] のように添字を指定してアクセスします。配列変数名の score は，配列の先頭要素のアドレスを表すポインタ定数として扱われます。

　2.3 節では，この配列変数を繰り返し対象のデータとします。また，2.6 節以降では，この Listing 2.3 を書き換えていきながら，構造体・動的メモリ確保・ファイル操作の説明を行います。

> **Memo**　配列変数の要素数を指定する場合は，一般的にはオブジェクト形式マクロが使われます。たとえば，プログラムの冒頭で #define N 5 としておいて，宣言は int score[N] = {80, 65, 70, 93, 77}; と書きます。配列の要素数は，平均値などの集計計算や，繰り返し処理の回数などに使われることが多いので，要素数の変更があった場合に 1 箇所で変更できるようにするために，このように記述します。

2.2.6　文字と文字列

　ここでは少し脇道にそれますが，配列変数を紹介した段階で，C 言語における文字と文字列の扱いについて説明します。

　C 言語は文字列を変数の値として格納できない少数派の言語です。文字列は，char 型変数の配列として表現します。char 型変数は文字コード番号を格納するものです。英文字アルファベット・数字・記号などのよく使われる文字と，文字コード番号の対応は，**表 2.1** に示す **ASCII** (American Standard Code for Information Interchange) という規格で定められています。ASCII は 16 進数 2 桁で表現され，表 2.1 の横に並んでいる数字が上位，縦に並んでいる数字が下位になります。たとえば英大文字の A は，16 進数の 0x41（10 進数では 65）になります[注6]。

注6　以降本文中では 2 進数字は先頭に 0b，16 進数字は 0x をつけて表記します。図表中では省略することもあります。

35

第2章　C言語からはじめよう

表2.1　ASCIIコード表

	0	1	2	3	4	5	6	7
0	NUL	DLE	SP	0	@	P	`	p
1	SOH	DC1	!	1	A	Q	a	q
2	STX	DC2	"	2	B	R	b	r
3	ETX	DC3	#	3	C	S	c	s
4	EOT	DC4	$	4	D	T	d	t
5	ENQ	NAK	%	5	E	U	e	u
6	ACK	SYN	&	6	F	V	f	v
7	BEL	ETB	'	7	G	W	g	w
8	BS	CAN	(	8	H	X	h	x
9	HT	EM	)	9	I	Y	i	y
A	LF	SUB	*	:	J	Z	j	z
B	VT	ESC	+	;	K	[	k	{
C	FF	FS	,	<	L	\	l	|
D	CR	GS	-	=	M	]	m	}
E	SO	RS	.	>	N	^	n	~
F	SI	US	/	?	O	_	o	DEL

　文字コード番号 0x00 〜 0x1F および 0x7F は制御文字とよばれ，ディスプレイや通信装置などに送る信号を表すもので，画面に表示される文字ではありません。制御文字のうち，いくつかはエスケープシーケンスを使って表現することができます。たとえばタブを表す 0x09 番の文字は \t，改行を表す 0x0A 番の文字は \n と書きます。エスケープシーケンスは，「\」とそれに続く文字とを合わせて 1 文字として扱います[注7]。

　char 型変数は，文字コード番号を格納するので整数型変数の一種として扱われます。char 型変数に文字を代入するときは，一重引用符「'」で文字を囲って，char c = 'A'; のように書きます。これは，文字コード番号を直接書いて，char c = 65; と書くのと同じ意味になります。

　C 言語の文字列は char 型の配列変数を用いて表現します。文字列中の文字を char 型変数で表した要素とし，最後の要素がナル文字（\0; 文字コード番号 0x00 番の制御文字）であるという決まりになっています。したがって，文字列を格納する配列変数の要素数は「文字数 +1」だけ必要ということになります。なお，文字列の宣言時に初期化を行う場合は，char str[] = "example string"; のように要素数を省略することができます。

　Listing 2.4 に示す例では，6 行目で文字列を格納する配列変数 str を宣言し，

注7　エスケープシーケンスの開始記号
　エスケープシーケンスの開始を表すバックスラッシュ\ は，環境によっては￥（半角円記号）と表示されることがあります。これらは同じ文字コード番号を持つ文字です。

2.2　入力・演算・出力

初期値として文字列"example string"を与えています。配列変数strの個々
の要素（すなわち文字）へは添字を使ってアクセスすることができます。7行
目と8行目では単語の先頭文字を大文字に置き換えて，9行目で置き換えが正
しく行われていることを出力によって確認しています。

Listing 2.4　文字列の使用例

```
1   #include <stdio.h>
2   #define STR_LEN 15
3
4   int main(void)
5   {
6       char str[STR_LEN] = "example string";
7       str[0] = 'E';
8       str[8] = 'S';
9       printf("%s\n", str);
10
11      return 0;
12  }
```

```
Example String
```

　プログラム中で文字列の配列を扱いたい場合は，2次元配列という考え方を
用います。つまり，「char型変数の配列」の配列です。たとえば，最長8文
字の文字列を5つ扱う場合は，char name[5][9];のように配列を宣言しま
す。このような2次元配列を扱うコードは **Listing 2.5** のようになります[注8]。
name[i]でi番目の文字列，name[i][j]でi番目の文字列のj番目の文字
を表します。

Listing 2.5　文字列配列の使用例

```
1   #include <stdio.h>
2   #define NUM 5
3   #define NAME_LEN 9
4
5   int main(void)
```

注8　配列の要素数はオブジェクト形式マクロで宣言しています。

第 2 章　C 言語からはじめよう

```
 6  {
 7      int no;
 8      char name[NUM][NAME_LEN]
            = {"Alice", "Bob", "Caroline", "David", "Eve"};
 9      printf("Student number? (0-%d): ", NUM-1);
10      scanf("%d", &no);
11      printf("Name: %s\n", name[no]);
12      printf("The first character of this Name is: %c\n", name[no][0]);
13
14      return 0;
15  }
```

```
Student number? (0-4): 2
Name: Caroline
The first character of this Name is: C
```

　同様の考え方を用いると，3 次元配列，4 次元配列など，多次元のデータも配列として表現することができます。

2.3　制御構造

　ここでは，前節で示した Listing 2.2 や Listing 2.3 を拡張していく過程を通じて，条件に応じて実行する命令を変えたり（**条件分岐**），命令を繰り返し実行したり（**繰り返し**）する制御構造を学びます。前節で説明した順次実行と，本節で説明する条件分岐・繰り返しを組み合わせることで，任意の計算手順を記述できるという**構造化プログラミング**の考え方が，C 言語の設計思想の基本になっています。

2.3.1　条件分岐

　C 言語で条件分岐を記述する文として，if 文と switch 文があります。

2.3.1.1　if 文

　Listing 2.2 では，平方根を求めたい数として負の数が入力されるとおかしな

計算結果になります。また，0 が入力されると 0 での除算（r2 = x/r1 の行）が起こるので，おかしな値で演算が実行されるか，またはプログラムが停止してしまいます。このような入力の誤りに対処するために，条件によってプログラムの実行箇所を変更できる if 文（図 2.9 [注9] 左）を使って入力をチェックすることができます。

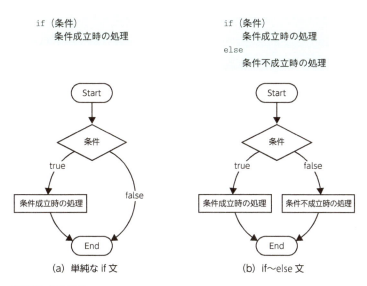

図 2.9 条件分岐

if の後は分岐の条件を表す制御式を書きます。制御式では，ある変数の値がある数値と等しい（例：a == 5），別の変数より大きい（例：b > c）などの単純な条件は比較演算子を用いて書き，複数の条件がすべて成り立つなどの複雑な条件はこれらを論理演算子で組み合わせて書きます(例：a > b && a > c)。制御式全体は丸括弧で囲みます。

制御式の次には，条件が成立したときに実行する文を書きます。実行したい文が複数になるときは，中括弧で囲ってブロックとします。ブロックは複数文

[注9] **フローチャート**
　図 2.9 は制御構造を**フローチャート**によって表したものです。フローチャートでは，角が丸い四角形が始終端，四角形が処理，菱形が条件分岐など，記号の形で機能を表します。フローチャートは，短いコードに対してはプログラムの構造を理解するのに有効な手段ですが，データ構造や階層性の表現が難しいことから，大きなプログラムの全体設計を行うような用途には適していません。

第 2 章　C 言語からはじめよう

をまとめて 1 文とみなすものと解釈できますが，その内部でのみ有効な変数が
宣言できるなど，複数の文を単純に束ねたもの以上の機能があります。

　Listing 2.6 は，Listing 2.2 の入力部分のみを取り出し，6 行目で入力された
数値が正であることを，7 行目の if 文でチェックするようにしたものです。不
正な値が入力された場合は，エラーメッセージを表示した後，return 文でプロ
グラムを終了させています（return 文の働きについては，2.4.3 節で説明し
ます）。入力された数値が正のときは，if 文本体である 8 行目と 9 行目の実行
がスキップされ，その後の 11 行目の printf() 関数で入力された値を表示し
ています。

Listing 2.6　単純な if 文の使用例

```
 1  #include <stdio.h>
 2
 3  int main(void)
 4  {
 5      int x;
 6      printf("Enter a positive integer: "); scanf("%d", &x);
 7      if (x <= 0) {
 8          printf("Input error!\n");
 9          return -1;
10      }
11      printf("You entered %d\n", x);
12
13      return 0;
14  }
```

```
Enter a positive integer: -3
Input error!
```

　また 図 2.9 右に示すように，if 文は条件不成立のときに実行する内容を，本
体に続けて else の後に書くことができます。else の後にさらに条件をつけた
いときは else if と続けます。

2.3.1.2　switch 文

　C 言語においては，もう 1 つの条件分岐として変数の値（整数値）に応じて
処理を多分岐させる命令である switch 文があります。switch 文の書き方は，

switch と書いた後に整数を値とする変数を丸括弧で囲んで指定し，それに続くブロックで分岐処理を記述します。ブロック内では「case 値:」という形式で遷移先を示し，それに続けてその遷移先での処理を記述します。分岐の最後には default: と書いて，それまでの case に設定した値のすべてに当てはまらなかった場合の処理を記述できます。

Listing 2.7 は，入力された整数に応じて，その整数に対応するサイズを表示するものです。整数値 0, 1, 2 についてそれぞれ case に続いて分岐先が指定され，それ以外の値については default に書かれた処理が実行されます。

Listing 2.7　switch 文の使用例

```
1  #include <stdio.h>
2
3  int main(void)
4  {
5      int a;
6      printf("Enter integer (0-2): "); scanf("%d", &a);
7      switch (a) {
8          case 0: printf("small size\n"); break;
9          case 1: printf("medium size\n"); break;
10         case 2: printf("large size\n"); break;
11         default: printf("error!\n"); break;
12     }
13
14     return 0;
15 }
```

```
Enter integer (0-2): 1
medium size
```

switch 文では，分岐後は break 文によってブロックを終了します。逆にいうと，break 文を書かなければ，次の case 以下に書かれた処理に実行が移ってしまいます。たとえば上記のプログラムの case 0: の行に書かれた break 文を削除して実行し，入力として 0 を与えると，case 0: の処理が終わった後に case 1: の処理が実行されます。これが意図した処理である場合は，case 0: の処理の後に**コメント**として // fall through などと書いておくと，break 文を書き忘れたミスではないことを明示することができます。

Focus　コメント

プログラムには説明のためのコメントを書くことができます。コメントはプログラムの実行には影響しません。C言語の仕様では，/* で始まり */ で終わる範囲がコメントとして扱われます。また，1行で終わる短いコメントの場合は，// 以降，行末までがコメントとして扱われます。

Listing 2.7 の switch 文の働きを if 文で書くと以下のようになります。

```c
// switch文の代わりにif文を使った例
if (a == 0) {
    printf("small size\n");
} else if (a == 1) {
    printf("medium size\n");
} else if (a == 2) {
    printf("large size\n");
} else {
    printf("error!\n");
}
```

条件分岐においては，if 文は特定の条件の成立・不成立によって処理を分ける状況，switch 文は整数で表された変数の値によって多分岐を行う状況で使います。

2.3.2　繰り返し

繰り返し（ループ）は，ある条件が満たされている間，決められた処理を何度も実行するものです。次の繰り返しに移るかどうかの判定を行う場所によって，前判定の繰り返しと後判定の繰り返しに分類できます。前判定の繰り返しは，さらに，繰り返す回数があらかじめ決まっているものと，ある条件が成立する間繰り返すものに分けられます。

2.3.2.1　for 文

繰り返す回数（あるいはその最大回数）があらかじめ決まっている場合には，前判定の繰り返しの1つである for 文を使います。for 文は繰り返しに従って値を変化させていくループ変数に対して，初期化処理，繰り返し条件，更新処

理（ループを 1 回終えるごとの処理）を与えます。これらの指定の後に繰り返し処理の対象となる文またはブロックを記述します（図 2.10）。

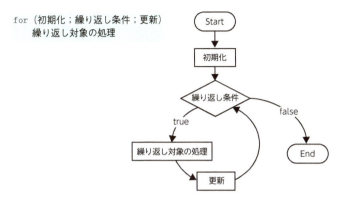

図2.10 for 文による繰り返し

なお，繰り返し処理の内部では，繰り返しを強制的に中止する break 文，残りの処理をスキップして次の繰り返しに移る continue 文が使えます。break 文は，配列内で特定の要素を探し，見つかった後はそれ以降の繰り返し処理を打ち切るような場合などに使います。また，continue 文は，特定の条件を満たす要素をスキップして，次の要素を処理するような場合に使います。いずれも，設定した条件に応じて繰り返し処理の流れを変えるために用いられます。

for 文を使うと，平方根近似の計算を単純に 3 回行っている Listing 2.2 は **Listing 2.8** のように書き換えることができます（Listing 2.6 の改良も組み入れています）。

Listing 2.8 for 文の使用例

```
 1  #include <stdio.h>
 2
 3  int main(void)
 4  {
 5      int x;
 6      double r1, r2, rnew;
 7
 8      printf("Enter a positive integer: "); scanf("%d", &x);
 9      if (x <= 0) {
10          printf("Input error!\n");
```

第 2 章　C 言語からはじめよう

```
11          return -1;
12      }
13      rnew = x;
14
15      for (int i=0; i<3; i++) {
16          r1 = rnew; r2 = x/r1; rnew = (r1 + r2)/2;
17          printf("%7.5f < %7.5f < %7.5f\n", r2, rnew, r1);
18      }
19
20      return 0;
21  }
```

```
Enter a positive integer: 3
1.00000 < 2.00000 < 3.00000
1.50000 < 1.75000 < 2.00000
1.71429 < 1.73214 < 1.75000
```

for 文のループ変数（Listing 2.8 の 変数 i）は，制御式の中で宣言することができます。for 文の制御式の中で宣言された変数は，for 文のブロック内でのみ有効な変数となります。このように変数が有効である範囲をできるだけ狭くしておくことで，読みやすく，誤りが少ないコードになります。

配列の要素を先頭から順に処理していく走査処理にも for 文を用います。宣言時に初期化によって要素数の指定を省略した場合は，配列の要素数を sizeof 演算子を使って求めます。**Listing 2.9** では，5 行目で初期化によって要素数を省略した配列変数 score を宣言し，6 行目で配列の要素数を sizeof 演算子を使って求めています。sizeof(score) で配列全体のバイト数，sizeof(score[0]) で配列の（先頭）要素のバイト数を求めることができるので，これらを割り算することで要素数を計算することができます。そして，これを for 文の終了条件に用いています。

Listing 2.9　sizeof演算子の使用例

```
1  #include <stdio.h>
2
3  int main(void)
4  {
5      int score[] = {80, 65, 70, 93, 77};
6      int n = sizeof(score) / sizeof(score[0]);
```

```
7       for (int i=0; i<n; i++)
8           printf("score[%d] = %d\n", i, score[i]);
9       return 0;
10  }
```

```
score[0] = 80
score[1] = 65
score[2] = 70
score[3] = 93
score[4] = 77
```

sizeof 演算子

sizeof 演算子は，プログラム実行時に値が求められるのではなく，コンパイル時に値が計算されて数値（リテラル）と置き換えられる特殊な演算子です。そのため，sizeof(int) のように，オペランドとして型名を指定することも可能です。また，あまり普通の単項演算子に見えないので，よく sizeof() という書き方をされますが，関数ではなく演算子なので注意してください。

2.3.2.2 while 文

もう 1 つの前判定の繰り返しは図 2.11 左に示す while 文です。while 文を使って条件が成立する間，処理を繰り返すことができます。

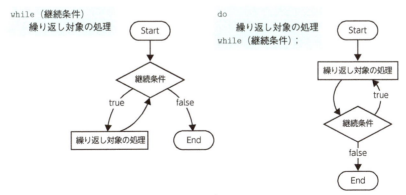

(a) 前判定の繰り返し（while ループ）　　(b) 後判定の繰り返し（do-while ループ）

図2.11　条件が満たされるまで繰り返し

第 2 章　C 言語からはじめよう

Listing 2.10 は Listing 2.8 を変更して，while 文を使って 2 つの近似値が一定の差以下になるまで繰り返す近似処理を行っています．18 行目の近似値の差の計算では，三項演算子を用いて変数 diff の値が必ず正になるようにしています．

Listing 2.10　while文の使用例

```
 1  #include <stdio.h>
 2
 3  int main(void)
 4  {
 5      int x;
 6      double r1, r2, rnew, diff;
 7
 8      printf("Enter a positive integer: "); scanf("%d", &x);
 9      if (x <= 0) {
10          printf("Input error!\n");
11          return -1;
12      }
13      rnew = x;
14      diff = rnew - x/rnew;
15
16      while (diff > 1.0E-5) {
17          r1 = rnew; r2 = x/r1; rnew = (r1 + r2)/2;
18          diff = r1 > r2 ? r1 - r2 : r2 - r1;
19          printf("%7.5f < %7.5f < %7.5f\n", r2, rnew, r1);
20      }
21
22      return 0;
23  }
```

```
Enter a positive integer: 5
1.00000 < 3.00000 < 5.00000
1.66667 < 2.33333 < 3.00000
2.14286 < 2.23810 < 2.33333
2.23404 < 2.23607 < 2.23810
2.23607 < 2.23607 < 2.23607
```

2.3.2.3　do-while 文

繰り返しの種類によっては，後判定の繰り返しを用いたほうがコードが簡潔

になる場合があります。繰り返しブロックを 1 回実行した後に条件判定を行いたい場合は，do-while 文を使います（図 2.11 右）。たとえば，平方根を求めたい数を入力して，不適切な場合は適切な値が入力されるまで入力を繰り返すように Listing 2.6 を改良したコードは **Listing 2.11** のようになります。

Listing 2.11　do-while 文の使用例[注10]

```
 1  #include <stdio.h>
 2
 3  int main(void)
 4  {
 5      int x;
 6      do {
 7          printf("Enter a positive integer: "); scanf("%d", &x);
 8          if (x <= 0) {
 9              printf("Input error!\n");
10              continue;
11          }
12          break;
13      } while(1);
14
15      printf("You entered %d\n", x);
16
17      return 0;
18  }
```

```
Enter a positive integer: -5
Input error!
Enter a positive integer: 0
Input error!
Enter a positive integer: 2
You entered 2
```

　入力された値が正でない場合は，エラーメッセージを表示して，10 行目の continue 文で次の繰り返し(7 行目)に移ります。正しい値が入力された場合は，

注10　**paiza.io での実行**
　　　paiza.io では，実行中に与える値はあらかじめすべて入力タブのコンソールに書いておく必要があります。実行例のような動作をさせる場合は，入力タブのコンソールに -5　0　2 と入力してから実行ボタンを押してください。

12行目のbreak文で繰り返しを終了します。13行目の繰り返し条件の制御式のところには1という数値が書かれており，これは非0すなわち真であることを意味するので，このループは無限ループになります。しかし，入力された値に応じてcontinue文またはbreak文のいずれかが実行されるので，制御がこの繰り返し判定部に至ることはありません。

このようにfor文，while文，do-while文を用いて，一定の回数あるいは特定の条件が満たされるまで繰り返される処理を書くことができます。

2.3.3 構造化プログラミング

ここまでに出てきた順次実行・条件分岐・繰り返しの3種類の手順（図2.12）の組み合わせでプログラムを書く方法を**構造化プログラミング**とよびます。構造化プログラミングは，FORTRANやCOBOLなどのコンピュータ黎明期のプログラミング言語において機械語の影響を受けたgoto文が多用され，可読性の低いコードが量産されてきた問題に対処するための方法論です。

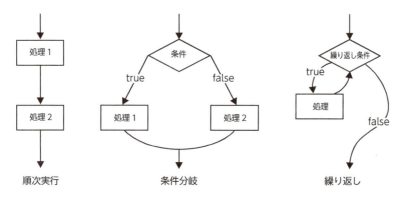

図2.12　構造化プログラミングの要素

goto文は，プログラム中の任意の行に処理を移すことができるものでC言語の仕様にも含まれています。遷移先は「文字列:」という形式で指定されたラベルを用います。goto文は，とりあえず動くコードを書く，という観点からはとても便利な機能ですが，プログラムの実行順序を乱すことで可読性を下げてしまい，その結果，バグの温床になるという問題点が指摘されてきました。goto文の遷移先のコードにおいて，その時点で参照できる変数の値がどうなっ

ているかは，最初からコードをたどらないとわからないからです。

　構造化プログラミングは，順次実行・条件分岐・繰り返しで記述されたアルゴリズムを，そのままコードに記述できるというアイディアのもと，それぞれの構造内で適切にブロックを用いて変数の参照範囲を限定できるというメリットから，多くのプログラミング言語の基本要素になっています。

2.4　関数

　ここからはC言語で書かれたプログラムの全体像を見ていきます。C言語のプログラムは関数の集合として記述されます。C言語の関数には，main関数，ライブラリ関数，ユーザ（プログラマ）が定義する関数の3種類（図2.13）があります。

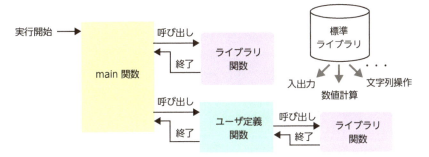

図2.13　C言語の関数

2.4.1　main関数

　ここまでおまじない扱いをしてきたプログラムの冒頭部と末尾の部分に注目しましょう。たとえば，Listing 2.1 の3行目には int main(void) と書かれており，その次の開き中括弧から最終行の閉じ中括弧までがmain関数の内容であることを示しています。C言語のプログラムには，必ず1つのmain関数が必要で，処理はmain関数から始まる決まりになっています。

　3行目先頭に int とあるように．main関数の返却値は整数型と決まっています。下から2行目のreturn文で返却値を指定し，main関数は終了します。main関数の返却値は，プログラムを実行したオペレーティングシステムに返

第 2 章　C 言語からはじめよう

されて，0 は正常終了を意味します。

　main 関数の引数部分に書かれている void は空（から）や無効という意味で，この関数には引数がないことを示します（単に main() と書くこともできます）。なお main 関数は，このプログラムを実行するときにコマンドラインからわたされる引数を受けとる形式で書くこともできます。int main(int argc, char *argv[]) と定義された main 関数は，コマンドラインからわたされる引数（実行コマンドを含む）の数を argc で，その内容が格納された文字列配列を argv で受けとります。

　一般に main 関数には，プログラム全体の手順を簡潔に，わかりやすく書きます。そのためには，プログラム全体で実行したいことを，適切な粒度で関数に分割する作業が必要です。また，典型的な処理は関数としてライブラリに用意されていることも多く，それらを適切に使用することで，誰が読んでもわかりやすいプログラムを書くことができます。

2.4.2　ライブラリ関数

　これまでに使用した printf() 関数や scanf() 関数は，コンパイラに付属する標準入出力ライブラリ stdio で定義されています。ここまで見てきたプログラムの 1 行目では，プリプロセッサ指令（3.4.2 節で説明）#include を使って標準入出力ライブラリの関数を使用可能にするための情報が書かれたヘッダファイル stdio.h を読み込んでいます。

　よく使用される標準ライブラリを表 2.2 に示します。なお，各ライブラリのヘッダファイルには，ライブラリ関数のプロトタイプ宣言（2.4.3 節で説明）のほかに，型定義や定数定義などが含まれていることがあります。

表 2.2　標準ライブラリ

ヘッダファイル	機能	関数の例
stdio.h	標準入出力	printf, scanf
stdlib.h	一般ユーティリティ	malloc, free
string.h	文字列操作	strnlen, strncpy
math.h	数学関数・数学定数	sqrt, M_PI
time.h	時刻・日付	time, localtime
ctype.h	文字分類	isalpha, isdigit
pthread.h	並行処理	pthread_create, pthread_join

> **Tips**
>
> 　一部のライブラリは，コンパイル時にリンク（3.4.2 節で説明）に必要なオプションをつける必要があります。たとえば，数学関数を含む math.h を include したプログラムを gcc でコンパイルするときは -lm オプションをつける，並行処理を含む pthread.h を include したプログラムを gcc でコンパイルするときは -lpthread オプションをつける，というようになっています。
>
> 　コンパイル時にライブラリのリンク関係でエラーが出たときは，GitHub Copilot Chat を呼び出し，"fix this error" の後に改行してエラーメッセージを貼りつけると，適切なオプションがつけられたコマンドを教えてくれます。さらにこの修正案をターミナルに転送するボタンもあります。

2.4.3　ユーザが定義する関数

　大きな問題を扱う場合，それらを小さな問題に分割して解決するのがセオリーです。プログラミングでも同様で，規模が大きなシステムを開発する場合は，それらを小さな機能に分けて開発します。C 言語ではこの分割される単位が関数になります。ユーザは問題を分割し，個々の機能を関数として実装して，それらを組み合わせます。分割された機能をさらに小さな機能に分割することもあります。この開発方法を**段階的詳細化**とよびます。

　ユーザが関数を定義する場合は，図 2.14 に示す書式に従います。

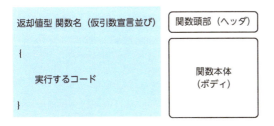

図 2.14　関数の定義

　関数を定義する冒頭の行は「返却値型　関数名（仮引数宣言並び）」（例：int add(int a, int b)）と書きます。この部分の情報を関数頭部あるいはヘッダとよびます。仮引数宣言並びの部分は，この関数にわたされる引数の型と名前をカンマで区切って並べたものです。**仮引数**とは，関数が呼び出されたときにわたされる値を受けとるための変数です。これに対して，関数呼び出し

時にわたす値を**実引数**とよびます。

1つのファイル中で定義されるユーザ定義関数のヘッダ情報だけを，コードの冒頭部分に書くことがあります。これを関数の**プロトタイプ宣言**とよびます。プロトタイプ宣言によって，このファイル内で呼び出される関数をコンパイラに知らせることができるので，コンパイル時に余計な警告を出さないようにすることができます。また，プロトタイプ宣言は，プログラムの可読性向上にも寄与します。なお，プロトタイプ宣言では仮引数宣言並びではなく，仮引数の型だけ（例：`int add(int, int)`）を書くことができ，こちらのほうが一般的な書き方です。

Focus 関数名のベストプラクティス

関数名は「動詞 _ 名詞」という形式（たとえば `initialize_data` や `find_maximum` など）にすると，その関数が何をするのかがわかりやすくなり，また GitHub Copilot などの生成 AI を用いた補完機能が効果的に機能します。ただし，数学的になじみが深い概念である `sum` や `average` などは名詞のみで十分な場合が多いですが，プログラミング言語によってはこれらが組み込み関数として定義されていることがあるので，注意が必要です。

関数本体の処理内容はヘッダに続く中括弧の中に書きます。関数の終了は `return` 文に続けて返却値を書くことで示されますが，`return` 文は関数本体の最終行に書かれるとは限りません。条件に応じて分岐したうえで関数を終了する場合など，1つの関数本体内部に `return` 文が複数回出現することもあります。

2.4.4 スコープと記憶域期間

関数内部で定義された変数は関数の外側から参照や変更ができません。これによって関数内での処理が見通しやすくなります。

変数が参照できる範囲を**スコープ**とよびます。C言語では，関数の引数や関数内で宣言された変数はその関数内でのみ有効で，関数が終了すると変数も消滅するローカルスコープを持ちます。これはブロック内で宣言された変数も同様で，そのブロック内のみで有効なものになります。このような変数を**ローカル変数**とよびます。一方，すべての関数の外で宣言された変数は，そのファイ

2.4 関数

ル内ならどこからでもアクセスできるグローバルスコープを持ちます。このような変数を**グローバル変数**とよびます。グローバル変数は関数間の引き渡しを記述しなくてよいので便利なのですが，プログラムの規模が大きくなると，どこで値が変更されているのかがわかりにくくなるため，できるだけ使わないようにするのがよいとされています。

スコープと関連して，変数には変数がメモリに確保されている期間を表す**記憶域期間**という概念があります。ローカルスコープの変数は，関数が呼び出されるときにメモリ上のスタック領域とよばれる場所にメモリが確保され，関数が終了するときにメモリが解放される**自動記憶域期間**を持ちます。一方，グローバル変数や static 修飾子をつけて宣言された変数は，プログラムが開始されるときに静的領域とよばれる場所にメモリが確保され，プログラム終了までその場所が保持される**静的記憶域期間**を持ちます。また，後述する malloc() 関数で確保されたメモリは，free() 関数で明示的に解放されるまでヒープ領域とよばれる場所にメモリが確保されたままになる**動的記憶域期間**を持ちます。

2.4.5　関数を用いたプログラム例

具体的な関数定義の例を，これまでのプログラムを改造することで示します。正しい入力が得られるまでループを回る Listing 2.11 と，繰り返しで平方根を求める Listing 2.10 とを組み合わせると，入力に対して一定レベルのエラーチェックを行い，高い精度で平方根を求めるプログラムができます。一方，入力・演算・出力という基本手順は最初に示したプログラムと変わらないのに，コードはかなり長くなり，全体の見通しが悪くなります。

そこで，まとまった処理を関数として定義し，おおまかな基本手順と細かな実現部分に分けてコーディングを行ったものを Listing 2.12 に示します。

Listing 2.12　関数を使ったプログラムの例 (code2-2.c)

```
1  #include <stdio.h>
2
3  int input_number(void)
4  {
5      int x;
6      do {
7          printf("Enter a positive integer: "); scanf("%d", &x);
```

第2章　C言語からはじめよう

```c
 8          if (x <= 0) {
 9              printf("Input error!\n");
10              continue;
11          }
12          break;
13      } while(1);
14      return x;
15  }
16
17  double calculate_squareroot(double x)
18  {
19      double r1, r2;
20      double rnew = x;
21      double diff = rnew - x/rnew;
22      while (diff > 1.0E-5) {
23          r1 = rnew; r2 = x/r1; rnew = (r1 + r2)/2;
24          diff = r1 > r2? r1 - r2: r2 - r1;
25      }
26      return rnew;
27  }
28
29  int main(void)
30  {
31      int x = input_number();
32      double sq = calculate_squareroot((double) x);
33      printf("Square root of %d is %7.5f\n", x, sq);
34      return 0;
35  }
```

```
Enter a positive integer: 2
Square root of 2 is 1.41421
```

　関数 input_number() は引数なしで呼び出され，正の数が入力されるまで入力を繰り返し，正整数が入力されたらその値を int 型で返します。変数 x は，この関数内でのみ有効なローカル変数です。

　関数 calculate_squareroot() は，引数として double 型の数値を受けとり，その平方根を double 型で返します。この関数でもいくつかローカル変数を使っていますが，外部と関係しているのは引数 x と，変数 rnew の最終的な値だけです。

　main 関数においては，各段階で何をわたして何が返されるのかということ

54

がわかっていれば，プログラム全体の流れを理解することができます。実行時に入力された正整数の値を得て（31行目），その値をdouble型にキャストしてから平方根を求め（32行目），求めた値を出力しています（33行目）。それぞれのユーザ定義関数は，この入出力の仕様を満たすように実装されていれば，個別に処理効率を向上させたり，安全性を高めたりすることができます。

このコードにcode2-2.cという名前をつけておき，以降の章のさまざまなプログラミング言語で，制御構造や新しい機能を説明するときに参照します。

2.5 ポインタ

C言語において，変数のアドレスを扱うための変数を**ポインタ**とよびます。変数aをint型とすると，以下のコードに示すように&演算子で変数aのメモリ上のアドレスを取得し，ポインタ変数pに格納することができます。

```
// 変数aのアドレスをポインタpに格納する
int a = 10;
int *p;
p = &a;
```

変数pの値はアドレスですが，この情報だけでは変数aを示していることにはなりません。一般にC言語の変数は，その変数の型に応じたバイト数のメモリ領域を確保して値を格納するので，ポインタ変数はそのバイト数の情報も併せ持った型であると解釈します。したがって，int *p; と宣言される変数pは，正確には「intへのポインタ型」という型になります。また，初期化時に限りint *p = &a; と書くこともできます。

ポインタが指しているアドレスから値を取得するには，*演算子を使います。これを**参照外し**とよびます。ポインタの宣言以降は，*pと書くことでaの値を取得することができます。この*演算子がついた変数は，代入文の左辺にも右辺にも書くことができるので少し理解が難しいのですが，pに変数aのアドレスが格納された後は，*pはaの**エイリアス**である，すなわち*pとaは同じものであると考えてください。ただし，初期化時は例外です[注11]。

注11 C言語には，ここで取り上げたポインタの宣言や配列・構造体の初期値設定など，初期化時のみ許される記法がいくつかあります。

第 2 章　C 言語からはじめよう

■ 2.5.1　ポインタと関数呼び出し

関数呼び出し時にわたす実引数は，**値渡し**が原則です。つまり，実引数として変数が書かれていても，実際に関数にわたされるのは，関数呼び出し時点での変数の値です。関数内で仮引数の値を変更しても，呼び出し元の変数の値は変わりません。

しかしポインタを使うことで関数に変数をわたし，その変数の値を変更することができます。このようなわたし方を**参照渡し**とよびます。参照渡しの典型的な例が scanf() 関数です。scanf() 関数は，変数のアドレスを第 2 引数以降に受けとり，それらのアドレスに対してキーボードから入力された値を書式指定で指示された型で書き込みます。

```c
// 変数aに整数を入力する
int a;
scanf("%d", &a);
```

この参照渡しのメカニズムを用いると，関数から 2 つ以上の値を返すこともできます。値を取得したい数だけ変数をポインタでわたして，関数内で必要な値を求めて代入するという方法です。このような関数は，通常は値を返さない void 型の関数として定義します。

```c
// 2つの整数の和と差を求める関数
void get_sum_diff(int x, int y, int *s, int *d)
{
    *s = x + y;
    *d = x - y;
}
```

■ 2.5.2　ポインタと配列

C 言語においては，ポインタと配列は密接に関連しています。配列名は，配列の先頭要素のアドレスを示すポインタ定数として扱われます。ただし，定数であってもそのポインタがどの型を指すのかが決まっており，その型のサイズに応じて加減算の挙動が変わります。

2.5 ポインタ

　たとえば以下のような int 型の配列があるとします。b は配列の先頭要素を指すポインタ定数です。そうすると，b+2 は b のアドレスから 2 * sizeof(int) だけずらしたアドレスを示すことになるので，*(b+2) は配列変数の 3 番目の要素，すなわち b[2] と同じ意味になります。

```
// 配列の要素を参照する
int b[5] = {1, 2, 3, 4, 5};
printf("b[2]: %d\n", b[2]);
printf("*(b+2): %d\n", *(b+2));
```

```
b[2]: 3
*(b+2): 3
```

　配列変数に対して添字を使って参照するときは，ここで示したようなコード変換が行われています。したがって，b[0] = *(b+0) = *(b) なので先頭要素，b[1] = *(b+1) なので 2 番目の要素，というようになります。これが，配列変数の添字が 0 から始まる理由です。

　このコード変換を利用して，以下のようなイタズラもできます。

```
// まねをしてはいけないコード
int b[5] = {1, 2, 3, 4, 5};
printf("2[b]: %d\n", 2[b]);
```

```
2[b]: 3
```

　これは，b[2] = *(b+2) = *(2+b) = 2[b] ということを利用しています。もちろん，このようなコードを書くことはおすすめできません。

　配列を関数にわたすときには，この配列名をわたします。そうすると，受けとる側の関数ではポインタとして受けとることになります。このことをポインタへの格下げといいます。受けとる側でも配列として扱いたいときは，配列の要素数を別途わたすか，配列の最後の要素が特定の値（たとえば 0 ）であることを前提として，その要素が現れるまで配列を走査することになります。

> **Memo** 配列も値渡しということにして、関数呼び出し時にコピーすればポインタなど使わずに済む、と考えるかもしれません。しかし、一般に配列変数は大きなデータを扱うときに使われるため、関数呼び出しごとに配列全体のコピーを作成することは実行時間やメモリ効率を考えると非効率です。そのため、C言語では配列変数を関数にわたすときはポインタとしてわたします。

2.5.3 関数ポインタ

関数を関数にわたすことができれば便利なことがあります。たとえば、配列の要素の並べ替えを行う関数に対して、並べ替え基準となる比較を行う関数をわたすことができれば、並べ替えを行う側の関数を変更することなしに並べ替えの基準や順序を変えることができます。

C言語では、関数の実体はメモリ上に配置された命令列なので、その実体をポインタで指すことができます。そこで、Listing 2.13 に示すように関数の入出力の型情報を使って関数ポインタを宣言し、その値を切り替えることで実質的に関数に関数をわたす、ということが実現できます。

Listing 2.13　関数ポインタの使用例

```
1  #include <stdio.h>
2
3  int add(int a, int b) {return a + b;}
4
5  int multiply(int a, int b) {return a * b;}
6
7  int main()
8  {
9      int x = 2, y = 3;
10
11     // 関数ポインタを定義し、add関数へのポインタを割り当てる
12     int (*functionPtr)(int, int) = add;
13     printf("%d + %d = %d\n", x, y, (*functionPtr)(x, y));
14
15     // 関数ポインタをmultiply関数へのポインタに変更する
16     functionPtr = multiply;
17     printf("%d * %d = %d\n", x, y, (*functionPtr)(x, y));
18
```

```
19      return 0;
20  }
```

```
2 + 3 = 5
2 * 3 = 6
```

2.6 構造体と共用体

Listing 2.3 では，5 人分のテストの点数を配列に格納しています。また，Listing 2.5 では，5 人分の名前を文字列の配列に格納しています。これらは添字番号が同じものが，同じ人の情報を表しているとします。ここで，テストの点数を降順（点数の高いものが最初）に並べ替えたとすると，名前の配列もそれに合わせて並べ替えないと，点数と名前の関係が切れてしまいます。このように，複数の変数が関連している場合，それらをまとめて扱う方法が必要になります。そのためには複数の変数をまとめて新たな型を定義する**構造体**（図2.15）を使うことができます。

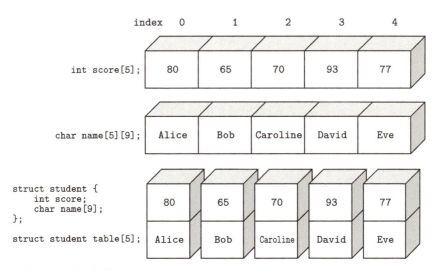

図 2.15　配列変数と構造体

第 2 章　C 言語からはじめよう

またC言語では，構造体と似た宣言方法で，同じメモリ領域を複数の型で使うことができる**共用体**という機能も提供されています。C言語の共用体はかなり限られた用途でしか使われませんが，現代のプログラミング言語において，ある変数の値が複数の型をとりうる機能の出発点として理解しておくとよいと思います。

2.6.1　構造体

構造体は，複数の変数をまとめて新たな型として定義したものです。以下の定義は，テストの点数を表す整数型変数と，名前を表す文字配列変数をまとめて1つの型としたものです。

```
struct student {
    int score;
    char name[9];
};
```

このようにして定義された型は，int や char などの型と同じように，struct student s; と変数 s を宣言することで，新たな型として使用することができます。このとき，変数 s は struct student 型であるといいます。また，構造体の配列は struct student table[5]; のように宣言します。

構造体の名前（ここでは student）を**構造体タグ**とよび，個々の変数（ここでは score と name）を**メンバ**とよびます。構造体が変数 s の値であるときに，そのメンバにアクセスするときはドット演算子 .（例：s.score），変数 p が「struct student へのポインタ型」のときはアロー演算子 ->（例：p->score）を使います[注12]。

構造体の宣言は typedef を用いることで，より簡潔な型名が使えるようになります。以下のように構造体を宣言すると，Student という型名で構造体を使うことができます。

[注12] ポインタ変数pが構造体を指すとき，参照外し(*p).scoreを使うことでもメンバが参照できます。ここで，ドット演算子は参照外し演算子よりも優先順位が高いので，括弧が必要になります。可読性の観点から，この方法よりアロー演算子を使うほうが簡潔でわかりやすくなります。

60

2.6 構造体と共用体

```c
typedef struct {
    int score;
    char name[9];
} Student;
```

　構造体で複数の変数をまとめる理由は，メンバの情報がひとまとまりになっているデータが複数あるという状況を扱いたいからです。上記の例で説明すると，テストの点数とその人の名前との関係が切れてしまってはいけないということになります。したがって通常，構造体は配列の要素，または後述のリスト構造で管理されることになります。

　Listing 2.14 は，5 人分のテストの点数と名前を構造体の配列で記憶するものです。

Listing 2.14　構造体の配列の使用例

```c
 1  #include <stdio.h>
 2  #define NUM 5
 3
 4  typedef struct {
 5      int score;
 6      char name[9];
 7  } Student;
 8
 9  int main(void)
10  {
11      Student table[NUM] = {
12          {80, "Alice"},
13          {65, "Bob"},
14          {70, "Caroline"},
15          {93, "David"},
16          {77, "Eve"}
17      };
18
19      for(int i=0; i<NUM; i++)
20          printf("name: %-9s  score: %d\n",
21                      table[i].name, table[i].score);
21
22      return 0;
23  }
```

第 2 章　C 言語からはじめよう

```
name: Alice        score: 80
name: Bob          score: 65
name: Caroline     score: 70
name: David        score: 93
name: Eve          score: 77
```

　構造体の初期化は各メンバの初期値をカンマで区切って並べ，それらを中括弧 {} で囲みます。構造体を配列の要素とするときは，さらに全体を中括弧 {} で囲みます。

2.6.2　共用体

　構造体と似た宣言を行って，新たな型を作成する方法に共用体 union があります。構造体との違いは，メンバの値が同じメモリ領域に置かれるという点です。

　Listing 2.15 では，ビッグエンディアンとリトルエンディアンの違いの検証に union を使用しています。エンディアンとは，与えられた数値を複数バイトからなるメモリの領域に格納するときに，下位の桁をアドレスの大きいほうに配置するか，小さいほうに配置するかという順序のことです。たとえば 32 ビットの 0x01020304 という 16 進整数を 4 バイトのメモリに格納する場合，ビッグエンディアンではアドレスの小さいほうから 01　02　03　04 となり，リトルエンディアンでは 04　03　02　01 となります。一見，ビッグエンディアンのほうが自然に見えますが，多くの計算では，低位バイトから処理が始まるため，リトルエンディアンのほうが処理が高速になることがあります。そのため，多くのプロセッサがリトルエンディアンを採用しています。

Listing 2.15　共用体の使用例

```
 1  #include <stdio.h>
 2  #include <stdint.h>
 3  union EndianTest {
 4      uint32_t i;
 5      uint8_t bytes[4];
 6  };
 7
 8  int main() {
 9      union EndianTest value;
10      value.i = 0x01020304;
```

2.7 リソース管理

```c
11      printf("値（整数）: 0x%08X\n", value.i);
12      if (value.bytes[0] == 0x01) {
13          printf("ビッグエンディアン\n");
14      } else if (value.bytes[3] == 0x01) {
15          printf("リトルエンディアン\n");
16      }
17      // 個々のバイトにアクセス
18      printf("バイト値: 0x%02X 0x%02X 0x%02X 0x%02X\n",
           value.bytes[0],value.bytes[1],value.bytes[2],value.bytes[3]);
19      return 0;
20  }
```

Listing 2.15 では，union EndianTest が符号なし 32 ビット整数 uint32_t 型の変数 i と，符号なし 8 ビット整数 uint8_t 型の配列 bytes（要素数 4）をメンバとして待ち，これらは同じメモリ領域を共有しています。符号なし整数型を用いているのは，このメモリに配置されている情報をそのまま 2 進整数として扱いたいからです。共用体を使うことで，同じメモリ領域に格納された 32 ビット値を，1 つの整数値としてアクセスしたり，個々のバイトとしてアクセスしたりすることができています。

Intel 社 Core i7 プロセッサでのプログラムの実行結果は，以下のようになります。

```
値（整数）: 0x01020304
リトルエンディアン
バイト値: 0x04 0x03 0x02 0x01
```

2.7 リソース管理

これまでに紹介してきた C 言語のコードは，簡単な入出力はあるものの，ほとんどの場合でプログラムとして記述した範囲の情報で処理を完結しています。しかし，実際のプログラムでは，外部にある大規模なデータを取り込んだり，それらをメモリに配置したりする処理が必要になります。そのとき，そのプログラムが動いているコンピュータで用意されているメモリ・入出力機器・ネットワーク接続などのプログラム外部の資源を，どのように適切に使うかという知識が必要です。このようなプログラムから見た外部の資源を**リソース**とよびます。

本節では，C 言語におけるリソース管理の基本的な手法をファイル入出力，動的メモリ確保，並行・分散処理の順で紹介します。

2.7.1 ファイル入出力

Listing 2.14 では，構造体の初期値をコード中に直接記述しています。しかし，実際のプログラムでは，プログラムで処理する対象であるデータがコード中に直接記述されることは少なく，多くの場合は外部のファイルに記録されています。また，プログラムでの処理結果をファイルとして外部に出力することもあります。C 言語では，ファイルを含めた外部との入出力を**ストリーム**という概念で扱います（図 2.16）。

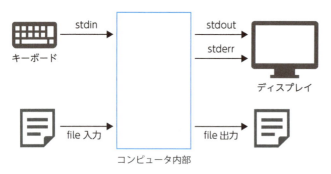

図 2.16　ストリーム

ストリームはデータの流れを意味します。これまでに使ってきた scanf() 関数や printf() 関数は，それぞれ標準入力ストリーム（stdin）と標準出力ストリーム（stdout）を使って入出力を行う関数です。この 2 つに標準エラーストリーム（stderr）を加えた 3 つのストリームは，C 言語のプログラムの開始時に自動的に用意されているもので，特に何も指定しない（すなわちデフォルトの）状態では，標準入力はキーボード，標準出力と標準エラーはディスプレイに接続されています。

一方，ディスクにあるファイルをプログラムに読み込んだり，プログラムで処理したデータをファイルに書き出したりするためには，プログラム中で明示的にそのためのストリームを作成します。

今，テストの点数と名前が記録されたファイル data.csv があるとします。

2.7 リソース管理

Listing 2.16 data.csv

```
80, Alice
65, Bob
70, Caroline
93, David
77, Eve
```

このファイルを読み込んで構造体の配列に格納する手順は **Listing 2.17** のようになります。今回はデータを点数の高い順に並べ替えて出力しています。

Listing 2.17 ファイル読み込みの例

```c
 1  #include <stdio.h>
 2  #define NUM 5
 3  #define NAME_LEN 9
 4
 5  typedef struct {
 6      int score;
 7      char name[NAME_LEN];
 8  } Student;
 9
10  int main(void)
11  {
12      FILE *fp;
13      Student table[NUM];
14
15      if ((fp = fopen("data.csv", "r")) == NULL) {
16          fprintf(stderr, "ファイルオープン失敗\n");
17          return -1;
18      }
19
20      for(int i=0; i<NUM; i++)
21          fscanf(fp, "%d,%s", &table[i].score, table[i].name);
22      fclose(fp);
23      for (int i=0; i<NUM-1; i++)
24              for (int j=NUM-1; j>i; j--)
25                  if (table[j-1].score < table[j].score) {
26                      Student tmp = table[j];
27                      table[j] = table[j-1];
28                      table[j-1] = tmp;
29                  }
30      for(int i=0; i<NUM; i++)
```

第 2 章　C 言語からはじめよう

```
31          printf("name: %-9s  score: %d\n",
                        table[i].name, table[i].score);
32      return 0;
33 }
```

```
name: David      score: 93
name: Alice      score: 80
name: Eve        score: 77
name: Caroline   score: 70
name: Bob        score: 65
```

fopen() 関数にはファイル名とモードを引数として与え，ファイルをストリームとして開きます。モードは読み込み専用（r），書き込み専用（w），両方（rw）などを細かく指定できます。ファイルを開くことができれば，fopen() 関数はそのファイルを読み書きするために必要な情報が格納された FILE 型構造体へのポインタを返します。以降，データの読み書きやファイルを閉じるなどの処理を行う関数には，このポインタを引数としてわたします。なお，FILE 型構造体の実装は処理系依存なので，個々のメンバの値を直接使うことはありません。

ファイルの各行は，fscanf() 関数で読み込まれ，構造体の配列に格納されます。fscanf() 関数は，第 1 引数で指定したストリームから読み込んだデータを変数に格納する関数で，scanf() 関数と同様に，フォーマット文字列を使って読み込むデータの形式を指定します。

fscanf() 関数は，読み込んだデータの数を返し，読み込みに失敗した場合は，標準入出力ライブラリで定義された定数 EOF が返されます。読み込むべきデータの件数がわかっていない場合は，この返却値をループの継続条件としたwhile 文を使って，以下のようにしてデータを読み込みます。ただし，MAX_NUM は読み込めるデータの最大数を表す定数とします。

```
int i = 0;
while (i < MAX_NUM
    && fscanf(fp, "%d,%s", &table[i].score, table[i].name) == 2) {
    i++;
}
```

処理が終わったファイルは，fclose() 関数で閉じます。

> **Memo** Listing 2.17 の 23 行目からの二重ループは，バブルソートとよばれる整列アルゴリズムで，配列の要素を順に比較して，条件に従って入れ替えを行います。外側のループ変数 i は，前から i 番目までが整列済みであることを示し，内側のループ変数 j は，配列の末尾から前に向かって順に，隣り合う要素を比較する場所を示します。条件が成立したとき，つまり入れ替えが必要なときは，一時変数 tmp を使って入れ替えを行っています。

2.7.2 動的メモリ確保

配列変数の要素数が大きくなった場合，要素の挿入や削除を行うと，大量のデータの順次コピーが実行されるのでかなり時間がかかります。要素の挿入・削除がまれな場合はそれほど問題にはなりませんが，これらが頻繁に起こる場合は，データを配列で管理するのはあまりよい方法とはいえません。

そこで，その構造体型を指すポインタを構造体のメンバに追加し，要素の挿入や削除はポインタのつなぎ替えで行うという方法を考えます。そうすると，データ全体のサイズが変化するので，関数内で事前に構造体の配列として宣言することができなくなります。そこで，その構造体をヒープ領域におくという方法を考えます。ヒープ領域は関数の外側でデータを保持するので，データを作成した関数が終了しても，以降のプログラム中で明示的に解放しない限りずっと情報が保持されるものです（これらのメモリに関する詳細は 3.3.4 節を参照）。

ファイルから読み込んだデータをヒープ領域に格納して処理する例を Listing 2.18 に示します。ヒープ領域におけるメモリ確保は malloc() 関数，解放は free() 関数で行います。これらの関数は一般ユーティリティライブラリ stdlib.h に含まれています。このように確保された領域は，先頭要素のアドレスを保持するポインタを持つことで参照可能な状態にしておきます。また，最終要素の次の要素を指すポインタの値は NULL としておきます。NULL はポインタ変数が何も指さない，ということを示す定数で，標準入出力ライブラリで定義されています。この書き方を守ることで，先頭アドレスから始めて，次の要素をポインタでたどり，NULL になるまで繰り返すというパターンで全要素に対する処理を書くことができます。

6 行目からの構造体の定義によって，Struct student 型と Student 型が同じものとして扱えるようになります。この型はメンバに自分自身の型へのポインタ

第 2 章　C 言語からはじめよう

があるので，typedef を使うときは，必然的にこのような書き方になります。

　15 行目では，文字列操作ライブラリに含まれる関数を用いて（長さ制限付きの）文字列コピーを行っています。文字列処理は，基本的にこのライブラリの関数を使うことで，安全で高速に動作するコードを書くことができます。

Listing 2.18　動的メモリ確保の例 (code2-3.c)

```c
 1  #include <stdio.h>
 2  #include <stdlib.h>
 3  #include <string.h>
 4  #define NAME_LEN 9
 5
 6  typedef struct student {
 7      int score;
 8      char name[NAME_LEN];
 9      struct student *next;
10  } Student;
11
12  Student* add_data(int sc, char *nm) {
13      Student *s = malloc(sizeof(Student));
14      s->score = sc;
15      strncpy(s->name, nm, NAME_LEN-1);
16      s->next = NULL;
17      return s;
18  }
19
20  int main(void)
21  {
22      Student *head = NULL, *tail = NULL;
23      FILE *fp;
24      int sc;
25      char nm[SIZE];
26
27      if ((fp = fopen("data.csv", "r")) == NULL) {
28          fprintf(stderr, "ファイルオープン失敗\n");
29          return -1;
30      }
31
32      while (fscanf(fp, "%d, %s", &sc, nm) == 2) {
33          if (head == NULL) {
34              head = add_data(sc, nm);
35              tail = head;
36          } else {
```

```
37              tail->next = add_data(sc, nm);
38              tail = tail->next;
39          }
40      }
41      fclose(fp);
42
43      // 読み込んだデータの表示
44      for(Student *p = head; p != NULL; p = p->next)
45          printf("name: %-9s   score: %d\n", p->name, p->score);
46
47      // メモリの解放
48      Student *tmp;
49      while (head != NULL) {
50          tmp = head; head = head->next; free(tmp);
51      }
52
53      return 0;
54  }
```

```
name: Alice       score: 80
name: Bob         score: 65
name: Caroline    score: 70
name: David       score: 93
name: Eve         score: 77
```

このような要素の並びを**リスト**とよびます（図 2.17）。配列における要素の挿入や削除が，要素を後ろにずらしたり前に詰めたりする操作が必要になるのに対してリストにおける要素の挿入や削除は，ポインタのつなぎ替えで行うことができます。

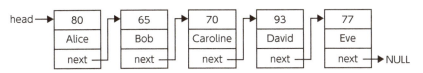

図 2.17 構造体のリスト

このコードに code2-3.c という名前をつけておき，以降の章のさまざまなプログラミング言語で，構造を持つデータの扱い・ファイル入出力・動的メモリ確保の方法などを説明するときに参照します。

第2章　C言語からはじめよう

■ 2.7.3　並行・分散処理

　大量のデータに対して同一の処理を行う場合や，多くのユーザが同時にプログラムにアクセスする場合など，複数の処理を同時に実行することが求められる場面があります。このような場合，複数の処理を並行して実行する機能が必要になります。また，データを管理しているコンピュータと計算を行うコンピュータが異なる場合のように，必要に応じて処理を分散させる機能も求められます。

　ここでは，このような**並行・分散処理**を行うためのもっとも基本的な方法を紹介します。Listing 2.19 は，マルチスレッドプログラミングとよばれる方法で，プログラムの実行単位であるスレッド[注13] を 2 つ同時に実行する例です。このプログラムは，2 つのスレッドそれぞれが，共有リソースである整数型変数 counter を 10000 回インクリメントする（値を 1 増やす）処理を行います。

Listing 2.19　マルチスレッドの例 (code2-4.c)

```
 1  #include <pthread.h>
 2  #include <stdio.h>
 3  #include <stdlib.h>
 4
 5  #define NUM_THREADS 2
 6  #define NUM_INCREMENTS 10000
 7
 8  int counter = 0; // 共有リソース
 9
10  void* increment_counter(void* ptr) {
11      for (int i = 0; i < NUM_INCREMENTS; ++i) {
12          counter++; // カウンタをインクリメント
13      }
14      return NULL;
15  }
16
17  int main() {
18      pthread_t threads[NUM_THREADS];
19
20      // スレッドを作成し，それぞれで increment_counter 関数を実行する
21      for (int i = 0; i < NUM_THREADS; ++i) {
```

注13 スレッドについては 3.4.1 節で詳しく説明します。

70

```
22          pthread_create(&threads[i], NULL, increment_counter, NULL);
23      }
24
25      // すべてのスレッドが終了するのを待つ
26      for (int i = 0; i < NUM_THREADS; ++i) {
27          pthread_join(threads[i], NULL);
28      }
29
30      printf("Expected: %d, Actual: %d\n",
            NUM_THREADS * NUM_INCREMENTS, counter);
31
32      return 0;
33  }
```

```
Expected: 20000, Actual: 19788
```

　C言語でのスレッド処理は，pthreadライブラリを使って行います。スレッドの作成と実行はpthread_create()関数で行い，スレッドの終了を待つにはpthread_join()関数を使います。

　pthread_create()関数には，スレッドの識別子を格納するためのポインタ，スレッドの属性，スレッドの実行関数，実行関数にわたす引数を指定し，スレッドの実行を指示します。このコードの場合は，スレッドのスタックサイズや優先度を指定する第2引数のスレッド属性の値はNULL（すなわちデフォルト設定），実行関数にわたす引数もNULLとしています。この関数を本体に含む21行目からのforループではpthread_create()関数によって作成されたスレッドはただちに実行を開始し，スレッドの終了を待たずに次の処理に進みます。

　pthread_join()関数は，スレッドの識別子，スレッドの終了時のステータスを受けとるためのポインタを指定し，スレッドの実行関数が終了するのを待ちます。第2引数にNULLを指定した場合は，終了ステータスを受けとらないことを意味します。この関数を本体に含む26行目からのforループが終了するということは，すべてのスレッドが終了したことを意味します。

　increment_counter()関数は，スレッドの実行関数として呼び出され，変数counterの値をNUM_INCREMENTS回インクリメントします。この関数は，返却値・引数ともにvoid*型を指定しています。void*は汎用ポインタとよばれ，任意の型のポインタを表すことができます。これにより，整数・配列・

構造体など，さまざまな種類のデータを受けわたしすることが可能になります。このコードでは返却値，引数ともありませんが，これらを使う場合は，void*型のポインタを適切な型にキャストして使用します。

　このプログラムが正しく動作すると，Expected: 20000，Actual: 20000 と表示されるはずです。しかし，2つのスレッドがカウンタをインクリメントする処理が同時になることがありうるため，何度か実行すると，カウンタの値が実際に期待する値と異なることがあります。

　もちろん C 言語においても，このような不具合が生じないようにするための方法が用意されています。しかし，ここでは処理を並行して実行できること，また，そのときにそれぞれの処理で共有する変数などのリソースに対して注意が必要であることを理解することを目的としておきます。

　このコードに code2-4.c という名前をつけておき，以降の章のさまざまなプログラミング言語で，並行・分散処理を説明するときの出発点とします。

生成 AI の活用

本章ではいくつかコードを示しました。本章はプログラミング言語に関する導入の章なので，各命令に対してできるだけ詳細に説明をつけましたが，わかりにくかった場合は生成 AI に解説をさせてみてください。そのとき，「プログラミングの初心者でもわかるように……」「できるだけ例え話を使って」などのプロンプトにすると，本章の説明とは違う観点が示されるかもしれません。

　また，示したコードを使って穴埋め問題を作成させることができます。たとえば以下のようなプロンプトの後にコードをコピーして，対話的に学習することができます。ただし 2024 年 7 月現在では gpt-4o を使っても誤答を正解としてしまうようなことがときどきあります。今後の改善に期待しましょう。

> 以下のコードにおいて，重要な箇所を空欄にした穴埋め問題を作成してください。穴埋めの箇所を(1), (2), (3)のように示して，ユーザが解答しやすいようにしてください。ただし，初期化時の変数名や定数は穴埋め問題の対象にしないでください。ユーザが解答するのを待って，正しければ追加の解説を，間違っていれば詳しい解答説明をしてください。
>
> #### コード

2.8 まとめ

C言語は段階的詳細化の手順に従って全体の問題を関数に分割し，それらの中身は構造化プログラミングで記述するという考え方に基づいています。そして構造体やポインタを用いて低水準で記述したデータ構造を，プログラムから直接操作します。本書ではこれらをまとめて**手続き型プログラミング**とよぶことにします（図 2.18）。

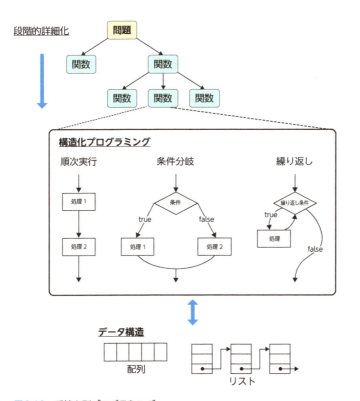

図2.18　手続き型プログラミング

この低水準のデータ構造を直接操作する方式は，コンピュータの処理能力が低い時代に実行効率を優先するために採用されました。しかしこのことで，型安全性やメモリ安全性が犠牲になっており，これまでに発見されたソフトウェアの不具合の多くは，これらの安全性が守られなかったことが原因になってい

ます。また，関数に分けて記述するということが基本的にはプログラムの分割以上の役割を果たしておらず，効率のよいソフトウェアの開発につながっていません。たとえば，有用だと思われるライブラリ関数を数多く準備したとしても，プログラマが設計した低水準のデータ構造と整合しなければ，あまり役に立ちません。

　これらのC言語が抱える問題点を解決する方法に着目して整理すると，C言語以降のプログラミング言語が開発された背景や，それらの言語を用いるべき対象が見えてきます。本書ではこれ以降，安全性を実現する方向と，開発効率を高める方向のそれぞれのアイディアを説明します。

　本章の最後にC言語に関する参考図書をリストアップします。[カーニハン，リッチー 89] [3] は，C言語の開発者によって書かれたC言語の原典ともいえる本です。プログラミングに関してある程度の知識がある人向けなので，本章を読み終えた後に読むとよいでしょう。本章の説明では具体例が不足していると感じられた場合は，C言語の基本的な部分について豊富なプログラム例で説明している [柴田 21] [4] をおすすめします。ただし，この本には動的メモリ確保に関する部分が含まれていないので，基本的なデータ構造の実装を通じて動的メモリ確保を行うプログラム例が多く記載されているものとしては [近藤 98] [5] をおすすめします。

第 3 章

プログラムが動く仕組み

　本章では，C言語で書かれたプログラムが実際のコンピュータ上で動く仕組みについて説明します．特に変数値のメモリ上での表現方法，メモリにおけるスタック領域とヒープ領域との違い，オペレーティングシステムにおけるプロセスとスレッドとの違いを理解しておくことで，C言語以降の新しいプログラミング言語が何を目指してきたか，ということがわかりやすくなります．
　しかしいきなり，これらの内容に入るのは難しいので，ハードウェアやソフトウェアの基本的な構成から話を進めていきます．

3.1 ハードウェアとソフトウェア

コンピュータは**ハードウェア**と**ソフトウェア**からなります。ユーザが C 言語などのプログラミング言語で記述したソフトウェアは**アプリケーション**とよばれ，言語処理ソフトウェアによって最終的には機械語に変換されてさまざまなハードウェア上で実行されます。このアプリケーションの実行や言語処理ソフトウェアの処理を補助するソフトウェアが，Windows・MacOS・Linux などの**オペレーティングシステム** (operating system; OS) です。したがって，アプリケーションが実行される手順のイメージは，図 3.1 に示すように［アプリケーション］-［オペレーティングシステム］-［ハードウェア］という階層で捉えることが基本となります。

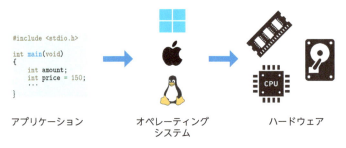

図 3.1　アプリケーションの処理階層

プログラミングするときには，オペレーティングシステムやハードウェアをブラックボックスとして扱うことも可能です。特に高水準言語では，その言語の理論的背景の理解が優先され，コードがどのように実行されるのかということの理解を求めない傾向にあります。しかし，実行速度や安全性が重要となる場面では，コードが最終的に機械語として実行されるまでのイメージを理解しておくことで，高水準言語が取り入れているさまざまな工夫の意味が理解できるようになります。さらにこれらの工夫の意味が理解できると，各プログラミング言語がどちらの方向を目指して仕様を拡張したり，新しい機能を取り入れたりしようとしているのか，がわかるようになります。

3.2 ハードウェアの構成

ここではハードウェアとして，図 3.2 に示す CPU・メモリ・I/O コントローラをコンポーネント（構成要素）とする単純な構成を考えます。そして，その構成上で，どのようにして機械語による情報処理が行われるのかを見ていきます。

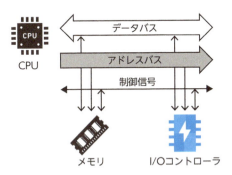

図3.2　ハードウェアの構成

コンポーネントを結ぶ**バス**は電線の束のようなものです。電線の 1 本が，電圧の高低（High/Low）によって 1 か 0 かという 1 ビットの情報を表現します。**データバス**や**アドレスバス**は，CPU の規格に応じて 32 本や 64 本の束になっており，それぞれ一度に 32 ビットや 64 ビットのデータを送受信します。**制御信号**は，各コンポーネントに対する役割の指示を比較的少ない本数の電線でやりとりします。

この構成では，コンポーネント間の制御は以下のように行われます。

- CPU とメモリ・I/O コントローラ間のデータ転送はデータバスを使用
- CPU からのメモリアクセス時のアドレス指定や I/O コントローラのポート指定はアドレスバスを使用
- データの読み／書きの切り替えや，外部からの割り込みの検知は制御信号を使用
- すべてのコンポーネントは周期的に High/Low を切り替える**クロック信号**を受けとり，同期して動作する

3.2.1 CPU

CPU（Central Processing Unit; 中央処理装置）はコンピュータハードウェアの中心的な装置で，コンピュータへの命令を解釈して実行します。CPU は図 3.3 に示すように制御装置・演算装置・レジスタから構成されます。

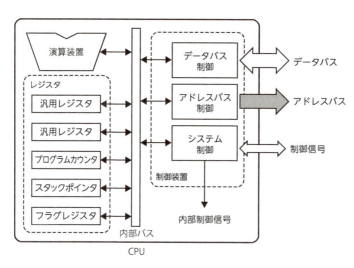

図 3.3　CPU の構成

- **制御装置**
  - メモリ上の機械語命令やデータをレジスタに読み出し，命令の内容に応じた全体の制御，指定されたアドレスに対するデータの書き込み，I/O コントローラの制御を行う
- **演算装置**
  - レジスタに読み出されたデータに対して加減算や論理演算を行う
- **レジスタ**
  - 機械語命令・データ・演算結果を格納する場所。役割ごとに複数のレジスタが用意されている

プログラミング言語とハードウェアの関係を理解する場合は，この中で特にレジスタの役割を理解することがポイントになります。CPU が実行できる命令は機械語のみであり，機械語はメモリとレジスタの間のデータのやりとり，レ

3.2 ハードウェアの構成

ジスタの間の演算，レジスタの値に応じた制御などを行うからです。

　CPU は役割ごとに複数のレジスタを持ちます。主なレジスタの種類とその役割を表 3.1 に示します。

表3.1　レジスタの種類と役割

種類	役割
汎用レジスタ	どのようなデータでも格納できる
プログラムカウンタ	次に実行する命令のアドレス
スタックポインタ	スタック領域における現在の操作位置のアドレス
フラグレジスタ	演算結果がゼロかマイナスかなど，処理の流れを変える判断に用いるフラグ

Memo　近年ではこのような処理単位を複数持つマルチコア CPU が一般的になっており，複数のプログラムの並列実行が可能になっています[1]。また，機械学習や生成 AI などの応用分野に対応するために，行列演算を並列に行う GPU (Graphics Processing Unit) や，生成 AI に特化した演算を高速に行う NPU (Neural Processing Unit) も，ハードウェアに組み込まれつつあります。

3.2.2　メモリ

　メモリ（memory; 内部記憶装置）は，通常は主記憶（メインメモリ）のことを指します。命令とデータを 2 進表記で格納しており，電源を切ると内容が消えてしまいます。電源を切っても内容が消えないものが外部記憶装置（ハードディスク，SSD など）であり，外部記憶装置上にある命令やデータがメモリにロードされて，処理が実行されます[2]。

　図 3.4 にメモリ IC を簡略化した図を示します。アドレスが 10 ビットで指定できるようになっているので，この IC には $2^{10} = 1024 = 1KiB$（キビバイト）のデータが保持できることになります。各アドレスに保持されている 1 バイト（=8 ビット）のデータは，データバスにつながっている D0 ~ D7 のピンを使っ

注1　本書では，実際に同時に実行されることを**並列**，論理的に同時に実行しているように扱うことを**並行**とよびます。

注2　記憶装置についての入門的な解説は，短い教育用動画を集めたサイト TED-Ed の "How computer memory works"（https://www.youtube.com/watch?v=p3q5zWCw8J4）を参考にしてください。

79

第3章 プログラムが動く仕組み

て読み書きします。データを読み出したいときは制御信号RDのピンをHighにし，書き込みたいときは制御信号WRのピンをHighにします。

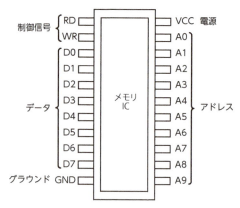

図3.4　メモリICの構成

　メモリアドレスも，他のデータと同様にコンピュータ内部では2進数で表現されますが，見やすくするために一般的に16進数で表記されます[注3]。メモリは，図3.5のようなアドレスのついた建物のようなイメージで表現されます。1つの部屋が1バイトで構成されていて，順番に0x0番地から始まるアドレスがついています。32ビットOSで管理できるアドレスは0x 0000 0000番地から0x FFFF FFFF番地までの約4ギガバイトとなります。

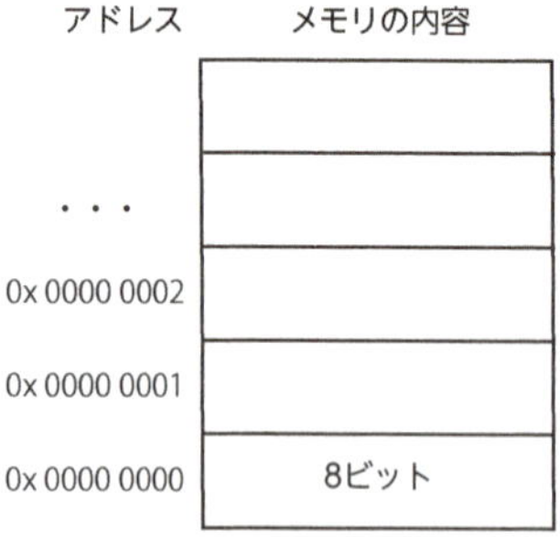

図3.5　メモリのイメージ

注3　2進数4桁（0b0000〜0b1111）が16進数1桁（0x0〜0xF）に対応するので，2進数と16進数は単に表記が異なるものだと考えてください。

80

ここまでに説明したメモリはコンピュータに実装されている実メモリとよばれるものです。アプリケーションの実行にあたっては，プログラムからこの実メモリの番地を指定して直接アクセスすることはほとんどありません。プログラムは OS が管理する1つのプロセスとして動いていて，OS は個々のプロセスに対して仮想メモリを割り当てます。そして仮想メモリの一部を実メモリの特定のアドレスに対応させてデータなどの読み書きを行うのは OS の役割になります。

つまり，プログラムが実行される各プロセスは，同じ OS 上で動いている他のプロセスが実メモリのどこを使用しているか，ということを知る必要がなく，そのプロセスに割り当てられた仮想的なメモリ空間で実行イメージを考えればよいことになります。以後，プログラムがメモリをどう使うか，について説明を進めますが，これらはすべて仮想メモリでの議論であるということです。

> **Memo** 一般にメモリには階層が設けられています。高速・小容量なメモリは CPU に近く，低速・大容量なメモリは外部記憶装置に近い位置に配置します。高速なメモリはキャッシュメモリとよばれ，主記憶の内容の一部を保持する役目を持ちます。CPU がアクセスするデータを予測して主記憶からキャッシュメモリに読み込んでおくことで，CPU と主記憶との間のデータ転送時間を短縮することができます。

3.2.3 I/O コントローラ

I/O コントローラ（Input/Output controller; 入出力制御装置）は，コンピュータと接続されている外部装置（ハードディスク，キーボード，ディスプレイなど）とのデータのやりとりを制御します。CPU から見た場合，これらの外部装置はポート番号で管理されており，データバスを通じて伝送されるデータが，どの番号のポートとやりとりされるかを管理するのが I/O コントローラです。I/O コントローラは，CPU（高速）と外部装置（低速）との間で処理速度が大幅に異なるときに一時的にデータを保持しておく役割も果たします。

もう1つの I/O コントローラの役割は，割り込みの発生です。前述のように CPU と外部装置との処理速度が大幅に異なる場合に，CPU には別の処理を行わせ，外部装置からの情報が入ったときに割り込みを発生させます。割り込み

第 3 章　プログラムが動く仕組み

処理にあたっては，レジスタなどの情報を一時的に待避して外部装置に関する
処理を行い，終了するとまた元の処理に復帰するという手順で，あたかも同時
に複数の機器との情報のやりとりが実現できているかのように見せています。

　このように外部装置とのやりとりは面倒なことが多いのですが，低レベルの
制御は I/O コントローラが，やや高レベルの制御は OS が行うことで，プログ
ラムが外部装置とのやりとりを行うときには，事前に用意されたライブラリ関
数を呼び出すだけで済むようになっています。

3.3　プログラムの実行

3.3.1　アセンブリ言語の基本

　CPU・メモリ・I/O コントローラの構造が理解できれば，簡単な機械語プロ
グラムを組むことができます。CPU が解釈できる機械語は最終的には 2 進数で
すが，この機械語命令を英単語をベースとした表現にほぼ 1 対 1 対応させたも
のが**アセンブリ言語**です。アセンブリ言語は，その処理系である**アセンブラ**に
よって機械語に変換されます。

　アセンブリ言語の記法の一種に **AT&T 構文**とよばれるものがあります。この
構文の基本的な特徴は以下のとおりです。

- **基本構文**
  - アセンブリ言語の文は add や mov などの「命令」の後に続いて，操作
    対象をカンマ区切りで「オペランド 1, オペランド 2, ...」のように書き
    ます。命令には，movl のように操作するデータのサイズを示す接尾語
    がつけられることがあります。接尾語の l は 32 ビット（long），w は
    16 ビット（word），b は 8 ビット（byte）の操作を意味します
- **オペランド**
  - オペランドは，レジスタ名，メモリアドレス，リテラルのいずれかです。
    レジスタ名の前には % を，リテラルの前には $ をつけます。メモリアド
    レスは「オフセット（% ベースレジスタ ）」の形式で指定され，ここで「%
    ベースレジスタ」はアドレスを計算するためのレジスタを，「オフセット」
    はそのレジスタに加える固定値を示します

3.3 プログラムの実行

- ● **命令の場所の指定**
  - ● 命令が配置される場所は具体的なアドレスではなく，「ラベル」で指定されます。ラベルは命令の場所を識別するための名前で，ラベルを配置するときには，ラベル名を表す文字列の後に：をつけます。これによりプログラム内の特定の場所に位置する命令にジャンプすることができます

- ● **疑似命令**
  - ● 「.」で始まる命令は，実際の CPU の命令ではなく「疑似命令」とよばれるものです。これらはアセンブラに対する指示であり，プログラムの構造を整理したり，特定の処理を便利に行うために使われます

アセンブリ言語の基本的な命令には，以下のようなものがあります。

- ● **データ転送**「mov ソース，宛先」：**例** movl $2，-4(%rbp)
  - ● ソースの値を宛先にコピーする。ただしオペランドの組み合わせには，リテラルを宛先にすることはできない，ソース・宛先の両方をメモリアドレスとすることはできないなどの制限がある
- ● **演算**「演算命令 ソース，宛先」：**例** addl $3，%eax
  - ● ソースと宛先の間で，加減乗除・論理演算などを行う。制限はデータ転送と同じ
- ● **比較**「cmp ソース，宛先」：**例** cmpl $10，-4(%rbp)
  - ● ソースと宛先の値を比較し，結果をフラグレジスタに 0 または 1 で格納する
  - ● フラグには，ソースの値と宛先の値が等しい場合にセットされるゼロフラグ（ZF），宛先の値からソースの値を減算して負となったときにセットされるサインフラグ（SF）などがある
- ● **条件分岐**「分岐命令 ラベル」：**例** jle .L2
  - ● フラグレジスタの値に応じて，ラベルにジャンプする
  - ● 無条件の分岐命令は jmp
- ● **関数呼び出し**「call 関数名」：**例** call puts@PLT
  - ● ライブラリ関数の呼び出しは，実行時に関数をロードする機能を持つPLT（Procedure Linkage Table）を経由する

第 3 章　プログラムが動く仕組み

■ 3.3.2　C プログラムとアセンブリ言語の対応

　ここでは，C プログラムの基本である順次実行・条件分岐・繰り返しの処理をアセンブリ言語でどのように実現するかを見ていきます。C コンパイラである gcc を -S オプションつきで実行すると，C プログラムをアセンブリ言語に変換したものが出力されます。

3.3.2.1　単純な演算

　まず，変数に対して演算を行って，その結果を出力するプログラムを見ていきます。

Listing 3.1　加算を行う C プログラム

```
1  #include <stdio.h>
2
3  int main(void)
4  {
5      int a = 2;
6      printf("%d\n", a+3);
7      return 0;
8  }
```

　Listing 3.1 を gcc -S でコンパイルして得られたアセンブリ言語プログラム中で，変数の演算部分は Listing 3.2 に対応します。

Listing 3.2　変数の演算部分のアセンブリ言語

```
movl $2, -4(%rbp)
movl -4(%rbp), %eax
addl $3, %eax
```

　データ転送を意味する "move" と，32 ビットを意味する "long" を組み合わせた movl 命令 movl $2, -4(%rbp) は，リテラル値 2 をスタック領域（3.3.4 節参照）の先頭アドレス（%rbp）から -4 バイトの位置に格納するという意味です。スタック領域の先頭には変数 a の値を格納するための領域が確保されているので，これは変数 a を値 2 で初期化することに相当します。次に，movl -4(%rbp), %eax という命令で，メモリの -4(%rbp) の番地に格納された

84

値（つまり a の値）を汎用レジスタ %eax に移動します。これにより，演算のための値がレジスタにロードされます。最後に，addl $3, %eax という命令は，%eax レジスタに 3 を加算します。これは，a + 3 の計算に相当し，結果は %eax に格納されます。

この後，計算された結果（%eax に格納された値）は printf() 関数にわたされ，出力されます。このようにメモリとレジスタの間でデータをやりとりし，必要な演算を行うことが，単純な順次実行に相当します。

3.3.2.2 条件分岐

次に，条件分岐を見ていきます。Listing 3.3 は変数の値に応じて処理を実行するかどうかを判断する C プログラムです。

Listing 3.3　条件分岐を行う C プログラム

```
1  #include <stdio.h>
2
3  int main(void)
4  {
5      int i = 20;
6      if (i > 10)
7          printf("large\n");
8      return 0;
9  }
```

条件分岐部分のアセンブリ言語は Listing 3.4 のようになります。

Listing 3.4　条件分岐部分のアセンブリ言語

```
movl $20, -4(%rbp)
cmpl $10, -4(%rbp)
jle      .L2
leaq .LC0(%rip), %rdi
call puts@PLT
.L2:
```

movl $20, -4(%rbp) は，変数 i を値 20 で初期化していることに対応します。次に，"compare long" の略である cmpl 命令 cmpl $10, -4(%rbp) は，

第 3 章　プログラムが動く仕組み

値 10 と変数 i の値とを比較し，結果をフラグレジスタに格納します。そして，
"jump if less or equal" の略である jle 命令 jle .L2 で，フラグレジスタの値に
応じて，ジャンプするかどうかを決めます。ここでは，cmpl 命令による比較の
結果として宛先の値がソースの値よりも小さいとき，すなわち i の値が 10 以
下の場合に，ラベル .L2 で示された番地にジャンプします。C 言語のコードで
指定した条件が，アセンブリ言語の条件では反転していることに注意してくだ
さい。「条件が満たされれば実行する」を「条件が満たされなければその先の命
令に移る」に変換しています。

　C 言語の if 文の条件が満たされれば実行するアセンブリ言語の内容は，leaq
.LC0(%rip)，%rdi で文字列 "large" のアドレスを %rdi レジスタに格納し，
call puts@PLT で，%rdi レジスタに格納されたアドレスの文字列を出力しま
す。call は関数呼び出し命令で，関数の実行が終了すると次の命令に戻ります。
このようにして，条件分岐を実現しています。

3.3.2.3　繰り返し

　最後に，繰り返し処理を見ていきます。Listing 3.5 は，変数の値を 1 から 5 ま
で変化させ，それらを足し合わせる C プログラムです。

Listing 3.5　繰り返し処理を行う C プログラム

```
1  #include <stdio.h>
2
3  int main(void)
4  {
5      int s = 0;
6      for(int i=0; i<=5; i++)
7          s += i;
8      return 0;
9  }
```

　繰り返し処理部分のアセンブリ言語は Listing 3.6 のようになります。

Listing 3.6　繰り返し処理部分のアセンブリ言語

```
movl  $0, -8(%rbp)
movl  $0, -4(%rbp)
jmp       .L2
```

```
.L3:
  movl -4(%rbp), %eax
  addl %eax, -8(%rbp)
  addl $1, -4(%rbp)
.L2:
  cmpl $5, -4(%rbp)
  jle .L3
```

　最初の 2 行は，変数 s と変数 i を 0 で初期化しています。次にループ終了の
判定部分であるラベル .L2 にジャンプし，cmpl $5, -4(%rbp) で i の値と
5 を比較し，i が 5 以下であればラベル .L3 にジャンプします。.L3 以下の 2 行
で，s に i の値を足し合わせ，その次の行で i の値を 1 増やします。そして，
再度 .L2 以下の 2 行でループの終了判定を行います。

　このように，条件分岐とジャンプを組み合わせることで，繰り返し処理を実
現しています。

3.3.3　数の表現

　次に C 言語の変数の型が，コンピュータの内部でどのように表現されるかを
見ていきます。コンピュータの内部では数値は 2 進数で表現されています。こ
れまで説明してきたメモリやレジスタの値は，すべて 2 進数で表現されている
ことになります。我々が日常的に用いている 10 進数を用いて書かれたコードを
機械語で実行するときには，それらの値を 2 進数に変換しています。この変換
の方法を把握しておくことで，型に応じた変数の値の範囲や，小数点数の計算
で誤差が生じる理由がわかります。

　ここに出てきた 2 進数や 10 進数などの表現を記数法とよびます。数値を表す
表現の方法ということです。そして基数とは，その記数法において 1 桁上がる
数のことです。10 進数の基数は 10，コンピュータが内部で扱う 2 進数の基数
は 2 です。基数は数字を表す記号の種類数と一致します。10 進数は 0 から 9 の
10 種類，2 進数は 0 と 1 の 2 種類です。

3.3.3.1　基数変換

　ここでは 10 進数と 2 進数の相互の変換について，整数の場合と小数の場合に
分けて説明します。

2進 → 10進（整数）

2進整数から10進整数への変換は，1が立っている位の数を足し合わせることで行います。以下の例で示すように，2進表記の最下位桁が2^0，1つ上位が2^1，その1つ上位が2^2を表し，数値が1に対応する桁だけそれらの数を足し合わせれば10進数になります。

$$0b10011101 = 2^7 + 2^4 + 2^3 + 2^2 + 2^0 = 128 + 16 + 8 + 4 + 1 = 157$$

10進 → 2進（整数）

10進整数から2進整数への変換は，10進数を商が0になるまで2で割り続け，それぞれの割り算の余りを計算順の逆に並べます。図3.6は157を2で割り続けることによって，最下位ビットから順に2進表記を求めている手順を示しています。

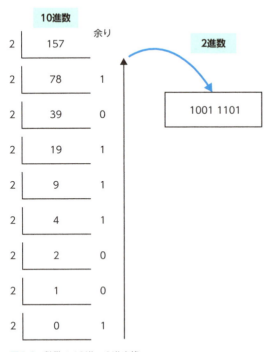

図3.6　整数の10進→2進変換

2進 → 10進（小数）

2進小数から10進小数への変換は整数と同じ考え方です。小数点以下の位については，小数第1位から順に $2^{-1}, 2^{-2}, 2^{-3}, \ldots$ を表すと考えます。

$$0b0.101 = 2^{-1} + 2^{-3} = 0.5 + 0.125 = 0.625$$

10進 → 2進（小数）

10進小数から2進小数への変換は，整数部と小数部に分けて行います。整数部については前述の手順どおりです。小数部については，小数点以下の数のみに2をかけ続けることを計算結果の小数部が0になるまで繰り返し，そのかけ算の結果として出てきた整数の部分（0または1）を計算順に並べます。ただし，この過程で以前の計算で出現した小数部が再度現れた場合は，その後の計算はそこに至るまでの計算の繰り返しとなるので，循環小数として扱います。図 3.7 は，10進数の 0.1 を2進数に変換すると，循環小数になってしまう様子を示しています。

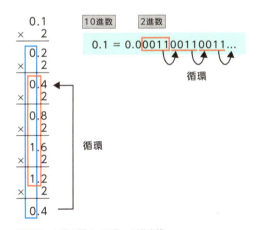

図3.7　小数点数の10進→2進変換

このように，（2024年現在の消費税率である）0.1 のような基本的な数ですら，コンピュータの内部表現である有限桁数の2進表記では誤差なしで表現できていません。繰り返し計算ではこの誤差が積み重なって，結果に影響が出てくることがあるので注意してください。

第 3 章　プログラムが動く仕組み

3.3.3.2　整数の内部表現

　ここでは，2 進整数をメモリに格納する方法を考えます。C 言語における unsigned int 型のように値が 0 または正の数に限定されている場合は，通常の 2 進表記のままメモリに格納するだけです。問題となるのは負の数を表現する必要がある場合です。これまでよく使ってきた int 型がこれにあたります。

　ここで，8 ビットを使って整数を表現するとして，先頭ビットを符号（0 が正，1 が負）として使うというアイディアを検証してみましょう。第 2 ビット以降の 7 ビットで数値を表すとして，0000 0101 を 5, 1000 0101 を -5 とするとします。しかしこの方法では -5 に 1 を足すと，1000 0110 となって -6 となってしまいます。そこで，「正の数の表現に対してビットを反転させて負の数を表す」方法を考えてみます。5 を表す 0000 0101 に対して，0 と 1 を反転させた 1111 1010 で -5 を表すとします。そこに 1 を足すと 1111 1011 となって -4 を正しく示すことができます。この方法を **1 の補数表現**とよびます。

　この方法でうまくいくか，もう少し検証を進めてみましょう。-4 を表す 1111 1011 に順に 1 を足していくと，1111 1100 (-3), 1111 1101 (-2), 1111 1110 (-1) と，ここまではうまくいきそうです。これに 1 を足すと 1111 1111 (0) となり，さらに 1 を足しても 0000 0000 (0)（桁あふれは無視します）とおかしなことになってしまいます。これは，0 を 2 通りに表現できてしまうことが原因です。そこで，「正の数をビット反転させたものに 1 を足して負の数を表す」ことにしてみます。そうすると，1111 1111 が -1 を表すことになり，負から 0 を経由して正（あるいは正から 0 を経由して負）に至る計算がうまくいきます。この方法は **2 の補数表現**とよばれ，コンピュータで整数を記録する通常の方法として用いられています。

3.3.3.3　小数点数の内部表現

　小数点数の表現は 10 進数でも少し面倒です。小数の表現法には，**固定小数点**と**浮動小数点**があります。固定小数点は，整数部と小数部の間に小数点が入る，日常的な小数点数の表現です。たとえば，0.0015, 127.86 などが固定小数点数です。浮動小数点は，整数部と小数部の間以外の場所に小数点をおくことができる方法で，仮数×基数^{指数}で表現します。基数は n 進数の場合は n になります。

　ある小数点数を固定小数点で表す方法は唯一に定まりますが，浮動小数

点による表現はさまざまなものが可能です。たとえば，127.86という数字は，12786×10^{-2}, 1.2786×10^2, 0.012786×10^4 など，何通りにでも表現が可能です。科学系の書籍や技術論文などでは，数値を見やすくするという理由と，有効数字を明示するという理由から，科学的記数法とよばれる方法で小数点数を統一的に表現します。科学的記数法は，仮数の整数部を数字1桁（ただし1から9まで）に限定した浮動小数点による表現です。アボガドロ数 6.02×10^{23} の表現などが科学的記数法の例です。

コンピュータの内部では，小数点数を2進浮動小数点で表します。科学的記数法にならい，仮数の整数部を1桁とすると，整数部は必然的に1ということになります。そうすると，保持する必要がある情報としては図3.8に示す符号・仮数の小数点以下の数・指数ということになります。これらの表現に用いるバイト数で表現できる数の範囲および精度が決まります。

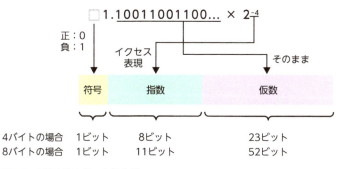

図3.8 浮動小数点数の内部表現

符号は，正を0，負を1とします。仮数は小数点以下の数のみ保持します。指数については**イクセス表現**とよばれる方式で，符号なしで表現できる整数の真ん中の値を0と決め，そこからの差で正または負の数を表現します。たとえばイクセス表現に8ビットを使う場合，真ん中が127なので，0が0111 1111となり，それより大きい数が正 1000 0000(1), 1000 0001(2), 1000 0010(3), …, 小さい数が負 0111 1110(-1), 0111 1101(-2), 0111 1100(-3), … となります。指数にイクセス表現を用いることで，浮動小数点数同士の大小比較が簡単に行えるというメリットがあります。

第 3 章　プログラムが動く仕組み

3.3.3.4　**数値のメモリ上の表現**

それでは，実際に数値がメモリ上に置かれている状況を確認してみましょう。
pythontutor.com は，プログラムの実行過程をステップ実行で追跡し，その
ときのメモリの状態を可視化できるオンライン環境です。Python, JavaScript, C,
C++, Java の基本的なプログラムが実行できますが，C 言語の scanf() 関数な
ど，外部からの入力を行う命令は実行できません。

Python Tutor に **Listing 3.7** のコードを入力して，メモリの内容を確認して
みましょう。

Listing 3.7　数値のメモリ上の表現

```
1  int main(void) {
2      short i = 5;
3      short j = -5;
4      float m = 0.1;
5      float n = -0.1;
6      return 0;
7  }
```

Listing 3.7 では表示を少なくするために，整数型 2 バイトの short と浮動小
数点数型 4 バイトの float を使っています。サイト画面から C を選択した後に，
Listing 3.7 のコードを入力して Visualize Execution というボタンを押しま
す。コンパイルしてエラーがなければステップ実行の画面に遷移するので，こ
こで Last>> というボタンをクリックして最後の行まで実行させると，そのとき
のメモリの状態が右側に表示されます。表示方法の選択ができるプルダウンメ
ニューで byte-level view of data を選択すると，**図 3.9** のような表示にな
ります。：の左側に示されているアドレスは異なっているかもしれませんが，：の
右側のメモリに格納されている内容（16 進数と 2 進数）を確認してください。

92

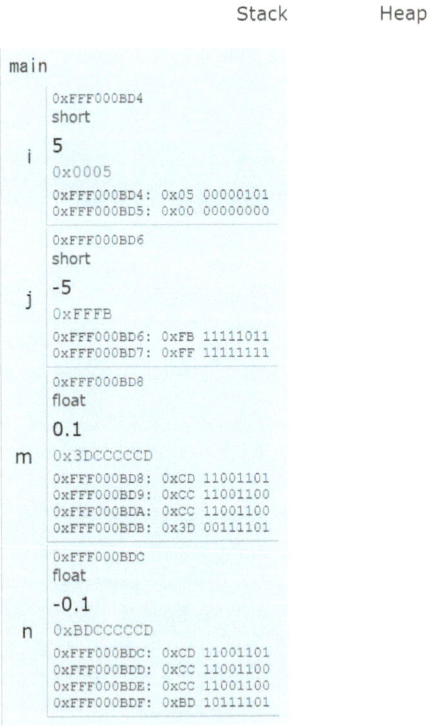

3.3 プログラムの実行

```
                 Stack              Heap

main
          0xFFF000BD4
          short
    i     5
          0x0005
          0xFFF000BD4: 0x05 00000101
          0xFFF000BD5: 0x00 00000000

          0xFFF000BD6
          short
    j     -5
          0xFFFB
          0xFFF000BD6: 0xFB 11111011
          0xFFF000BD7: 0xFF 11111111

          0xFFF000BD8
          float
          0.1
    m     0x3DCCCCCD
          0xFFF000BD8: 0xCD 11001101
          0xFFF000BD9: 0xCC 11001100
          0xFFF000BDA: 0xCC 11001100
          0xFFF000BDB: 0x3D 00111101

          0xFFF000BDC
          float
          -0.1
    n     0xBDCCCCCD
          0xFFF000BDC: 0xCD 11001101
          0xFFF000BDD: 0xCC 11001100
          0xFFF000BDE: 0xCC 11001100
          0xFFF000BDF: 0xBD 10111101
```

図 3.9 Python Tutor による数値のメモリ上の表現

　ここで，short 型変数 i に整数 5 が格納されている部分を見ていきましょう。この処理系では short 型は 2 バイトなので，整数 5 を 2 進数で表すと 0000 0000 0000 0101 となります。この値をメモリに格納するときに，下位アドレスに 1 バイト目，上位アドレスに 2 バイト目を格納する方法がビッグエンディアン，逆に下位アドレスに 2 バイト目，上位アドレスに 1 バイト目を格納する方法がリトルエンディアンです（2.6.3 節を参照）。図 3.9 で表示されている処理系ではリトルエンディアンで整数 5 が格納されていることがわかります。リトルエンディアンはやや不自然な並びに見えますが，1 バイトのまとまりを 256 進数 1 桁と見て，数値が格納されている先頭のアドレスが 256^0 の桁，アドレスに 1 を足したものが 256^1 の桁，というように数値として解釈すると自然であるというメリットがあります。

93

浮動小数点数も同様にリトルエンディアンで解釈して，浮動小数点数0.1や−0.1が図3.8の説明どおりに格納されていることを確認してください。

3.3.4 メモリ領域の使い方

3.3節の最後に，C言語のプログラムがメモリ上でどのように実行されるかを見ていきます。

3.3.4.1 メモリ領域の概要

C言語で記述されたプログラムをコンパイルしてできた実行ファイルは，OSがプロセスとして起動し，個々のプロセスに割り当てたメモリ領域（図3.10）上で実行されます。

メモリ領域は，テキスト領域・定数領域・静的領域・スタック領域・ヒープ領域に分かれています。スタックとは棚という意味で，関数が呼び出されるごとに関数実行に必要な情報が棚に積まれ，関数が終了するとその情報が取り除かれるというイメージです。ヒープは山積みという意味で，プログラムの実行中に必要に応じてデータを探し出すことができるというイメージです。

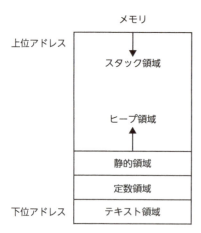

図3.10　メモリ領域のイメージ

コンパイルされた機械語はテキスト領域に格納されます。CPUのプログラムカウンタが、この領域の特定の場所を指し、そこから機械語命令がCPUに読み出されて実行されます。定数領域には値を変更することができない文字列リテラルなどが格納され、静的領域には、グローバル変数やstatic変数などの値が変更可能な変数のための領域がプログラムの実行前に確保されます。

スタック領域には関数が呼び出されるごとに記憶場所が設定され、スタックの下位アドレス側の境界を示すsp（スタックポインタ）と、上位アドレス側の境界を示すbp（ベースポインタ）に挟まれた区間にローカル変数や、その関数の実行が終了したときにsp, bpに戻す値などが格納されます。関数内部から新たな関数がよばれると、現在の領域の下位アドレス側に新たな記憶場所が設定され、その内部に戻り先のアドレス（関数の実行が終了した後に実行する命令が格納されている場所）が保持され、sp, bpがそちらに移ります。そして、その関数の実行が終了すると、sp, bpの値は元のものに戻され、制御が呼び出し元の関数に返ってきて次の命令が実行されます（図3.11）。sp, bpの値は、それぞれレジスタ%rsp, %rbpに格納されています。

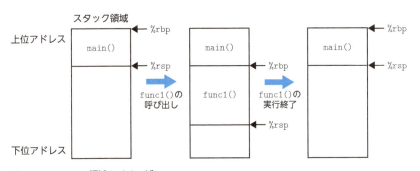

図3.11　スタック領域のイメージ

ヒープ領域は動的に確保された変数の値が置かれる場所です。変数の値が置かれたアドレスは、動的メモリ確保を行うmalloc()関数を呼び出した関数がスタック領域で保持しており、このアドレスを他の関数にわたすことで、スタック領域における変数の保持とは切り離された形でデータが保持されます（図3.12）。

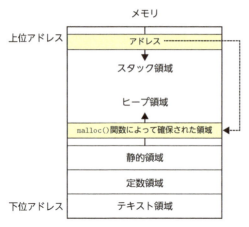

図3.12　ヒープ領域のイメージ

3.3.4.2　スタック領域の使い方

まず，簡単な関数呼び出しを含むCプログラム（Listing 3.8）を見ていきます。

Listing 3.8　関数呼び出しを含むCプログラム

```
1  #include <stdio.h>
2
3  int sum(int a, int b) {
4      return a+b;
5  }
6
7  int main(void)
8  {
9      printf("%d\n", sum(2, 3));
10     return 0;
11 }
```

上記Cプログラムをコンパイルして出力されたアセンブリ言語コードの中で，main()関数からsum()関数を呼び出す部分はListing 3.9のようになります。

3.3 プログラムの実行

Listing 3.9　sum() 関数の呼び出し

```
main:
    ...
        movl    $3, %esi
        movl    $2, %edi
        call    sum
```

%edi，%esi レジスタは，関数呼び出し時の引数をわたすためによく用いられるレジスタです。ここでは，引数をそれぞれのレジスタに格納し，call 命令で（アセンブリ言語の）sum 関数を呼び出しています。このコードでは引数はリテラルで指定されていますが，引数に変数や式が書かれている場合は，それらの値を求めて %edi, %esi レジスタに格納してから，call 命令で関数を呼び出します。これが関数への値渡しになります。

呼び出されたほうの sum() 関数のアセンブリ言語コードは **Listing 3.10** のようになります。

Listing 3.10　sum() 関数のアセンブリ言語

```
        pushq   %rbp
    ...
        movq    %rsp, %rbp
    ...
        movl    %edi, -4(%rbp)
        movl    %esi, -8(%rbp)
        movl    -4(%rbp), %edx
        movl    -8(%rbp), %eax
        addl    %edx, %eax
        popq    %rbp
    ...
        ret
```

関数の処理開始時に %rbp（ベースポインタ：現在のスタックフレームのトップ）をスタック領域に push（棚の一番上に情報をおくこと）しておいて，関数の処理が終われば pop（棚の一番上から情報を取り除くこと）して，ret 命令で呼び出し元に実行を移すというのが関数呼び出しの基本的な流れです。このように，アセンブリ言語で明示的にスタック領域を操作することで，関数呼び出しのときに引数をわたしたり，関数内でローカル変数を確保したり，関数

第 3 章　プログラムが動く仕組み

の処理が終わったら，それらを自動的に解放したりすることができます。

　これらの処理は，関数が自分自身を呼び出す再帰的な処理を行う場合にも同様に行われます。再帰的な関数呼び出し時のスタック領域の様子は，階乗を計算するプログラムである Listing 3.11 を pythontutor.com で実行することで確認できます。

Listing 3.11　再帰的な関数呼び出しを含むCプログラム

```
 1  #include <stdio.h>
 2
 3  int factorial(int n) {
 4      if (n > 0)
 5          return n * factorial(n-1);
 6      else
 7          return 1;
 8  }
 9
10  int main(void) {
11      int num = 3;
12      printf("Factorial of %d is %d\n", num, factorial(num));
13      return 0;
14  }
```

　ある自然数 n の階乗 $n! = n \times (n-1) \times \cdots \times 1$ は，$n-1$ の階乗 $(n-1)!$ を用いると，$n! = n \times (n-1)!$ と表すことができます。ただし，$0! = 1$ と定義します。Listing 3.11 は，この定義を factorial() 関数で表したものです。

　図 3.13 は factorial(2) が呼び出された時点のスタック領域の様子です。main() 関数から実引数 num の値が 3 の状態で factorial() 関数が呼び出されると，スタック領域に新たなフレームが確保され，このときの仮引数 n の値は 3 になります。この関数の中から factorial(2) が呼び出され，スタック領域にさらに新たなフレームが確保され，そのフレームの中の n の値が 2 になります。このように再帰的に関数が呼び出されると，スタック領域には関数呼び出しの情報が積み重なっていきます。

98

図 3.13 再帰関数呼び出し時のスタック領域

3.3.4.3 ヒープ領域の使い方

次は，動的メモリ確保を行う簡単な C プログラム（Listing 3.12）を見ていきます。

Listing 3.12 動的メモリ確保を行う C プログラム

```
1  #include <stdio.h>
2  #include <stdlib.h>
3
4  int main(void)
5  {
6      int *p = malloc(sizeof(int));
7      *p = 5;
8      printf("%d\n", *p);
9      free(p);
10     return 0;
11 }
```

動的メモリ確保（malloc() 関数の呼び出し）の部分のアセンブリ言語コードは Listing 3.13 のようになります。

第 3 章　プログラムが動く仕組み

Listing 3.13　malloc() 関数の呼び出し

```
movl    $4, %edi
call    malloc@PLT
movq    %rax, -8(%rbp)
```

1 行目で int 型のサイズ（バイト数）を %edi レジスタにロードします。C
プログラムの sizeof(int) が 4 というリテラルになっています。次に，2 行
目の call malloc@PLT で malloc() 関数を呼び出します。malloc() 関数は，
指定されたバイト数（ここでは %edi に格納された 4 バイト）のメモリをヒー
プ上に割り当てます。malloc() 関数の返却値（割り当てられたメモリのアド
レス）は %rax レジスタに格納されます。3 行目では malloc() 関数から返さ
れたアドレス（%rax レジスタの値）をスタック領域の変数 p（ここでは %rbp
から -8 の位置）に格納します。

ポインタを通じた変数へのアクセスは Listing 3.14 のようになります。

Listing 3.14　ポインタを通じたアクセス

```
movq    -8(%rbp), %rax
movl    $5, (%rax)
```

1 行目で，ポインタ p の値（%rbp から -8 の位置）を %rax レジスタにロー
ドします。2 行目で，%rax レジスタの値（ポインタ p の値）をアドレスとして，
そこに 5 を格納します。

最後に，free() 関数を呼び出して，malloc() 関数で確保したメモリを解
放します（Listing 3.15）。

Listing 3.15　free() 関数の呼び出し

```
movq    -8(%rbp), %rax
movq    %rax, %rdi
call    free@PLT
```

次に，構造体のデータをポインタで結合したものをヒープ領域に確保する例
を見ていきましょう。Listing 3.16 は動的に構造体のデータを確保するコード，

図 **3.14** は 16 行目が実行されたときのヒープ領域の状況です[注4]。このようにしてヒープ領域に確保されたデータは，スタック領域の変数のように関数の終了と同時に自動的に消滅することはないので，プログラム内で明示的に解放する必要があります。

Listing 3.16　動的に構造体のデータを確保するCプログラム

```c
 1  #include <stdio.h>
 2  #include <stdlib.h>
 3
 4  typedef struct dict {
 5      int data;
 6      struct dict *next;
 7  } Dict;
 8
 9  int main(void)
10  {
11      Dict *first = malloc(sizeof(Dict));
12      first->data = 5;
13      Dict *second = malloc(sizeof(Dict));
14      first->next = second;
15      second->data = 8;
16      second->next = NULL;
17      return 0;
18  }
```

注4　最初の行から順にステップ実行させてみればわかりますが，図3.14で main() 関数の変数 second が領域外を指しているというエラーが表示されているのは，Python Tutor のバグのようです。このエラーは無視してください。

101

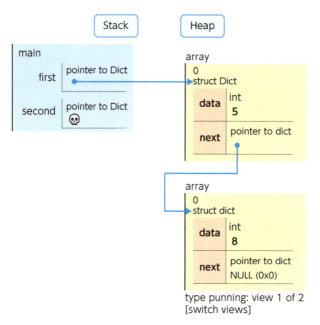

図3.14 ヒープ領域での構造体のリストの表現

3.3.4.4 静的領域・定数領域の使い方

Listing 3.17 に，静的領域に保持されるグローバル変数，スタック領域に保持されるローカル変数，値が定数領域に保持されるポインタ変数の実行時の例を示します。これらはそれぞれのコード中の変数 g, s, p に対応します。

Listing 3.17 静的領域，スタック領域，定数領域の例

```
 1  #include <stdio.h>
 2
 3  char g[] ="123";
 4
 5  int main(void)
 6  {
 7      char s[] = "ABC";
 8      char* p = "XYZ";
 9      printf("%s  %s  %s\n", g, s, p);
10      return 0;
11  }
```

3.3 プログラムの実行

表示の関係上，グローバルな配列変数 g がスタック領域にあるように見えますが，実際は静的領域に置かれています。g の値は（3文字以下の文字列なら）変更可能です。

文字型の配列変数 s は，その値がスタック領域に置かれます。一方，文字型へのポインタ p は，文字列そのものは（図 3.15 で (this is in read-only storage, not the heap) と示されているように）定数領域に置かれ，その先頭文字のアドレスを変数値とします。s そのものはアドレス定数なので変更不可ですが，s の値は（3文字以下の文字列なら）変更可能です。一方，p が指す先の文字列は定数領域にあるので変更不可ですが，p が指すアドレスは変更可能です。

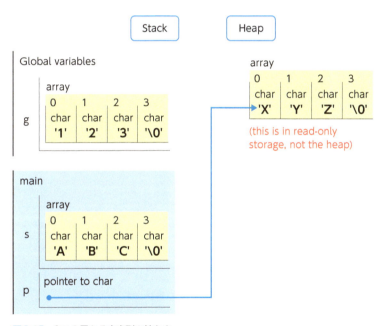

図3.15　3つの異なる文字列の持ち方

整数型変数や浮動小数点数型変数などの場合は，基本的にはスコープに気をつけておけばよいのですが，ここで示した文字列，およびそれを一般化した配列変数の場合は，その値がどのメモリ領域に置かれるかを意識しておく必要があります。

第 3 章　プログラムが動く仕組み

3.4　ソフトウェアの構成

　ここまではプログラミング言語で記述されたアプリケーションが機械語にコンパイルされて，直接ハードウェア上で動くというイメージで説明してきました。しかし実際は開発効率や安全性を考慮して，ユーザが動作させているプログラムからはライブラリを用いてハードウェアを制御することが大半です。それらのライブラリは OS によって提供されているものと，目的に特化して外部から提供されているものがあります。コンピュータシステムが図 3.16 のように構成されている場合，ユーザはライブラリを用いてコーディングを行うことで，原理的には異なるハードウェアや異なる OS でも動くアプリケーションが作成できることになります。

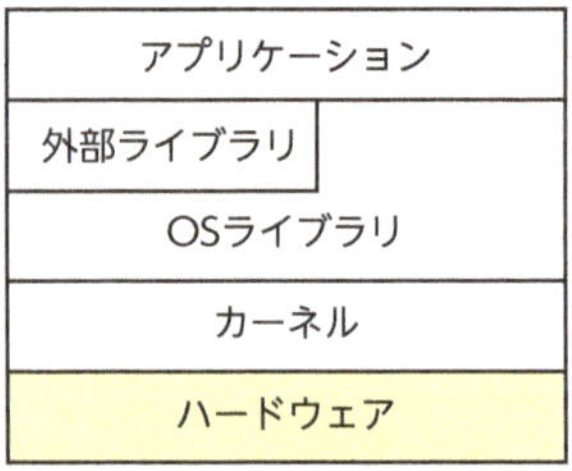

```
┌─────────────────────────┐
│      アプリケーション      │
├──────────────┬──────────┤
│ 外部ライブラリ │          │
├──────────────┴──────────┤
│       OSライブラリ        │
├─────────────────────────┤
│         カーネル          │
├─────────────────────────┤
│        ハードウェア        │
└─────────────────────────┘
```

図3.16　コンピュータシステムの構成

　しかし，現実的にはハードウェアがどのように動いているかがわからないとライブラリの使い方がわからなかったり，場合によってはなぜそのライブラリがあるのかを理解することも難しくなります。また，実際に機械語レベルでどのように処理されているのかがイメージできない場合，高速性や省メモリが要求されている状況に対応できないことがあります。

　ここでは，OS や言語処理系が提供する機能を整理し，実行性能や安全性の観点から C 言語以降のプログラミング言語が想定する仮想的な環境がどのように位置づけられるかを説明します。

104

3.4 ソフトウェアの構成

Focus ミドルウェア

OS とアプリケーションの間に位置するソフトウェアをミドルウェアとよぶこともあります。ミドルウェアには，データベース管理システム（SQLite, Redis など）や web サーバ（Nginx など）などがあり，これらとのインタフェースが充実していることが近年のプログラミング言語の特徴です。

3.4.1 オペレーティングシステム

OS は，コンピュータのハードウェアを制御するソフトウェアです。現代の OS では，CPU・メモリ・I/O コントローラからなるハードウェアを直接制御する部分と，ユーザが使用するアプリケーションを実行する部分とが分離されています。ハードウェアを直接制御する部分は，ハードウェアの種類によって異なる機能を持つこともありますが，ユーザが使用するアプリケーションを実行する部分は，ハードウェアの種類に依存せず，統一的なインタフェースを提供しています。

たとえば，これまでメモリのアドレスとして扱ってきたものは，実メモリ上の絶対的な番地ではなく，OS が実メモリ内に確保した仮想メモリの番地です。実メモリのどの場所に仮想メモリの領域を配置するかは OS が決めます。さらに 1 台のコンピュータで複数のプログラムが並行してプロセスとして稼働できるようにするのも OS の役割です。OS は個々のプロセスに対して，使用するメモリの状況に応じて実メモリを仮想メモリとして割り当てます。

また，ディスプレイ・キーボード・マウス・ファイルなどの入出力に関しても，機械語から直接ハードウェアを操作するのではなく，システムコールとよばれるインタフェースを OS が用意して，プログラムからはそれらを呼び出すという形で操作します。メモリやプロセスなどに関連してプログラムの実行を管理する部分と，入出力を管理する部分を OS の核となる部分と位置づけて**カーネル**とよびます。

現在，一般ユーザが使用している OS は，このカーネルに対して，ユーザインタフェースである**シェル**や，プログラムの実行を補助するユーティリティプログラムなどが加わったものです。さらにシェルの機能を使いやすくした GUI（Graphical User Interface）・ネットワーク機能・セキュリティ機能なども加

第3章 プログラムが動く仕組み

えて提供されているものが Windows や Linux（正確には Linux のディストリビューションである Ubuntu や CentOS など）です。

3.4.1.1 Linux カーネル

カーネル（kernel）は核心や中核部分という意味の英単語で，OS においては中心的な働きをする部分を指します。どの機能をカーネルに持たせるかは OS によって異なります。安全性などを考慮してカーネルが持つ機能を極端に少なくしたものをマイクロカーネル方式（MINIX など），反対に多くの機能を持たせたものを「一枚岩の（monolithic)」という意味の単語を用いてモノリシックカーネル方式とよびます。ここでは現在広く使われているモノリシックカーネルの1つである **Linux カーネル**について説明します。

OS が起動されるとカーネルの実行コードがメモリに読み込まれ，OS が動作している間はメモリ上に常駐します。カーネルは，イベントによって特定の処理を実行する，イベントドリブンな設計になっています。カーネルが処理を開始するイベントとしては割り込み・例外・システムコールの3種類があります。

- **割り込み**
  - ハードウェア割り込みには，周辺機器や内部タイマが発生させる割り込みがあります
  - ソフトウェア割り込みには，プロセス状態の変更通知などがあります
- **例外**
  - 機械語のプログラムを実行中にゼロ除算やメモリアクセス違反などのエラーが発生すると，CPU は例外を発生させます
- **システムコール**
  - アプリケーションプログラムがユーザモードでは使用できないデバイス操作や通信処理を行うときに発行します。発行されると，カーネルが CPU をカーネルモードに一時的に遷移させて処理を行います。C 言語のライブラリ関数の中でも，下記のカーネルの機能を直接的に利用するものは，対応するシステムコールを発行します

Focus カーネルモードとユーザモード

一般的な CPU にはカーネルモードとユーザモードという 2 つのモードがあり，必要に応じてこれらが切り替えられます。カーネルモードではハードウェアの全機能を使うことができますが，ユーザモードでは一部の機能が制限されています。Linux の場合はカーネルモードで動作するのはカーネルのみで，その他のプログラムは基本的にユーザモードで動作することが安全性を確保しています。

このような割り込み処理が必要な理由は，キーボードからの入力を考えるとよくわかります。他のプログラムの実行中に定期的にキーボード入力の有無をチェックするプログラムを実行するよりは，入力があったときのみ対応するほうが無駄がなくなります。

Linux OS カーネルの主要な機能は以下のものです。

- **タスク管理**
    - Linux でプログラムを起動すると，個別の ID が割り当てられた**プロセス**または**スレッド**が起動されます。プロセスは独立したメモリ空間を割り当てられて稼働するプログラム，スレッドは他のプロセスやスレッドとメモリ空間を共有するプログラムです。カーネルはタスクスケジューラによって，プロセス数が CPU のコア数よりも多い場合でも並行して実行できるように調整します
- **メモリ管理**
    - 各プロセスは仮想アドレス空間で稼働し，カーネルが仮想アドレスをメモリの実アドレスに変換します。そのとき，プロセスを起動したユーザが異なると，互いの処理が干渉できないように保護します
- **デバイス管理**
    - Linux ではほぼすべてのデバイスをファイルとして管理します。OS が管理するファイル空間にキャラクタ型またはブロック型のデバイスファイルを設定し，アプリケーションと情報をやりとりします。キャラクタ型はキーボードのようにデータを 1 バイトずつ入出力するタイプのデバイスで，ブロック型はハードディスクのようにデータをバッファにためて，ひとまとまりで読み書きするようなデバイスです

第 3 章　プログラムが動く仕組み

● **ファイルシステム**
- ルートディレクトリを根とした木構造でファイルを管理します。ディレクトリを階層的に管理し，それぞれのディレクトリやファイルに対して読み・書き・実行の可否をユーザ権限に基づいて設定します
● **ネットワーク機能**
- Linux では一般にデバイスはファイルの形で管理されますが，ネットワークは例外的な扱いをします。ネットワークを通じた入出力は通信プロトコルとよばれる手順を守って接続しなければならないため，それらの機能を実装した**ソケット**というインタフェースを用います

3.4.1.2　シェル

　OS はユーザとカーネルとの間のインタフェースとしてシェルを提供しています。とっつきにくい核（kernel）に対して，殻（shell）をかぶせるというイメージです。シェルは，環境変数の管理・ファイルシステムの操作・コマンドの合成などの機能を提供しています。

　環境変数は，OS やアプリケーションが動作するときに参照する変数です。たとえば，PATH という環境変数には，OS がプログラムを実行するときに検索するディレクトリのリストが格納されています。Linux でよく使われるシェルの 1 つである bash では，「export　環境変数名 = 値」という型式で環境変数を設定します。このコマンドを .bashrc というファイルに記述しておくと，ログイン時に環境変数が自動的に設定されるようになります。

　シェルが提供するファイルシステムの操作には，ファイルやディレクトリの作成・削除・移動・コピーなどがあります。また，複数のファイルやディレクトリを操作するときに便利なワイルドカード（* は任意の文字列に，? は任意の文字にマッチするなど）の解釈もシェルが行います。

　コマンド合成は，シェルのコマンドを組み合わせることで，C 言語などでプログラムを組まなくても，ある程度複雑な処理を行うことができる機能です。UNIX 系の OS ではフィルタという考え方に基づき，さまざまなコマンドを，入力ストリームから流れてきたデータを処理して，出力ストリームに流すという形式で実装しています。このようなコマンドに grep, sort, sed などがあります。そしてそれらの間をつなぐものとして，リダイレクト（不等号記号の <

108

と >）はコマンドの標準入出力をファイルに切り替える機能を持ちます。以下
のコマンドの 1 行目は，カレントディレクトリのファイル一覧を filelist.
txt に出力し，2 行目はそのファイルから doc という文字列を含む行を抽出し
ています。

```
$ ls -l > filelist.txt
$ grep "doc" < filelist.txt
```

```
intro.doc
chap01.doc
chap02.doc
```

またパイプ（|）は，前のコマンドの標準出力を，後のコマンドの標準入力
に割り当てる機能を持ちます。

```
$ ls -l | grep "doc"
```

3.4.2 言語処理系

ここでは C 言語で書かれたプログラムをコンパイルする手順を通じて言語処
理系について説明します。Linux OS で C 言語のコードをコンパイルするときは，
GCC や Clang を使います。以下ではまず GCC を例としてコンパイル手順の
基本について説明し，その後，近年の展開について説明します。

3.4.2.1 コンパイル手順の基本

GCC は当初は GNU C Compiler の略語で，GNU（GNU is Not UNIX）プ
ロジェクトから発表されたフリーの C コンパイラでした。その後改良が重ねら
れ，C++ をはじめとしてさまざまな言語のコンパイラを含むようになったので，
現在は GNU Compiler Collection の略称とされています。

たとえば，Listing 2.1 で示した code2-1.c というファイルをコンパイルす
るときは，2.2 節の Tips の説明のとおり，gcc code2-1.c というコマンドで
実行形式のファイル a.out が生成されます。この，特定のプログラミング言語

で記述されたソースコードから，特定のプラットフォーム（この場合は UNIX OS）で実行されるバイナリを生成する手順が，一般的にコンパイルとよばれるものです。

次に，一気に実行可能形式にするのではなく，図 3.17 に示す手順のいくつかを具体的に見ていきます。

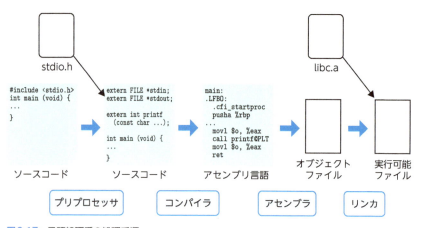

図 3.17　言語処理系の処理手順

プリプロセッサ（前処理系）は，C コンパイラがソースコードをコンパイルする前に，プリプロセッサ指令に基づいて，ソースコードに前処理を施すプログラムです。ヘッダファイルの読み込みや定数・マクロの定義を展開します。gcc では -E オプションで，プリプロセッサ処理済みのコードを標準出力に出力します。

そのうちの一部を Listing 3.18 に示します。stdio.h が展開されていることがわかります。

Listing 3.18　プリプロセス後のソースコードの一部

```
typedef long unsigned int size_t;
...
extern FILE *stdin;
extern FILE *stdout;
...
extern int printf (const char *__restrict __format, ...);
```

```
...
int main(void)
{
...
```

　コンパイラは C 言語のソースコードを機械語に変換します。gcc では -S オプションを指定すると，アセンブリ言語で書かれたコードを出力させることができます。アセンブリ言語のコードでは，3.3.2 節で説明したようなレジスタとデータのやりとりをしているところや printf() 関数がシステムコールを呼び出しているところを見ることができます。

　アセンブリ言語のコードは機械語に変換された後，コンパイル済みの関数本体とリンカによって結合されて実行可能ファイルになります。GCC では多くの場合,実行時にリンクすることで実行可能ファイルを小さくする **DLL**（Dynamic Link Library）とよばれる方法を用いています。

3.4.2.2　LLVM

　ここまでで説明してきたコンパイラは，特定のプログラミング言語で書かれたソースコードを特定のプラットフォームで実行可能な形式に変換するものでした。近年，コンピュータの応用分野が広がるにつれてそれぞれに適したプログラミング言語が開発され，また実行環境のほうもアーキテクチャの異なる PC やモバイル端末などで動くさまざまな OS が出てきました。それらのすべての組み合わせごとにコンパイラを作成するのは大変です。

　そこで，コンパイラを**フロントエンド**と**バックエンド**に分けて実装するというアイディアが出てきました。バックエンド側に **LLVM**（Low Level Virtual Machine）とよぶ仮想マシンを設定し，この仮想マシンを実行環境ごとに作ります。LLVM は LLVM IR という中間言語を解釈して動きます。フロントエンド側は，さまざまなプログラミング言語ごとに LLVM IR に変換するものを作成することで，ターゲットのバックエンドと組み合わせて任意の環境で実行形式が作成できることになります（図 3.18）。C 言語のコンパイラのフロントエンドの役割を果たすのが，Clang です。

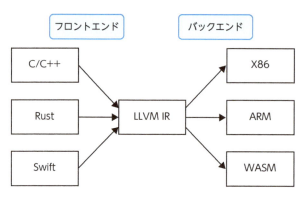

図3.18　LLVMアーキテクチャ

 LLVM アーキテクチャにおけるフロントエンドとバックエンド

LLVM アーキテクチャにおけるフロントエンドでは，ソースコードの解析と同時に型チェックやスコープの解析などが行われ，エラーチェックが入念になされた中間言語が生成されます。また，バックエンドではさまざまな最適化が行われ，実行プラットフォームに適合した機械語が生成されます。

3.4.2.3　WASM

　WebAssembly（**WASM**）は，web ブラウザ上で高速に動作するバイナリ形式のプログラムを実行するための仕様です。WASM は LLVM IR に似た中間言語を採用しており，C, C++, Rust, Python などの言語で書かれたプログラムがブラウザ上で動作するようになります。WASM は，LLVM IR から変換されるバイナリ形式の1つでもあります。

　WASM は，その高速性を活かしてブラウザ上でのゲームやアプリケーションの実行に用いられることが期待されています。また，ブラウザ上で動作するプログラムは，ほかのプログラムやユーザのデータから隔離された安全な仕組みで実行されるので，ユーザの端末に影響を与えることがなく，セキュリティの向上にも寄与します。

3.5 仮想化技術

図3.16において，コンピュータシステムを構成するソフトウェアは階層的に構成されていることを説明しました。これは，ある階層のソフトウェアから見ると，その階層が必要とする機能を下の階層が提供してさえいれば，その実体は何でもよいということを意味します。たとえばソフトウェアの一番下の階層であるOSカーネルからすると，使用するハードウェアはユーザが使っているPCであってもよいし，クラウド上のサーバでもよいし，ハードウェアの動作をシミュレートするソフトウェアでもよいということです。このようにある階層から下の実行環境を，あたかも手元にあるかのように提供する技術を**仮想化技術**とよびます。

ここでは仮想化技術として，クラウドコンピューティング，仮想マシン，コンテナについて順に説明します。これらは自分が書いたプログラムを実環境で動かすための技術としてだけでなく，開発環境を構築するための技術としても利用されています。

3.5.1 クラウドコンピューティング

クラウドコンピューティングとは，ローカルのコンピュータのリソースを使うのではなく，インターネットを通じてリモートのサーバにあるリソースを使うことです。

IaaS（Infrastructure as a Service）は，ユーザがサーバやストレージなどのインフラをリモートで利用することを指します。利用するサーバでは，ユーザがOSのインストールや管理を行うことが原則です。これは，ユーザが高性能なサーバを購入・リースなどで自前で用意することなく，また設置場所や温度管理などの必要から解放されることを意味します。また，業務量の増大などでサーバの性能が不足した場合にも，必要に応じてサーバの性能を増強することができます。AWS（Amazon Web Services）EC2はIaaSの一例です。

PaaS（Platform as a Service）は，ユーザがアプリケーション開発に用いるプラットフォームをリモートで利用することを指します。プラットフォームには言語処理系・ライブラリ・開発ツールなどが含まれ，OSレベルの保守はプロバイダが行います。これによって開発者はアプリケーション開発に専念できる

ようになります。Google App Engine や Microsoft Azure App Service は PaaS の一例です。

SaaS（Software as a Service）は，ユーザがソフトウェアをリモートで利用することを指します。たとえば ChatGPT は SaaS の代表的な例で，ユーザは web ブラウザ経由または API を用いて，リモートのサーバ上で動作する ChatGPT を利用します。

すなわち，クラウドコンピューティングと一口にいっても，利用するユーザから見たときの仮想化のレベルにはさまざまなものがあります。

3.5.2 仮想マシン

今，あるハードウェア（手元にある PC か，IaaS で提供されているクラウドサーバかは問わず）上で，インストールされている OS とは異なる OS 上で動くアプリを使いたいという要求があるとします。たとえば，Windows PC で Linux のアプリを使いたい場合や，高性能なサーバ上で web，データベース，動画配信など複数のサーバを立ち上げて運用したい場合などです。

このような状況で用いられる技術が**仮想マシン**です。これは使用しているコンピュータの OS 上のアプリとしてハードウェアの動作をソフトウェアでシミュレートする仮想ハードウェアを動かし，その上にオペレーティングシステム・ミドルウェア・ライブラリおよびアプリケーションプログラムを載せるという方法です（図 3.19）。

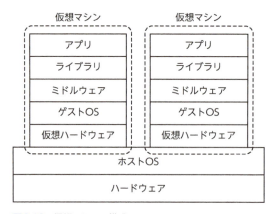

図 3.19　仮想マシンの構成

この方法は，ホスト OS とゲスト OS が異なっていてもよいので，必要なアプリやサービスに応じて最適なものを選択できるというメリットがあります。しかし，それぞれの仮想マシンに対してあらかじめメモリやディスク領域を割り当てなければならないこと，ゲスト OS の起動に時間がかかること，CPU のリソースをホスト OS と取り合うので動作が遅くなること，などのデメリットもあります。

3.5.3　コンテナ

仮想マシンはリソースを大量に消費するという問題がありました。そこで，OS の核となる部分（カーネル）は共有して，それを利用して特定のアプリケーションを動かす部分だけを切り出す方法が考えられました。ソフトウェアの開発では Linux が主として使われるので，以前は，この方法はホスト OS が Linux の場合しか使えませんでした。しかし，Windows では WSL2（Windows Subsystem for Linux 2），Mac では Virtualization framework を使うことで，**ハイパーバイザ**を介して Linux を高速に稼働させることができるようになりました。このことによって，ホスト OS によらず開発環境をアプリごとに独立して構築できるようになりました。この方式で環境一式を仮想化して配布・実行が可能となることを目的として開発されたものが，**コンテナ**（図 3.20）です。

コンテナは，カーネルの名前空間（namespace）という機能を使って実現されています。カーネルは，プロセス・ユーザ・ファイルシステムに対して，それぞれ独立した名前空間を提供し，コンテナはその名前空間を使って独立した環境を構築します。すなわち，複数のコンテナの内部で同じ名前が使われていたとしても，カーネルからは別の名前がついたものとして扱われていることになります。これが，カーネルから見たときに各コンテナが単なるアプリケーションプロセスとして扱われることの実体で，コンテナが高速・軽量である理由です。

> **Focus　ハイパーバイザ**
>
> ハイパーバイザ（hypervisor）は，物理マシン上で複数の仮想マシンを実行するためのソフトウェアです。物理ハードウェアのリソース（CPU，メモリ，ストレージ，ネットワークなど）を効率的に分配・管理することで，複数の異なる OS を同時に実行することが可能になります。WSL2 を有効にした Windows 機では，Windows OS もハイパーバイザ上で動作しています。

第 3 章　プログラムが動く仕組み

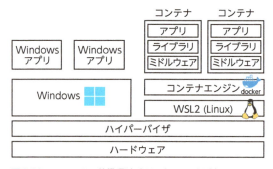

図 3.20　コンテナの稼働環境 (Windows の場合)

コンテナを利用するソフトウェアとして代表的な Docker については，6 章で詳しく説明します。

3.6　まとめ

本章では，C 言語で書かれたプログラムが実際のコンピュータ上で動く仕組みを説明しました。

1. コンピュータは CPU・メモリ・I/O コントローラからなるハードウェアと，OS やアプリケーションからなるソフトウェアで構成される。
2. ハードウェア上でプログラムが実行される様子を理解するには，アセンブリ言語およびメモリ領域 (特にスタック領域とヒープ領域) の理解が重要である。
3. アプリケーションは OS が提供するライブラリを介してハードウェアを制御する。言語処理系は，ソースコードを前処理・コンパイル・アセンブル・リンクの過程を経て実行可能なバイナリに変換する。
4. ある階層から下の実行環境を仮想的に提供する技術を仮想化とよぶ。仮想化の実現方法には，クラウドコンピューティング・仮想マシン・コンテナなどがある。

コンピュータハードウェアについてさらに詳しく知りたい場合は，かなり大作ですが [Patterson and Hennessy 21] [6] が定評があります。OS については，Linux カーネルの仕組みが簡潔に説明されている [末安 20] [7] や，OS の挙動を実験で確認するプログラムが豊富に掲載されている [武内 22] [8] がおすすめです。

第4章

Java：オブジェクト指向

本章ではJava言語を通じてオブジェクト指向の基本的な考え方を紹介します。オブジェクト指向はさまざまな観点からそのメリットが説明されますが，ここでは内部に情報を蓄えることができる部品が，その使い方を適切に外部に公開することによって，問題解決の抽象度のレベルが上がるというメリットを中心に紹介します。

第4章 Java：オブジェクト指向

4.1 手続き型から新しいパラダイムへ

　C言語では段階的詳細化という考え方に基づき，対象とする大きな問題を小さな関数に分割してプログラミングを行いました。それぞれの関数の内部は構造化プログラミングの要素である順次実行・条件分岐・繰り返しの基本構造を組み合わせて作成されます。これらの方法をまとめて手続き型プログラミングとよびました。

　手続き型プログラミングは非常に簡潔な考え方ですが，プログラムが正しく動くための要件が，プログラマが正しくコーディングすることにあまりにも依存してしまっているといえます。たとえばC言語においては，処理手順を記述した関数と構造体で定義されたデータ構造が別々のものとして存在しているため，それらの関係についてはすべてプログラマが責任を持たなくてはなりません。データ構造を考えた人（過去の自分も含む）が意図したものとは異なる内容でデータを変更されてしまう可能性が常に存在します。また，このような環境では処理手順が特定のデータ構造に依存した実装となることが多く，（文字型配列に対する文字列処理のような単純かつ典型的な場合を除いては）その処理手順を一般化して，ライブラリ関数のような共通に使える部品にするのは難しくなります。

　本章では手続き型プログラミングから発展した**オブジェクト指向プログラミング**について説明します（図4.1の左側）。この考え方の中心的な点は，データとそれを操作する手順をひとまとまりにすることで，誤った処理が入らないように言語に制限を設けることです。また，このまとまりは，外部からのアクセスを適切に規定・制限することによって，さまざまな状況で共通に用いられる有用な部品となります。

　また，次章で説明する図4.1右側の**関数型プログラミング**も，不変なデータと副作用のない関数の組み合わせという異なるアプローチで，ほぼ同じことを目指しているといえます。

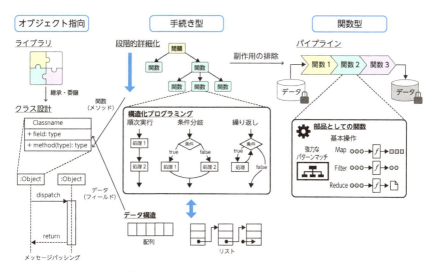

図4.1 プログラミングのパラダイム

あるプログラミング言語に関して、その言語仕様が基づいている考え方を**パラダイム**とよびます。現在主流のプログラミング言語は手続き型・オブジェクト指向型・関数型などのいずれかのパラダイムに厳密に分類できるものは少なく、多くの言語はこれらのアイディアのよいところを取り入れたものになっています。

本章では、オブジェクト指向の考え方を具体的なプログラミング言語を用いて説明するために Java を紹介します。大半の新しいプログラミング言語はオブジェクト指向の考え方を取り入れていますが、Java はそのベースとなる考え方を実装した基礎的な言語であるといえます。

4.2 Java の基本

Java は 1996 年にサン・マイクロシステムズ社からリリースされたプログラミング言語および実行プラットフォームの総称です。後にサン・マイクロシステムズ社がオラクル社に吸収されたことから、現在ではオラクル社が Java のライセンスを保有していますが、OpenJDK[注1] をはじめとしてさまざまな処理系がオープンソースで公開されています。更新も活発で、Java は半年に一度

注1　OpenJDK: https://openjdk.org

（おおむね 3 月と 9 月）のペースでバージョンアップされることになっています。また，おおよそ 3 年に一度のペースで長期サポート版（LTS, Long Term Support）がリリースされ，LTS は長期にわたってバグ修正やセキュリティ対応が行われることになっています。

　Java は "Write Once, Run Anywhere"（一度書けば，どこでも実行できる）というスローガンに基づいた中間言語方式のコンパイル型言語です。Java のソースコードは，.java という拡張子を持つファイルとして作成され，コンパイルによって .class という拡張子のバイトコードとよばれる中間言語に変換されます。生成されたバイトコードは，基本的には変更なしでさまざまなハードウェア用に用意された Java 仮想マシン（JVM, Java Virtual Machine）上で実行可能です[注2]（図 4.2）。

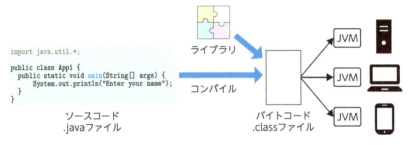

図4.2　Java

　このようなプラットフォーム独立性や，実務に適したライブラリが豊富であることなどの特徴から，Java は企業の情報システムや web アプリケーションの開発などに広く利用されています。また，Android OS のアプリケーション開発用言語にも採用されています。

> **Tips**
> 　Java をインストールすると，JShell という対話型の実行環境が利用できます。JShell にはコンパイル可能な完全なソースコードを入力する必要はなく，式や関数呼び出し文を入力するだけで，その場で実行結果が表示されます。このように，各種プログラミング言語に関して対話的にコードを試すことができる環境を REPL (Read-Eval-Print Loop) とよびます。

注2　**ランタイム**
　　JVMのようにプログラムを実行するための環境を一般に**ランタイム**とよびます。

4.2.1 言語仕様の概要

C言語ではプログラムを書く単位が関数であったのに対して，Javaのプログラムの単位は**クラス**（図4.3）です。最初のうちは，クラスはC言語の構造体の内部に関数を定義したものと考えてください。Javaのクラスでは，構造体のメンバに相当する変数を**フィールド**，関数に相当する処理の定義を**メソッド**とよびます。クラス名は大文字から始まり，そのクラス定義が記述されたファイルはクラス名に拡張子.javaをつけたものになります。この原則から，（正確にいうと外部に公開されているクラスは）1クラスが1ファイルとなります。

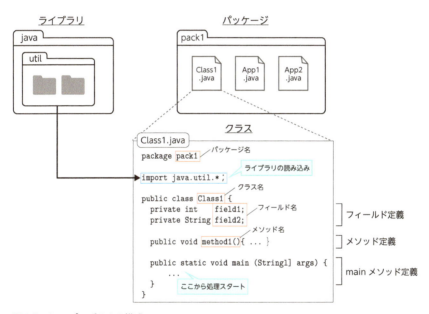

図4.3 Javaプログラムの構成

Javaである程度大きなプログラムを書くと，複数のクラスを定義することになるので，必然的にプログラムが複数のファイルに分かれることになります。この複数のファイルをまとめたものを**パッケージ**とよびます。パッケージ名は，ディレクトリ名と対応しており，.javaファイルはパッケージ名に対応したディレクトリに配置されます。ディレクトリの構造とパッケージ名は対応しており，ディレクトリがサブディレクトリを持つ場合，パッケージ名はディレクトリ名を.で区切ってつないだものになります。また，ライブラリは特定のディ

レクトリに配置された外部パッケージとして提供されます。

> **Focus パッケージ名**
>
> 外部にプログラムを提供する場合や複数人で開発する場合には，クラス名などの衝突を避けるためにパッケージを定義することが必須になります。パッケージ名は開発組織のドメイン名を逆順にしたものにプロジェクト名を結合したものがよく使われます。たとえば，dev.example.com というドメイン名を持つ組織が開発したプログラムのパッケージ名は com.example.dev.app1 のようにします。
>
> 一方，個人がコーディングを学んでいる場合など，名前の衝突や再利用性などを特に考慮する必要がないときは，**デフォルトパッケージ**という無名のパッケージ下でプログラムを書くことができます。その場合，パッケージ宣言は不要です。

4.2.2 入力・演算・出力

以下では簡単な入力・演算・出力を行うプログラムを示し，続いて Java の変数と演算子について説明します。

4.2.2.1 プログラム例

C 言語での簡単な入力・演算・出力を行うプログラム code2-1.c を Java に書き換えたものを Listing 4.1 に示します。

Listing 4.1　入力・演算・出力を行う Java プログラム

```java
import java.util.Scanner;

public class Main {
    public static void main(String[] args) {
        var sc = new Scanner(System.in);
        int amount;
        final var price = 150;

        System.out.print("How many do you need?: ");
        amount = sc.nextInt();
        System.out.println("Total : %d yen"
                .formatted(price * amount));
```

```
12
13          sc.close();
14      }
15 }
```

```
How many do you need?: 5
Total : 750 yen
```

> **Tips** オンライン実行環境 paiza.io では，main() メソッドを持つクラスの名前が Main に固定されているので，サンプルコードを実行するときのクラス名は Main としてください。Main 以外のクラスを追加で定義するときは，エディタ上部の + ボタンを押して新しいタブを開き，タブをダブルクリックしてファイル名をクラス名に合わせて設定してください。
> また，Java 専用のオンライン実行環境 https://dev.java/playground/ では，4.2.2.2 節で示すような部分的なコードも試すことができます。

Focus Java の変数名・メソッド名・クラス名

Java において複数の単語からなる変数名・メソッド名・クラス名はキャメルケース（単語を小文字表記にして空白なしで結合し，2 単語目以降の先頭文字のみ大文字）とするのが一般的です。また変数名・メソッド名は小文字で始め，クラス名は大文字で始めます。

C 言語では標準入出力ライブラリ stdio に入出力関数が定義されており，ほとんどのプログラムで stdio.h を読み込んでいました。Java では入出力を行うメソッドがいくつかのパッケージに分かれて定義されています。よく使われるものには，出力を行うものとして java.lang パッケージの System.out.println() メソッド[注3]，入力を行うものとして java.util パッケージの Scanner クラスが持つ各種メソッドがあります。java.lang パッケージ内のクラスは宣言なしで使えることになっているので，System.out.println() メソッドを使うときに外部パッケージを読み込む操作は不要です。その他のパッケージは明

[注3] System.out は標準出力を表すオブジェクトで，print() や println()（print line：出力後に改行する）はそのオブジェクトのメソッドです。

示的に import 命令で読み込む必要があり，java.util パッケージの Scanner クラスを使う場合は，1 行目のように import 命令でそのクラスを読み込みます。あるパッケージ内の全クラスを読み込むときには，クラス名のところを * に置き換えます。

5 行目では，Scanner 型の変数を宣言しています。Java のクラス定義は C 言語の構造体定義と同様に設計図なので，実行にあたってはメモリ上に実際のデータを保持する**オブジェクト**を変数の値として生成します。オブジェクトが特定のクラスの実体であることを強調する場合は，そのクラスの**インスタンス**とよびます。左辺の var は変数宣言時に**型推論**を行う機能を持ち，右辺で Scanner クラスのコンストラクタを呼び出しているので，変数 sc が Scanner 型であることがコンパイラによって推論されます（コンストラクタについては 4.3.2 節で役割を説明します）。

7 行目の変数 price（不変であることを示す final 型修飾子もついています）の宣言でもこの型推論の機能を用いています。一方，6 行目の変数 amount は初期化が行われていないので，宣言時に整数を表す int 型を明示的に指定しています。

ミュータブル／イミュータブル

C 言語の const 修飾子や Java の final 修飾子を使うと，一度初期値を設定した後は値を変更できない不変な変数を宣言することができます。不変な変数を**イミュータブル**な変数とよびます。その反対に，変更可能な変数を**ミュータブル**な変数とよびます。

10 行目では Scanner クラスの nextInt() メソッドを呼び出して，標準入力から整数を読み込んでいます。このように Scanner クラスには，入力をどの型として読み込むかを指定できるメソッドが用意されており，このほかに浮動小数点数として読み込む nextFloat() メソッド，文字列として読み込む next() メソッドなどがあります[注4]。

[注4] 外部ライブラリにどのようなメソッドがあるかを調べるにはライブラリの仕様が記述された Javadoc を参照します。Scanner クラスの Javadoc は，https://docs.oracle.com/javase/jp/21/docs/api/java.base/java/util/Scanner.html で参照できます。なお，URL 中の 21 は JDK のバージョンなので，使用している JDK のバージョンに合わせて読み替える必要があります。

9行目のSystem.out.print()メソッドは引数に文字列を指定するだけの簡易な方式で呼び出しています。また，11行目のSystem.out.println()メソッドは書式指定を行う方式でcode2-1.cに近い書き方をしています。

最後に，13行目でScannerクラスのclose()メソッドを呼び出しています。インスタンスscの宣言時に標準入力System.inを占有させたため，使い終わったらclose()メソッドを呼び出してリソースを解放する必要があります。

4.2.2.2 変数

Javaでは変数宣言時に型を指定することが原則ですが，前述のようにvarを使ってコンパイラに型推論をさせることができます。型は大きく分けると，C言語の基本型変数と同様に扱える基本型（int, doubleなど）と，オブジェクトを指す参照型に分けられます。基本型の変数は値そのものを保持しますが，参照型の変数はオブジェクトが格納されているメモリのアドレスを保持します。

Javaの基本型には表4.1に示す以下のものがあります。論理値が非0と0ではなく，true（真）とfalse（偽）という値になっており，比較演算などの結果もboolean型になります。

表4.1 Javaの基本型

種類	型	値の例
整数	int, byte, short, long	512, -3
浮動小数点数	double, float	12.187, 3.45E-5
文字	char	'a', '\n'
論理値	boolean	true, false

整数を表すintのサイズは32ビットで，より小さな整数のためにbyte（8ビット）とshort（16ビット），より大きな整数のためにlong（64ビット）があります。また，浮動小数点数を表すdoubleのサイズは64ビットで，より精度の低いfloat（32ビット）はメモリを節約する場合などで用いられます。

変数が参照型で，あるクラスのインスタンスを指す場合は，そのクラスのアクセス可能なフィールドには.演算子を使って「変数名.フィールド名」の形式でアクセスすることができます。また，アクセス可能なメソッドは「変数名.メソッド名(引数)」の形式で呼び出すことができます。

C言語との大きな違いとして，Javaでは文字列を変数の値にできることが挙

げられます。文字列は String クラスのインスタンスなので，文字列操作を行うさまざまなメソッドを呼び出すことができます。ただし，以下のコードで出力される HELLO, WORLD! という文字列は，toUpperCase() メソッドの返却値であり，元の文字列 s は変更されていないことに注意してください。

```
var s = "Hello, World!";
System.out.println(s.toUpperCase()); // "HELLO, WORLD!"
```

このように，変数が原則ミュータブルである場合は，メソッドがインスタンスを変更するかどうかを常に把握しておく必要があります。一方，最近のいくつかのプログラミング言語では，変数が原則イミュータブルとなっており，メソッド呼び出しによるインスタンスの変更はないという前提でコーディングが行われます。

4.2.2.3　演算子

主要な演算子は，C 言語とほぼ同じものが使えます。ただし，Java にはポインタの概念がないので，ポインタ演算子やアドレス演算子はありません。一方，Java にはクラスの概念があるので，特定の変数が特定のクラスのインスタンスであるかどうかを調べる instanceof 演算子があります。

```
var s = "Hello, World!";
System.out.println(s instanceof String);  // true
```

文字列の結合には + 演算子が使えますが，加算の二項演算子と表記が同じであるため，使用には少し注意が必要です。結合対象が文字列と数値型の場合，数値型が自動的に文字列に変換されるので，加算結果を文字列と結合して出力する場合などは意図しない結果となることがあります。たとえば，「10 + 5 + "万円"」は "15万円" になりますが，「"合計:" + 10 + 5」は "合計:105" になります[注5]。文字列結合の演算子と数値演算の + が混在する場合は，括弧で優先順位を明示するのが無難です。

注5　+演算子は左結合です。このことを踏まえて，事例中に2回出てくる+演算子が，それぞれ加算の二項演算子なのか，文字列結合の演算子なのかを考えてみてください。

4.2.3 配列

配列は同じ基本型の要素を複数まとめて 1 つの変数に格納し，添字で各要素を参照するものです。Java では一般に複数のデータは 4.5.1 節で説明するコレクションフレームワークで扱うほうが便利なのですが，コレクションフレームワークの要素はオブジェクトに限定されているので，基本型を要素とした簡潔なコードを書きたいときは配列を使うこともあります。

配列の宣言および初期化は以下のように行います。また，各要素へは 0 を起点とする添字を使ってアクセスします。

```java
int[] score = {80, 65, 70, 93, 77};
System.out.println(score[2]); // 70
```

4.2.4 制御構造

制御構造については，C 言語とほぼ同じものが使えます。ただし，主なところでは以下の 3 点が C 言語と異なります。

- if 文の制御式の値は boolean 型
- 拡張 for の使用が可能
  - 配列やコレクションなど要素の並びで表現されるデータ構造に対しては，インデックス用の整数型変数を使って要素を取り出すという C 言語と同様のループを書くこともできますが，以下のような拡張 for ループを使うことで，より簡潔に記述することができます。拡張 for ループは，指定された「要素の並び」からループの実行ごとに順に要素を取り出してループ内部の処理を実行します

```java
int[] score = {80, 65, 70, 93, 77};
for (int s: score) {
    System.out.println(s);
}
```

```
80
65
70
```

第4章　Java：オブジェクト指向

```
93
77
```

● 柔軟な switch 文
  ● switch 文は，整数・文字列・enum などの型を変数として，その値に応じて処理を分岐します。case の後に複数の値を書く場合はカンマで区切ります。いずれの case にも当てはまらない場合の処理を記述する default は省略可能です

```
switch（変数）{
    case 値1 -> 処理
    case 値2 -> 処理
    ...
    default  -> 処理
}
```

  ● 処理には中括弧 {} で囲んだブロックを書くことができます
  ● switch を代入文の右辺に書くと，式として扱うことができます。そのとき，処理の部分は値を記述します。ブロックを書いて何らかの処理で値を計算するときは，最後に yield 文を用いて，そのブロック全体で値を生じさせます。switch を式として扱う場合，default は省略できません（つまり，何らかの値を返さなければならない）

4.3　Java におけるオブジェクト指向

　C 言語のようなハードウェアの動作を想定しながらの手続き型プログラミング言語（いわゆる水準が低めの言語）は，メモリ使用や実行時間が厳しく制限されている組み込みシステムプログラムや，ハードウェアの性能を最大限に活かすシステムプログラムなどに適しています。一方，高水準言語では，アルゴリズムの実現に適した部品を組み合わせ，応用分野の動作イメージに近いレベルのプログラミングを行います。**オブジェクト指向**は多くの高水準言語で採用されているプログラミングパラダイムで，抽象化された機能を持つオブジェクトが相互にメッセージを交換することで全体的な処理を行うものです。

4.3.1 オブジェクト指向の考え方

C 言語の構造体と Java のクラスは大きく 2 つの点で異なります。

1 つ目の違いは，Java のクラスは構造体のメンバにあたるフィールドと，関数にあたるメソッドをまとめたものであることです（図 4.3 参照）。可視性（4.3.2.2 節参照）の指定によって，フィールドやメソッドを外部からアクセスできるかどうかを制御できるので，クラス内部ではメソッドが自由にフィールドにアクセスして必要な処理を実現し，外部へは必要最小限の機能のみを提供することができます。このことで，クラスを抽象化された部品として扱うことができるようになり，多くの有用なクラスがライブラリとして提供されています。

2 つ目の違いは**継承**です。クラスを設計するときに，すでに存在するクラスからフィールドやメソッドを引き継いで，さらに新しいものを追加したり，上書きしたりして活用することができます。このとき，すでに存在する側のクラスを**親クラス**またはスーパークラス，それを継承して新しく作る側のクラスを**子クラス**またはサブクラスとよびます。

なお，すでに存在するクラスを利用する方法は，継承だけではありません。C 言語で構造体のメンバの型として別の構造体を宣言することができたように，クラスのフィールドの型として別のクラスを宣言することができます。これを**委譲**とよびます。継承はシステム全体で使用するデータの階層設計を行う方法として，委譲は個々のクラス内で他のクラスやライブラリを利用する方法として使い分けがなされています。

クラス定義は基本的には設計図なので，実際にメモリ上にデータを保持してプログラム中で利用するには，オブジェクトを生成する必要があります。オブジェクト指向における基本的な処理手順は，オブジェクトの生成後，そのメソッドを呼び出す（オブジェクト間でメッセージを送受信する）系列として記述することができます。

4.3.2 クラス

4.3.2.1 クラス定義の例

ここでは code2-3.c で C 言語の構造体として定義された Student 型を，Java のクラスとして定義してみます（**Listing 4.2**）。

第4章　Java：オブジェクト指向

Listing 4.2　Studentクラス

```
1  public class Student {
2      private String name;
3      private int score;
4  }
```

1行目先頭の public はこのクラスの可視性（次節で説明）を表し，どのプログラムからでもこのクラスにアクセスできることを示します。そして，クラス定義を示すキーワード class に続いてクラス名を指定します。

2行目と3行目でクラスの内部にフィールドを定義します。name フィールドは String 型，score フィールドは int 型とし，それぞれのフィールドの可視性はクラス内からのアクセスに限定される private としています。

この段階では，すべてのフィールドが private であり，それらにアクセスするメソッドもまだ定義されていないので，このクラス定義は不完全なものです。

4.3.2.2　可視性

Java では，クラス・フィールド・メソッドがどのプログラムからアクセスできるかを決める**可視性**を指定することができます。可視性と似た概念として，C言語にはスコープという概念がありました。C言語のスコープが，ブロックの内外というプログラム構造に基づいた変数のアクセス可能性という概念であるのに対して，Java の可視性は外部に見せたいものと，外部から見える必要がない（つまり内部として隠したい）ものをプログラマが明示的に区別するものです。可視性については，最初はどこからでもアクセスできる public と，同じクラス内からのみアクセスできる private の区別がつくようにしておきましょう。可視性には，そのほかに protected と可視性を指定しないものがあります（**表4.2**）。

表4.2　Javaの可視性

可視性	アクセスの可能性
public	どのクラスからでもアクセスできる
protected	同じパッケージ内のクラス，またはそのクラスを継承したクラスからアクセスできる
指定なし	同じパッケージ内のクラスからのみアクセスできる
private	同じクラス内からのみアクセスできる

4.3 Java におけるオブジェクト指向

Java でクラスを設計するときには，外部に公開する情報は原則として最小限にします。これを**カプセル化**とよびます。カプセル化によって，外部に影響を与えることなくクラスの内部を変更することが容易になり，独立性の高い部品を作ることができます。

4.3.2.3 コンストラクタ

Listing 4.2 はたとえるならオブジェクトの設計図なので，メモリ上に値を格納できるインスタンスを確保するには，そのためのメソッドが必要です。クラスのインスタンスを作成するメソッドを**コンストラクタ**とよび，クラス定義の内部にクラス名と同じ名前のメソッドとして定義します。

コンストラクタを呼び出す側は var s1 = new Student("Masa", 70); のようにフィールドに格納する値を引数としてわたし，これを初期値としてインスタンスを作成するのが一般的です。受けとる側のコンストラクタでの処理は，コンストラクタによって作成されたインスタンスであることを示す this をフィールド名の前につけて，わたされた初期値を代入します。

```java
public Student(String name, int score) {
    this.name = name;
    this.score = score;
}
```

4.3.2.4 アクセッサ

コンストラクタでインスタンスを作成するだけでは，可視性が private に設定された個々のフィールドの値を外部から参照したり，書き換えたりすることができません。これらを可能にするためにフィールドの可視性を public にするという選択肢もありますが，そうすると，どのプログラムからでもフィールドの値が変更できるので，バグの追跡などが困難になります。

一般にはフィールドの可視性は private にして，値を読み出す getter メソッドと，値を書き込む setter メソッドを可視性 public でクラス内部に定義します。このようなメソッドを**アクセッサ**とよびます。アクセッサを用いると，変更される値の妥当性をチェックする処理を setter メソッドに組み込むことや，setter メソッドを定義しないことでクラス外から値の変更をさせないということが可

131

第4章　Java：オブジェクト指向

能になるので，変数の値を安全なものに保てます。アクセッサのメソッド名は get, set の後に先頭を大文字にしたフィールド名を続けます。

```java
public String getName() {
    return name;
}

public void setName(String name) {
    this.name = name;
}

public int getScore() {
    return score;
}

public void setScore(int score) {
    this.score = score;
}
```

4.3.2.5　プログラマが作成するメソッド

　コンストラクタやアクセッサ以外にも，このクラスを利用するメソッドをクラス内部に定義することができます。例として，Student クラスにデータ表示用のメソッド printData() を追加してみます。

```java
public void printData() {
    System.out.println("Name: " + name + ", Score: " + score);
}
```

　メソッドの作成手順は，冒頭に可視性の情報を加える以外は C 言語の関数定義と共通で，返却値の型，メソッド名，仮引数宣言並び，メソッド本体のブロックの順に記述します。メソッドが値を返却する場合は，メソッド本体中でreturn 文を使って値を返します。

　ここまでに示したコードで作成した Student クラスを利用するコードをListing 4.3 に示します[注6]。3 行目は Student クラスのコンストラクタに引数

注6　4.3.2.3節から4.3.2.5節で例示したメソッドを，Listing 4.2 の内部に記述して，Student.java というファイル名で保存してください。または，そのクラス定義冒頭の public を削除して，Listing 4.3 のMain クラスの前に記述しても構いません。

4.3 Java におけるオブジェクト指向

2つを与えて呼び出すことで，インスタンス s1 を作成しています。4行目は，このインスタンスの内容を表示するために定義した printData() メソッドを呼び出しています。

Listing 4.3　Student クラスを利用するコード

```
1 public class Main {
2     public static void main(String[] args) {
3         var s1 = new Student("Masa", 70);
4         s1.printData();
5     }
6 }
```

```
Name: Masa, Score: 70
```

　C言語では，同じ関数名で引数の型・個数が異なるものは定義できませんでしたが，Java ではこのことが可能になっており，むしろこの機能を積極的に活用しています。同じメソッド名で引数の型や数が異なるものを定義することをメソッドの**オーバーロード** (overload) とよびます。これは，呼び出す側の都合に応じた引数で目的の機能を果たしてくれるメソッドを呼び出せる，という見方ができます。呼び出される側では，何が送られてくるかによって異なる処理を定義しておく，ということになるので，複雑な処理の流れを条件分岐などを用いて記述するのではなく，「これが送られてきた場合はこの処理を行う」というような，見通しのよい宣言的なコードを書きやすくなります。

4.3.2.6　継承されたメソッド

　VS Code などのコード補完機能を持つ環境で Listing 4.3 のコードを入力する場合，インスタンス変数である s1 の後に．（ピリオド）を入力すると，参照可能なフィールドや呼び出し可能なメソッドの一覧が表示されます。先ほど定義した getter や setter に混じって，定義していないものもいくつか見えるのに気づくかと思います。これらは，Java のすべてのクラスの親クラスである java.lang.Object クラスで定義されているものです。Java では明示的に親クラスを指定しない場合，java.lang.Object クラスが直接の親クラスとなって，このクラスで定義されているメソッドを子クラスで利用することができます。

第4章　Java：オブジェクト指向

java.lang.Object クラスのメソッドとして特に重要なものは以下の3つです。これらは「便利だから親クラスで定義されている」というよりも，オブジェクト指向プログラミングを行うときに，なければ困るというような性質のものです。

- toString()
  - インスタンスの内容をテキストとして表現するときに呼び出されるメソッド。System.out.println() などの表示を行うメソッドの引数にインスタンスが指定された場合は自動的に呼び出され，クラス名とハッシュ値（4.5.3.2節を参照）を文字列として返却する
- equals()
  - 2つのインスタンスの値が等しいことを判定するメソッド。似たような機能を持つ等価演算子 == は，2つのインスタンスが格納されているアドレスを比較するもの
- hashCode()
  - インスタンスを効率的に比較・検索するためのハッシュ値を求めるメソッド。同じインスタンスは同じハッシュ値となる

これらのメソッドを個々のクラスで定義する場合は，java.lang.Object クラスの定義を上書きすることになります。このように親クラスで定義済みのメソッドを子クラスで上書きすることを**オーバーライド**とよびます。オーバーライドする場合は，そのことを示すアノテーション @Override をメソッド定義の前に書いておくと，**シグニチャ**[注7] に従って正しくオーバーライドされていることをコンパイラがチェックしてくれます。

たとえば上記の equals() メソッドは，デフォルトでは等価演算子 == と同じものであると定義されていますが，オーバーライドすることでフィールドの値が等しいかどうかを判定するように書き換えることもできます。

■ 4.3.3　レコード

ここまで Java におけるクラス定義について説明してきました。C 言語の構造

注7　一般にシグニチャとはメソッドや関数を区別するための情報のことで，Javaの場合はメソッド名と引数の型・個数の組み合わせがシグニチャです。

体に関数をまとめようとしただけで，かなり多くの手間が増えたように感じた
かもしれません。これは，役割の異なるクラスを同じ構文で定義しようとして
いるためです。具体的には，オブジェクト指向プログラミングの中心的役割で
ある，メッセージ交換結果に従って状態を変化させながら全体の処理を管理す
るクラス（たとえば Listing 4.3 の Main クラス）と，データの集まりを表現する，
いわゆる型としてのクラス（たとえば Listing 4.2 にその後説明した各種メソッ
ドを加えた Student クラス）という 2 つの異なる役割を，共通の文法規則で
表現しようとしているためです。

そこで，後者のようなデータの集まりを表現するクラスを簡潔に記述できる
レコードという機能が導入されました。レコードはイミュータブルなフィール
ドの集合で構成され，コンストラクタや getter メソッドに相当する機能が自動
的に生成されます（フィールドがイミュータブルなので setter メソッドはあり
ません）。

Student クラスとほぼ同じ機能を持つものをレコードとして定義すると，以
下のようになります。

```
public record StudentRec(String name, int score){}
```

インスタンスの宣言は，クラスとして定義したときと同じです。また，
getter はフィールド名をそのままメソッド名としたものになります。

```
var s1 = new StudentRec("Masa", 70);
System.out.println(s1.name()); // Masa
System.out.println(s1.score()); // 70
```

レコード定義のブロックの内部にメソッドを追加することができます。たとえ
ばインスタンスの内容を見やすく表示する機能として printData() メソッドを
追加することもできますが，レコードでは toString() メソッドがフィールドの
内容を適切に表示するようにオーバーライドされているので，表示だけであれば
そのまま System.out.println() メソッドの引数に指定すれば十分です。

```
System.out.println(s1); // StudentRec[name=Masa, score=70]
```

第4章　Java：オブジェクト指向

オブジェクト指向における，「メソッド呼び出しを通じてオブジェクトの状態を変化させることで全体的な処理の流れを実現する」というコーディング方法は，オブジェクトの状態によってそれに続くコードの実行結果が異なるので，可読性が下がるという欠点があります。レコードで定義されたインスタンスのように，状態が変化しないものが明示されることによって，状態変化を伴うクラスを限定したり，次章で説明する関数型に近いコーディングが行えるようになる，というメリットがあります。

4.3.4　オブジェクトの仕組み

ここではもう少しクラス内部の仕組みについて見ていきます。

4.3.4.1　コンストラクタとクラスメンバ

クラスからインスタンスを作成するには，クラス内で定義された**コンストラクタ**を呼び出します。コンストラクタはクラス名がそのままメソッドになったものとして定義されますが，引数の数は必ずしもフィールド変数の数と等しくする必要はありません。コンストラクタの内部でデフォルト値を与えたり，他のフィールド変数の値から計算させたりすることもできます。そのような機能を持たせるために，シグニチャの異なるコンストラクタを複数定義することができます。

シグニチャの異なるコンストラクタを定義するとき，同一クラスのコンストラクタを表す this() に適切な引数を与えて呼び出すことができます。また，親クラスのコンストラクタは super() で呼び出せます。なお，this() や super() を呼び出すコードはコンストラクタ定義の先頭に記述する必要があります。

コンストラクタを除いたメソッドとクラス内のフィールドを**クラスメンバ**とよびます。クラスメンバはさらにスタティックメンバとインスタンスメンバに分けることができます（**図4.4**）。スタティックメンバは static 修飾子がついたフィールドやメソッドです。プログラムの実行開始前にメモリにロードされ，いつでもアクセスできます。インスタンスメンバはそれ以外のフィールドやメソッドで，インスタンスが作成された後に，そのインスタンスを通じてアクセスされます。

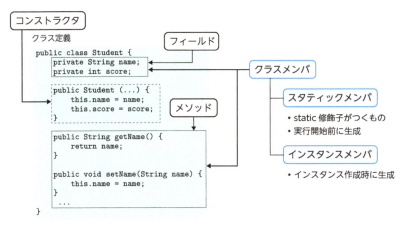

図4.4 コンストラクタとクラスメンバ

4.3.4.2 参照

インスタンスを格納した変数には，その参照が格納されると説明しました。その内容をもう少し詳しく見ていきましょう。

```java
var s1 = new Student("Masa", 70);
```

変数 s1 はこの宣言を含むメソッドのスタック領域に保持されます。一方，インスタンス自体はヒープ領域に作成され，そのアドレス（以後，**参照**とよびます）が変数 s1 に入ります。

ここで，var s2 = s1; のように代入操作が行われた場合，s2 には参照がコピーされます。したがって，この場合は s1 も s2 も同一のインスタンスを指すことになります。また，s1 を引数としてメソッドを呼び出した場合，呼び出されたメソッドで受けとるものは，s1 が指していたインスタンスの参照です。s2 のフィールドが書き換えられた場合や，s1 の参照を引数として受けとったメソッドで，その引数のフィールドが書き換えられた場合は，元の s1 にもそれが反映されます。

この変数の振る舞いは C 言語のポインタそのものですが，ポインタの概念を持ち出さなくとも，メモリ上に配置された値に対して変数名のラベルをつける，というイメージで説明できます（**図 4.5**）。

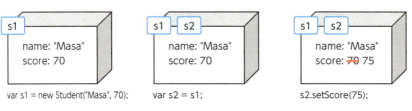

図4.5 ラベル名としての変数のイメージ

インスタンス変数の値が参照であることがわかると，アドレスを比較する等価演算子 == による比較において，すべてのフィールドの値が同じ2つの変数の比較結果が false となる場合があることや，あるインスタンス変数のフィールドの値を変更すると，別の変数のフィールドの値まで変更されてしまう場合があることなどが理解できると思います。

4.3.4.3 継承と委譲

複数の似たような振る舞いをするクラスを作成する必要が出てきたとき，共通部分を親クラスとしてくくり出し，親クラスのフィールドやメソッドを引き継いで，クラスメンバを追加したり上書きしたりした子クラスを定義することができます。この機能が**継承**です。

例として，待ち行列などのモデル化で使われるキューというデータ構造をクラスとして定義する場合を考えます。通常のキューは FIFO（first in, first out）の原則で，最初に列に入った要素が最初に出るという動きをします。この Queue クラスにはデータを列の末尾に加える enqueue() メソッドと，列の先頭からデータを取り出す dequeue() メソッドがあります。ここで，優先権を持つデータを列の先頭に入れることができる PriorityQueue クラスを作成したいとします。そのためには，PriorityQueue クラスで Queue クラスを PriorityQueue extends Queue という宣言で継承して，新たに priorityEnqueue() メソッドを追加します（図4.6）。これによって，必要最小限のコードの追加のみで機能拡張が行えます。

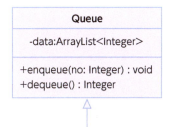

```
public class Queue i
    ...
    public void enqueue(Integer no) {
        ...
    }
    public Integer dequeue()  {
        ...
    }
}
public class PriorityQueue extends Queue {
    public void priorityEnqueue(Integer no) {
        ...
    }
}
```

図4.6　継承のクラス図とコード

> **Memo**　オブジェクト指向プログラミングにおける設計図は UML（Unified Modeling Language）で書くことができます。UML は複数のダイアグラムによってプログラムを設計するものです（4.6.1 節参照）。
>
> 図 4.6 は UML のクラス図です。クラス図では，クラスを 3 つの箱を縦につないだもので表現し，上からクラス名，フィールド一覧，メソッド一覧を記述します。フィールドは「可視性（public は +，private は -）名前：型」の書式で，メソッドは「可視性 名前（引数）：返却値型」の書式で書きます。また，クラス間の関係を以下のような矢印で示します。
>
> 継承 ──▷　　実装 ---▷　　集約 ──◇　　コンポジション ──◆

一方で，特に似ているクラス同士ということでなくても，あるクラスの機能を別のクラスでも使いたいときがあります。たとえば，プログラムの実行記録をログとして記録するクラスを，複数のクラスから使うという状況を考えます。そのときは，使うクラスのフィールドとして，使いたいクラス型の変数を宣言し，その変数のメソッドとして他のクラスを使う，ということができます。この方法を**委譲**とよびます。委譲には他のクラスのインスタンスを変数値として持つだけの**集約**と，他のクラスを部品として複雑なクラスを組み立てる**コンポジション**があります。

継承はオブジェクト間の is-a の関係，委譲は has-a の関係であるといえます。is-a の関係でクラスを定義すると，親クラスの変更が子クラスに影響を与える

可能性があります．一方，has-a の関係でクラスを定義する場合は，委譲元のクラスがカプセル化されている限りは委譲元の変更には影響されません．そのため，継承よりも委譲のほうが柔軟性が高く，実行時の振る舞いを容易に追加することや変更することが可能です．

4.3.4.4 抽象クラスとインタフェース

継承の機能を高度にする方法として**抽象クラス**があります．抽象クラスは，abstract 修飾子をつけて宣言します．そして，そのクラス内で abstract 修飾子をつけてメソッドのシグニチャを定義し，このクラスを継承する子クラスが，そのメソッドの具体的な処理を記述します．抽象クラス自体のインスタンスを作成することはできないので，抽象クラスは子クラスとなるクラスが共通して持つべきメソッドを定義する役割を持つことになります．

異なるクラスに共通のメソッドを持たせる機能には**インタフェース**とよばれる方法もあります．インタフェースは継承と併用可能で，複数指定することもできます．たとえば，同じ問題への解法として異なるアルゴリズムを実現した 2 つのクラスに対して，共通の計算メソッドを持たせる場合を考えます．アルゴリズムを表すクラスとして，高速で多くのメモリを要する Fast と，低速だが省メモリの Slow があるとします．これらに共通の計算メソッドとして algo() を持たせたいときには，このメソッドのシグニチャをインタフェース Outer で定義し，class Fast implements Outer のように各クラスでこのインタフェースを**実装**（implement）し，内部で algo() メソッドをオーバーライドすることで個別のアルゴリズムを記述することができます（図 4.7）．

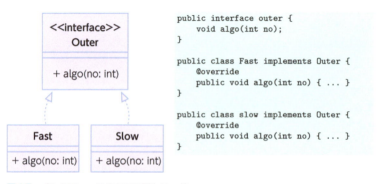

図 4.7 インタフェースのクラス図とコード

4.3 Java におけるオブジェクト指向

4.3.4.5 ラムダ式

前述のインタフェースを使ったアルゴリズムの差し替えは，機能の切り分け
としては整理されたものですが，かなり手間がかかります。計算を行うメソッ
ドにその手順がわたせれば，もっと簡単にアルゴリズムの差し替えが行えます。
この手順を記述する方法が**ラムダ式**です。

ラムダ式は，インタフェースを実装した匿名クラスのインスタンスを作成す
るもので，「引数 -> 式」という形式で記述します。引数がないときは，引数
部分に（）と記述し，引数が 2 つ以上の場合は引数をカンマで区切って（）で囲
みます。また，式の部分に複数の文を書くときは，{}で囲んだブロックを用い，
return 文を使って返却値を指定します。式やブロックの中では，引数でわた
された値以外に，final 修飾子がついたローカル変数を参照することができま
す。

特に関数型インタフェースとよばれるメソッドが 1 つだけのインタフェース
に対しては，そのメソッドの実装部分をラムダ式で記述することができます。
たとえば以下のコードは関数型インタフェース Calculator を定義していま
す。このインタフェースを実装したクラスは，calc() メソッドを持つことが
義務づけられます。

```
@FunctionalInterface
interface Calculator {
    double calc(double a, double b);
}
```

この Calculator 型のインスタンスを作成するときに，double 型の引数を
2 つ受けとり，その演算結果を返すラムダ式で，calc() メソッドの実装部分を
与えることができます。たとえば以下のコードで宣言されている 4 種類のイン
スタンスは，同じ calc() メソッドを呼び出していますが，それぞれの処理は
宣言時に与えられたラムダ式によって異なります。

```
public class Main {

    public static void main(String[] args) {
        // 加算
```

第4章 Java：オブジェクト指向

```java
        Calculator add = (a, b) -> a + b;
        System.out.println("10 + 5 = " + add.calc(10, 5));

        // 減算
        Calculator subtract = (a, b) -> a - b;
        System.out.println("10 - 5 = " + subtract.calc(10, 5));

        // 乗算
        Calculator multiply = (a, b) -> a * b;
        System.out.println("10 * 5 = " + multiply.calc(10, 5));

        // 除算
        Calculator divide = (a, b) -> {
            if (b == 0)
                throw new ArithmeticException("Division by zero");
            return a / b;
        };
        System.out.println("10 / 5 = " + divide.calc(10, 5));
    }
}
```

　加算・減算・乗算については計算式がそのまま返却値になっています。除算に関してはブロックを作成し，事前に0で割ることがないようにチェックを行ってから，return文で計算結果を返しています。なお，割る数が0の場合の処理については，次節で説明する例外処理を使っています。

4.4 オブジェクトによるエラー処理

　オブジェクト指向には，カプセル化による保守性・再利用性向上や，継承に基づく抽象化された設計などのメリットがありますが，よりコーディングレベルに近いメリットとして，イベントをオブジェクトとして扱えるという点があります。イベントの種類としては，エラーの発生・外部機器からの割り込み・GUI(Graphical User Interface)におけるユーザ操作などがあります。Javaでは，イベントに基づくエラー処理は言語仕様に組み込まれており，その他のイベントについてはそれぞれのライブラリで扱います。

　本節では，Javaにおけるエラー処理の方法について説明します。なお，GUI

などに関連するイベント駆動型プログラミングに関しては，9章でJavaScriptを用いて説明します。

4.4.1 エラー処理におけるイベントとハンドラ

C言語では，ファイルのオープンなどエラーが発生しそうなコードに対しては，関数の返却値によってエラー発生の有無を確認していました。たとえば if ((fp = fopen("file.txt", "r")) == NULL) ... のように条件分岐を設定して，エラーが発生した場合とそうでない場合の処理を分けて記述していました。これらのエラー処理のロジックが本筋の問題解決のロジックに混入すると，コードが複雑になり見通しが悪くなってしまいます。

Javaでは，エラーの発生を考慮しないコード（すなわち本筋のコード）と，エラーを処理するコードを別々に記述し，それらを「イベントに基づくエラーの検知と処理」の枠組みで結びつけます。「イベントに基づくエラーの検知」とは，実行中のコードでエラーが発生すると，そのエラーの種類に応じた**イベント**を処理系に「投げ（throw）る」機構です。投げられたイベントを処理する部分のコードは別途定義されており，このコードを**ハンドラ**とよびます。

Javaのエラーイベントはクラス階層として図4.8のように定義されています。

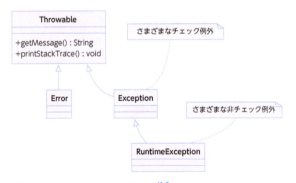

図4.8 エラーイベントのクラス図[注8]

エラーを表すイベントはその種類に応じて，大きく以下の3種類に分類され

注8 クラス図中の折りたたみ四角形は，コメントを記述するもので，説明対象のクラスや関係とは矢印なしの点線で結びます。

ます（表4.3）。

表4.3 Javaのエラーの種類

エラーの種類	クラス	説明
システムエラー	Error	ランタイムでのトラブルが中心。エラーからの回復は実質的に不可能
チェック例外	Exception	エラーの発生が予測できて，回復可能なもの。例外処理の指定が必須
非チェック例外	RuntimeException	適切なコードを書くことによって大半は発生を回避できるエラー。例外処理の記述は任意

　エラーが発生する可能性があるコードを持つメソッドでは，投げられる可能性があるイベントを，try-catch文を使ってそのメソッド内で定義されたハンドラで処理するか，そのメソッドの呼び出し元にイベントを投げるかを決めることができます（図4.9）。

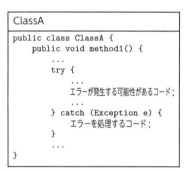
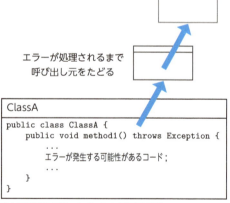

(a) エラーが発生したメソッドで処理する場合　(b) 呼び出し元にイベントを投げる場合

図4.9　エラーの処理

　システムエラーとして位置づけられる Error クラスのエラーはメモリ不足などの実行環境のトラブルが中心で回復ができない場合が多く，せいぜいエラーメッセージを出力してプログラムを終了する程度の対応しかできません。そのため，ここではこれ以上の説明は行いません。以下では，プログラマがある程

4.4 オブジェクトによるエラー処理

度まで対処可能な**例外**を扱い，その下位分類である非チェック例外とチェック
例外について説明します。

4.4.2 非チェック例外

まずは軽いほうの例外である**非チェック例外**について説明します。こちらの
例外は，プログラマが対処の必要性の有無を判断することができます。

非チェック例外が発生すると，RuntimeException クラスを継承したクラ
スのインスタンスが投げられます。具体的なクラスとしては，配列の範囲外アクセス
ArrayIndexOutOfBoundsException，null 参 照 NullPointerException，
0 での割り算 ArithmeticException などがあります。これらの例外は，計算
前に値をチェックするなど，適切なコードを書くことによって大半は発生を回
避できること，またこれらの例外の処理を必須にするとコードが煩雑になりす
ぎることから，例外処理の記述は任意となっています。

例として，C 言語で記述した Listing 2.11 を Java で書き換えたものを **Listing 4.4**
に示します。これは，元の C プログラムと同様に，正の整数が入力されるまでユー
ザに繰り返し入力を要求するものです。

Listing 4.4 例外処理を行っていないプログラム例

```java
 1  import java.util.Scanner;
 2
 3  public class Main {
 4      public static void main(String[] args) {
 5          var sc = new Scanner(System.in);
 6          var x = 0;
 7          do {
 8              System.out.print("Enter a positive integer: ");
 9              x = sc.nextInt();
10              if (x <= 0) {
11                  System.out.println("Input positive integer!");
12              }
13          } while (x <= 0);
14
15          System.out.println("You entered " + x);
16          sc.close();
17      }
18  }
```

145

第4章　Java：オブジェクト指向

```
Enter a positive integer: -3
Input positive integer!
Enter a positive integer: 0
Input positive integer!
Enter a positive integer: 5
You entered 5
```

　Listing 4.4 では，整数以外の値（たとえば浮動小数点数や文字など）が入力された場合にエラーが発生して実行が終了してしまいます。このような異常終了を回避するために，try-catch 文を使って例外処理を行います。

　Listing 4.5 は，try ブロック内で例外が発生する可能性のあるコード（nextInt() メソッドの呼び出し）を記述し，catch ブロック内では例外が発生した場合の処理を記述しています。catch ブロックは，続く括弧内で指定したクラス（またはその子クラス）の例外が発生した場合に実行されるものです。

Listing 4.5　例外処理を行うプログラム例

```java
 1  import java.util.Scanner;
 2  import java.util.InputMismatchException;
 3
 4  public class Main {
 5      public static void main(String[] args) {
 6          var sc = new Scanner(System.in);
 7          var x = 0;
 8          do {
 9              System.out.print("Enter a positive integer: ");
10              try {
11                  x = sc.nextInt();
12                  if (x <= 0) {
13                      System.out.println("Input positive integer!");
14                  }
15              } catch (InputMismatchException e) {
16                  System.out.println(e);
17                  sc.next();
18              }
19          } while (x <= 0);
20
21          System.out.println("You entered " + x);
22          sc.close();
23      }
```

146

4.4 オブジェクトによるエラー処理

```
24 }
```

```
Enter a positive integer: -3
Input positive integer!
Enter a positive integer: abc
java.util.InputMismatchException
Enter a positive integer: 2
You entered 2
```

11 行目の Scanner クラスの nextInt() メソッドは，入力が整数でない場合に InputMismatchException 型のイベントを投げます。catch 文はこのイベントを捕捉し，イベントのインスタンスを e として，その後のブロックを実行します。ブロック内では，エラーメッセージを出力した後に Scanner クラスの next() メソッドが呼び出され，誤った入力がたまっている入力バッファをクリアしています。

なお，nextInt() メソッドで例外が発生した場合は，11 行目の変数 x への代入は行われず，変数 x の値は初期値 0 のままです。そのため，19 行目の条件式 x <= 0 が真となり，処理は繰り返しの冒頭である 9 行目に移ります。

> **Memo** catch 文は複数記述することができ，例外の種類に応じて異なる処理を行うことができます。また，個別の例外に対して細かな対処を必要としない場合は，catch (Exception e) とすることで，すべての例外を捕捉することができます。

> **Memo** Listing 4.5 において，入力が負の場合にイベントを投げるようにコードを変更することもできます。13 行目を throw new IllegalArgumentException ("Input positive integer!"); として，catch やループの終了条件なども変更します。

4.4.3 チェック例外

次に，重いほうの例外である**チェック例外**について説明します。チェック例

第 4 章　Java：オブジェクト指向

外を発生させる可能性があるコードを含むメソッドでは図 4.9 に示したいずれ
かの対処法をコードで指定しないと，コンパイルが通りません。

　ここでは，ファイル入出力を行うプログラムの例を示します。**Listing 4.6** は
Listing 2.17 の一部を Java で書いたものです。あらかじめ Listing 2.16 の CSV
ファイルを作成しておく必要があります。

Listing 4.6　ファイル入出力を行うプログラム例

```
 1  import java.io.IOException;
 2  import java.nio.file.Files;
 3  import java.nio.file.Path;
 4
 5  public class Main {
 6      public static void main(String[] args) {
 7          Path path = Path.of("data.csv");
 8          try (var in = Files.newBufferedReader(path)) {
 9              String line;
10              while ((line = in.readLine()) != null) {
11                  System.out.println(line);
12              }
13          } catch (IOException e) {
14              e.printStackTrace();
15          }
16      }
17  }
```

```
80, Alice
65, Bob
70, Caroline
93, David
77, Eve
```

　チェック例外は例外処理の指定が必須であるため，ここで挙げたようなパター
ンが典型的なコードになります。ここでは，リソースつきの try 文とよばれる
形式を使っています。try 文に続く括弧内で作成された（典型的にはファイル
入出力を行う）リソースに関しては，try ブロックを抜けるときに自動的に解
放されます。つまり，この例のようなファイルオープンの場合では，処理終了
後に明示的にファイルをクローズする処理を書く必要がなくなります。このよ

148

うに書くと，処理が正常終了した場合だけでなく，オープンはできてもファイルの読み込み中にエラーが発生した場合なども含めてファイルのクローズ処理が自動的に行われます。これがリソースつきの try 文の利点です。

コードの 7 行目では，Path クラスの of() メソッドを使って，ファイルのパスを示す Path クラスのインスタンスを作成しています[注9]。

8 行目の Files.newBufferedReader() メソッドは，引数で指定されたファイルを開いて，ファイルの内容を読み込むための BufferedReader クラスのインスタンスを返すメソッドです。BufferedReader クラスは入力の効率化のためにバッファを使って一度に大量に読み込みを行っておいて，あたかも 1 文字ずつや 1 行ずつ読んでいるかのように振る舞うメソッドを持つクラスです。ここで，ファイルが存在しないなどの理由でファイルのオープンができなかった場合，IOException 型の例外が投げられます。これがチェック例外なので，13 行目以降で例外処理を記述しています。

10 行目から始まるループで BufferedReader クラスの readLine() メソッドを使って，ファイルの内容を 1 行ずつ読み込んでいます。このメソッドはファイルの終端に達すると null を返します。この部分が正常な場合のロジックです。

例外処理については，IOException 型のイベントが発生した場合に，14 行目で printStackTrace() メソッドを使って呼び出し元を順にたどって表示し，そのままプログラムを終了させています。

> **Memo** Listing 4.6 のようなチェック例外の処理を書くのが煩わしければ，図 4.9 (b) のようにメソッドの宣言に throws キーワードを使って，そのメソッドが呼び出し元に対して投げる例外を明示することができます。throws Exception と書いておけば，Exception クラスがすべての非チェック例外とチェック例外を含むので，例外処理を書く必要がなくなります。しかし，大きなプログラムでこの方法を用いると，エラーが発生したときにどこで発生したかがわからなくなってしまうので，練習用の短いコード以外では呼び出し元に例外を投げる方法はおすすめしません。

注9 ファイルのパスは文字列で指定することもできますが，Path クラスを使うと，OS によるディレクトリ区切り文字の違いを吸収してくれ，型安全性も高まります。

第4章　Java：オブジェクト指向

4.5 データ構造

　C言語で大きなデータを扱うときは，構造体とポインタを組み合わせて設計したリストなどのデータ構造を，動的メモリ確保を使ってヒープ領域上に展開することが一般的でした。この方法によって，ファイルから読み込むデータなど，コーディング時点ではサイズがわからないデータを扱うことができました。実行速度を高めるという点や，メモリを最大限効率的に使うという点からは，この方法は有効です。しかし，リスト構造の定義がプログラムによって異なることでライブラリ化が難しいことや，動的メモリ確保に伴うコーディングミスによってプログラムが異常終了したり，セキュリティ上の問題が発生する可能性があるという問題点があります。

　これらの問題に対して，Javaではデータサイズを実行時に自由に変更できる**コレクション**（Collection）というクラスが用意されています。コレクションクラスの子クラスとして，いくつかの有用なデータ構造を実現したクラスがあり，これらをまとめて**コレクションフレームワーク**とよびます。これらのクラスは，要素として扱う個々のデータを同じ型を持ったオブジェクトとすることで，データ集合そのものに関するメソッドと，要素に関するメソッドに切り分けてコードを書くことができます。

　以下ではJavaのコレクションフレームワークの導入から始め，これらを使ったデータ構造の実装，そしてそれらのメモリ管理やデータベースへの格納方法について順に説明します。

4.5.1　コレクションフレームワーク

　Javaでは基本的なデータ構造として，図4.10に示すコレクションフレームワークとよばれるクラスがあります。

4.5 データ構造

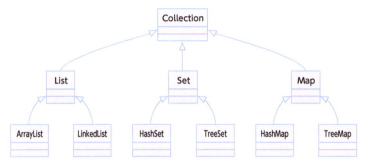

図4.10 コレクションフレームワークのクラス図

　Javaのコレクションフレームワークに用意されている各クラスを使いこなすには，基本的なデータ構造であるリスト・セット・マップの概念と，データへのアクセス手法であるハッシュ・ツリーの概念を理解しておくと，読みやすく，実行効率が高いコードを書くことができます。

　コレクションフレームワークにおけるリスト（List）・セット（Set）・マップ（Map）のクラス階層は図4.10のようになっています。ここで，List, Set, Mapはそれぞれインタフェースであり，用途に応じたクラスがそれぞれのインタフェースを実装したものとして定義されています。

　リストは名前のとおり要素の並びで，要素の変更・追加・削除ができます。セットは数学の集合の概念を表現しているもので，要素の重複を許さず，要素の順序を問わないリストとして実現されています。マップは，キーと値のペアを要素として持つリストで，キーを指定して値を取り出すことができます。このように異なるデータ構造が存在する理由としては，リストは要素を順序つきの並びとして扱えることに意味がある，セットは要素の集まりを数学的な集合とみなせる（すなわち和集合や積集合が計算できる）ことに意味がある，マップはキーを用いて値にアクセスできることに意味があるというように捉えてください。

　リスト・セット・マップというデータの持ち方と，データへの内部的なアクセス方法を組み合わせて実際に使用するクラスが定義されています。ハッシュというアクセス方法はアクセスしたい対象の一部をもとに計算された値を使ってデータを保持・取得する方法で，ツリーというアクセス方法はデータの順序関係が表現された木構造をたどってデータを保持・取得する方法です。

第4章　Java：オブジェクト指向

4.5.2　ジェネリックスと型パラメータ

　リストとセットの要素はプログラマが指定したクラスのインスタンス（つまりオブジェクト）である必要があります。また，マップのキーと値は，プログラマがそれぞれ指定したクラスのインスタンスである必要があります。つまりコレクションフレームワークを使うときは，データの集まりとして List，Set，Map（実質的にはそれらを実装したクラス）のいずれを使うかということと，その要素はどのクラスのインスタンス[注10] なのかということを合わせて宣言する必要があります。たとえば文字列を要素とするリストの場合は，ArrayList<String> のように宣言します。また，整数をキー，文字列を値とするマップの場合は，HashMap<Integer, String> のように宣言します。

　このように，型をパラメータとして与えることができる機能を**ジェネリックス**といいます。ジェネリックスを使うことで，コレクションフレームワークを使うときに，**型パラメータ**として要素の型を明示的に指定することができます。

　List，Set，Map がインタフェースであり，実際にはデータへのアクセス方法を指定して，それらを実装したクラスを使うこと，要素にはジェネリックスを使って型を指定すること，そのときには型推論を使って簡潔に書けること，ということをまとめると，コレクションフレームワークを使うときには，以下のように宣言することになります。

```
List<String> namelist = new ArrayList<>();
```

　さらにジェネリックスの枠組みでは，この型パラメータを変数のように扱うことができます。実際に，コレクションフレームワークの各クラスの API ドキュメントを見ると，それぞれのクラスが型パラメータを変数のように使って宣言されていることがわかります。たとえば，ArrayList クラスの API ドキュメントでは ArrayList<E> のように定義されていて，この場合の E は型パラメータです。

[注10] **ラッパークラス**
　　コレクションフレームワークのように要素がオブジェクトである必要があるときに，要素として基本型を用いたい場合は，それぞれの基本型を「包む」役割をする**ラッパークラス**を使います。たとえば，基本型 int に対応するラッパークラスは Integer になります。

152

4.5.3 要素へのアクセス

コレクションフレームワークのうち，リストと，セット・マップでは要素へのアクセス方法が異なります。

4.5.3.1 リストへのアクセス

リストのクラスとしてよく使われるものには，ArrayList と LinkedList があります（図 4.11）。ArrayList は内部的に配列を使用しているので，インデックスを使った要素へのアクセスは高速です。しかし，要素の追加・削除には配列の要素の移動が伴うため，遅くなる傾向があります。LinkedList は内部的に連結リストを使用しているので，要素の追加・削除は高速です。しかし，インデックスを使った要素へのアクセスは順に要素をたどるため，遅くなる傾向があります。

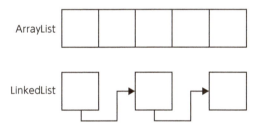

図 4.11 ArrayList と LinkedList

Listing 4.7 に，ArrayList を用いた例を示します。このコードは初期化で与えた名前のリストから，ユーザが入力した名前を探すものです。7 行目の List.of() メソッドは，可変長引数を受けとってそれらを要素とするイミュータブルなリストを返します。ここでは，このリストがコピーされて ArrayList クラスの初期値になっているので，変数 namelist はミュータブルなリストとなります。10 行目で入力された文字列を，12 行目以降で ArrayList の中から探します。12 行目で探索の成否を記録するフラグとして論理型変数 found を初期値 false で宣言し，13 行目からの拡張 for 文でリストの要素を順に取り出して，入力された文字列と一致するかどうかを判定します。一致した場合はその旨を表示したのちに，found を true にしてループを抜けます。ループを

第4章 Java：オブジェクト指向

抜けた後に found が 初期値 false のままであれば，入力された文字列がリストに含まれていないことになります。このように，要素の先頭から順に探す方法を**線形探索**といいます。

Listing 4.7　ArrayListを用いたプログラム例

```java
1  import java.util.List;
2  import java.util.ArrayList;
3  import java.util.Arrays;
4  import java.util.Scanner;
5
6  public class Main {
7      public static void main(String[] args) {
8          List<String> namelist = new ArrayList<>(
               Arrays.asList("Alice", "Bob", "Caroline", "David", "Eve"));
9          Scanner scanner = new Scanner(System.in);
10         System.out.print("Search: ");
11         String searchName = scanner.nextLine();
12
13         boolean found = false;
14         for (String name : namelist) {
15             if (name.equalsIgnoreCase(searchName)) {
16                 System.out.println("Found " + searchName);
17                 found = true;
18                 break;
19             }
20         }
21         if (!found) {
22             System.out.println("Not found " + searchName);
23         }
24         scanner.close();
25     }
26 }
```

```
Search: David
Found David
```

　ここでは線形探索の例を示すために拡張 for 文を使いましたが，ArrayListクラスには，指定した要素がリストに含まれているかどうかを調べる contains() メソッドがあり，これを使うともっと簡潔なコードになります。

4.5 データ構造

4.5.3.2 ハッシュ

　セットとマップにおいては，まず探したいもの（の情報）が手元にあるとします。そのうえで，セットの場合は対象としている集合内に，その探したいものがすでにあるか，マップの場合は探したいもの（キー）に対応する値は何か，ということが知りたいわけです。ただし要素は大量にあって，これを連結リストのようなデータ構造で表現していたとすれば，前から順に探すしかないのでとても時間がかかってしまう，という状況を考えます。

　このような状況に対して，高速に要素を探すための方法として，**ハッシュ**という方法があります。まず，セットを使った具体的なコード例（**Listing 4.8**）から見ていきましょう。

Listing 4.8 　HashSetを用いたプログラム例

```
 1  import java.util.Set;
 2  import java.util.HashSet;
 3  import java.util.List;
 4
 5  public class Main {
 6      public static void main(String[] args) {
 7          Set<String> nameset = new HashSet<>(
                  List.of("Alice", "Bob", "Caroline", "David", "Eve"));
 8          System.out.println(nameset.contains("Alice"));
 9      }
10  }
```

```
true
```

　HashSet クラスの初期化は，ArrayList クラスと同じ方法で行えます。このセットに対して contains() メソッドを使って Alice という要素が含まれているかどうかをハッシュ（**図 4.12**）を使って調べています。

　このコードで，true が返される手順を見ていきましょう。ハッシュではバケットとよばれるあらかじめ決められたサイズの配列を用意します。仮にバケットのサイズを 100 としておきます。データ格納時には，そのデータをどのバケットに格納するかを**ハッシュ関数**とよばれる関数を使って決めます。ハッシュ関数はさまざまな実装が考えられますが，たとえばデータを文字列とみなして，

155

各文字のコードを足し合わせ，最後に100で割った余り（すなわち下2桁）を求めると，任意のデータに対して0から99までのハッシュ値を得ることができます。これによって，各データをどのバケットに格納するかということを一意に決めることができます。

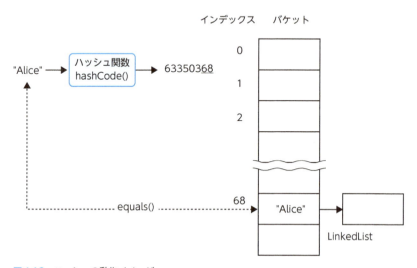

図4.12 ハッシュの動作イメージ

Javaのすべてのオブジェクトは，Java.lang.Objectクラスから継承したhashCode()メソッドを持つので，これを使ってハッシュ値を求めることもできます。

```
System.out.println("Alice".hashCode());   // 63350368
System.out.println("Bob".hashCode());     // 66965
```

ここまで説明してきた単純なハッシュでは，異なるデータに対してハッシュ値が偶然に一致する可能性があります。そのときは，同じハッシュ値を持つデータを，バケットの中でリスト構造でつなげて格納することになります。そのため，データを探すときはまずハッシュ値を求め，バケットに何か格納されていることを確認するだけではなく，Java.lang.Objectクラスから継承したequals()メソッドを使って格納されているデータが探しているデータと一致

4.5 データ構造

するかどうかを確認します。

　ハッシュでは，ハッシュ値の衝突ができるだけ少なくなるようにハッシュ関数が設計されていれば，データ数がいくら多くても探す時間が一定になるという利点があります。

4.5.3.3　ツリー

　ここではセットやマップを高速に探索するもう1つの方法として，**ツリー**を紹介します。ツリーの実装については，マップの例で説明します。キーを4桁整数からなる id 番号，値を名前を表す文字列とするマップを作成し，get() メソッドを使ってキーが 1005 の値を取り出す例（**Listing 4.9**）を示します。

Listing 4.9　TreeMapを用いたプログラム例

```java
import java.util.Map;
import java.util.TreeMap;

public class Main {
    public static void main(String[] args) {
        Map<Integer, String> stmap = new TreeMap<>();
        stmap.put(1001, "Alice");
        stmap.put(1002, "Bob");
        stmap.put(1003, "Caroline");
        stmap.put(1004, "David");
        stmap.put(1005, "Eve");
        stmap.put(1007, "Giant");

        System.out.println(stmap.get(1005));
    }
}
```

```
Eve
```

　TreeMap クラスでは，データは二分木という構造で表現されます（**図 4.13**）。木構造は，データを保持する節・葉と，それらを結ぶ枝からなるデータ構造で，節は枝を伸ばして他の節や葉につながります。木の根にあたる節をルートとよびます。また，データを保持する節や葉をノードとよび，ノード間は枝によって親子関係が表現されます。ルートに近いほうのノードが親になります。

157

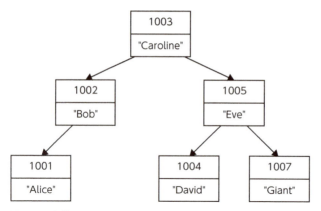

図4.13　木構造

　二分木は，各ノードが最大2つの子ノードを持つ木構造で，各ノードの左の子ノードの値[注11]はそのノードの値より小さく，右の子ノードの値はそのノードの値より大きいという性質を持ちます。マップの場合，キーを基準にしてこの順序関係を求めます。

　データを探すときには，まずルートから始めて，探しているデータとキーが一致したら，その値を返します。一致しなかった場合，探しているデータがルートのキーより小さい場合は左の子ノード，大きい場合は右の子ノードを同様にして探します。このように探す手法を**二分探索**といいます。この手法は，データの数に対して探す回数が対数的になるという利点があります。たとえば1000件のデータに対して，Listing 4.7で示したような連結リストの前から順に探す線形探索では，最悪の場合には1000回探す必要がありますが，二分探索では（データが左右でバランスしているときは）最悪の場合でも $\log_2 1000 \approx 10$ 回探すだけで済みます。

4.5.4　メモリ管理

　本節で説明してきたコレクションフレームワークはデータ長が可変であり，実行時にメモリを動的に確保する必要があります。そのため，コレクションフレームワークへの参照はメモリのスタック領域に確保されますが，データその

[注11] 正確には，「左の子ノードをルートとする部分木のすべてのノードの値」が対象としているノードの値よりも小さくなります。逆に，右の子ノード以下の部分木については，大きな値となります。

ものはヒープ領域に置かれることになります。

　新しい要素をインスタンスとして作成することで領域が確保できますが，Javaでは使わなくなったメモリを明示的に解放する手段は持たず，Javaのランタイムが自動的に使われなくなったメモリを解放します。この仕組みを**ガベージコレクション**（ごみ集め）とよびます（図4.14）。

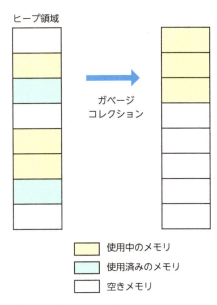

図4.14　ガベージコレクション

　ガベージコレクションの機能を備えた処理系では，メモリの解放をプログラマが行わずに済むために，大量のメモリを確保し続けてしまうメモリリークや，一度解放したメモリをもう一度解放してしまう二重解放というような問題が発生しづらくなります。しかし，ガベージコレクションは実行時のプロセスを止めて自動的に行われるので，リアルタイム性が要求される状況では不具合が起こる可能性があります。

4.5.5 コレクションフレームワークを用いたプログラム例

　ここまで説明してきたコレクションフレームワークを使ったプログラム例を

第4章 Java：オブジェクト指向

示します。**Listing 4.10** に Listing 2.18 で示した C 言語のプログラム code2-3.c
を Java で書いたものを示します。このプログラムはファイルから読み込んだデー
タを可変長のリストに格納し，そのリストを使ってデータを表示しています。

Listing 4.10 　Java でファイルからデータを読み込むプログラム

```java
 1  import java.nio.file.Files;
 2  import java.nio.file.Path;
 3  import java.io.IOException;
 4  import java.util.ArrayList;
 5  import java.util.List;
 6
 7  record Student(int score, String name) {}
 8
 9  public class Main {
10      public static void main(String[] args) {
11          List<Student> students = new ArrayList<>();
12          Path path = Path.of("data.csv");
13
14          try (var br = Files.newBufferedReader(path)) {
15              String line;
16              while ((line = br.readLine()) != null) {
17                  String[] parts = line.split(", ");
18                  int sc = Integer.parseInt(parts[0]);
19                  String nm = parts[1];
20                  students.add(new Student(sc, nm));
21              }
22          } catch (IOException e) {
23              System.err.println("ファイルオープン失敗");
24              e.printStackTrace();
25              return;
26          }
27
28          for (Student st : students) {
29              System.out.printf("name: %-9s  score: %d\n",
                    st.name(), st.score());
30          }
31      }
32  }
```

```
name: Alice      score: 80
name: Bob        score: 65
```

160

```
name: Caroline    score: 70
name: David       score: 93
name: Eve         score: 77
```

　可変長の ArrayList を使うことで，特にメモリ管理について考えることなく，データを格納することができています。また，リソースを使い終わったときに自動的に解放する try-with-resources 構文を使ってエラーの場合も含めたファイル処理を簡潔に記述しています。

> **Memo**　Listing 4.10 では，17 行目から 19 行目にかけて String クラスのメソッドを使って文字列を配列に分割したり，Integer クラスの static メソッドを呼び出したりしています。これらの処理がわかりにくければ，生成 AI を使ってこれらのコードを解説させてみてください。

4.5.6　データベース

　コレクションフレームワークは，Java 言語のプログラムの内部でまとまったデータを扱うための手段です。前節では CSV ファイルにまとめられた外部データをすべてコレクションフレームワークに読み込んで処理を行っていました。しかし，データが大量にある場合や，データが複数のプログラムからアクセスされて頻繁に書き換えられるような場合では，プログラムの外部でデータを管理するデータベースを使うことが一般的です。

　データベースは永続的なデータの保存と，データの検索・更新・削除といった操作を提供します。そのような機能を持つデータベースは，大きく**リレーショナルデータベース**と **NoSQL データベース**に大別されます。リレーショナルデータベースは，データを表形式で保存し，**SQL**（Structured Query Language）という言語を使ってデータの操作を行います。一方，NoSQL データベースは，表形式でない方法でデータを保存するもので，コレクションフレームワークのマップのようにキーと値をペアで保存するキーバリューストアや，ドキュメント単位でその内部の情報は柔軟に定義・変更ができるドキュメントストアなどがあります。

4.5.6.1 リレーショナルデータベース

リレーショナルデータベースは，データを表形式のテーブルで保存します。テーブルの各行はレコード，各列はカラムとよばれます。テーブルは個々のレコードを特定するためのキーを持ちます。図 4.15 の例では，顧客テーブルは顧客 id をキーとし，商品テーブルは商品 id をキーとします。キーは 1 つのテーブルの中では重複しないことが前提となります。他のテーブルからこれらのテーブルを参照するときは，キーを使って参照します。たとえば，販売管理テーブルでは，顧客 id と商品 id を参照して，注文数を保存します。

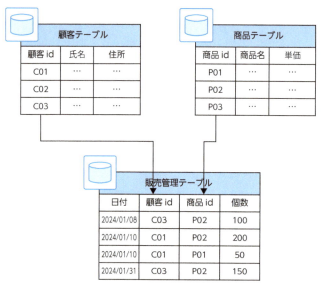

図 4.15 リレーショナルデータベース

Java でデータベースを使うには，JDBC（Java Database Connectivity）という API を使います。JDBC は，データベースにアクセスするための標準的な方法を提供するための API で，データベースの種類に依存しないプログラムを書くことができます。

データを読み込む場合は，カラムをクラスのフィールドに対応させ，レコードを 1 つの要素とすることで，`ArrayList` などのコレクションフレームワークと容易に対応させることができます。また，外部にあるデータベースの操作には，SQL を使います。

リレーショナルデータベースの実装としては，SQLite などがあります。SQLite は，軽量なデータベースエンジンで，データベースをファイルとして扱うことができます。モバイルアプリケーションや web アプリのバックエンドなど，小規模なデータベースを使う場合に適しています。

Focus SQL

SQL ではデータ定義・操作・アクセス権の制御などが行えますが，プログラミング言語からよく使われる機能は，データ操作の SELECT, INSERT, UPDATE, DELETE の 4 つです。以下に SELECT 文（検索）の書き方を示します。

```
SELECT 出力させたいカラム名（すべてなら `*`）
FROM テーブル名
WHERE 条件
出力方法（ORDER BY, GROUP BY など）
```

4.5.6.2 NoSQL データベース

表形式以外のデータベースをまとめて NoSQL（Not Only SQL）データベースとよびます（図 4.16）。これらは扱うデータが表形式に合わない場合や，特定のアプリケーションで高速なデータアクセスが求められる場合などに使われます。

MongoDB は NoSQL データベースの 1 つで，JSON（JavaScript Object Notation）（9.3.1.6 節参照）に似た形式のデータをドキュメントとして格納することができます。ドキュメントは複数まとめてコレクションとして管理できます。すなわち，リレーショナルデータベースのテーブルにあたるものがコレクション，レコードにあたるものがドキュメントになります。ドキュメントの中に任意の（すなわち他のドキュメントと整合している必要がない）キーを持つことができ，値としてネストした JSON 形式やリスト形式のデータを持つことができるので，単純な表形式と比べて柔軟なデータ構造を持つことができます。MongoDB はスケーラビリティにも優れており，大規模なデータを扱う場合に適しています。

また，Neo4j はグラフデータベースの 1 つで，ノードとエッジを使ってデータを表現します。Neo4j は，データの関係性を表現するのに適しており，ソーシャ

ルネットワークの分析などに用いることができます。

図 4.16　NoSQL データベースの例

4.6　オブジェクト指向における問題解決

　手続き型プログラミングの問題点の 1 つはデータ構造とそれを操作する関数が分離されていることでした。それに対して，データ構造の定義の中に関数を取り込んで複雑な処理は隠蔽してしまい，外部に対しては抽象的なレベルでデータを操作するメソッドだけを公開して，メッセージのやりとりによって問題解決を行うというアイディアが**オブジェクト指向プログラミング**だといえます。

　オブジェクト指向の典型的な問題解決の手順は，以下のようになります。

1. 問題解決に必要なオブジェクトを洗い出し，クラスを設計する
2. 全体の処理手順を明確にし，状態管理を行うクラスの振る舞いを定義する
3. オブジェクト間のメッセージの交換手順を記述する

　クラス設計は，現実の対象の何をモデル化するべきか，という考察から始まり，さまざまなデータ構造の中から適した形式に落とし込みます。そのとき，デザインパターンの知識があれば，より効率的に設計できます。本節では，設計内容を図式化するための言語と，新しいプログラミング言語でも取り入れられている有用なデザインパターンのいくつかについて説明します。

4.6.1　UML による図式化

　4.3 節で導入した UML は，オブジェクト指向プログラミングの設計を図式化するための言語です。UML にはさまざまな図式が定義されていますが，こ

こでは上記のオブジェクト指向プログラミングにおける問題解決手順に従って，クラス図・状態遷移図・シーケンス図を順に紹介します。ここでは，オンライン書店の発注管理システムを簡単にしたものを例とします。

　ここまでも説明で用いてきたように，**クラス図**はオブジェクト指向プログラミングにおけるコーディング単位であるクラスやインタフェースの静的な構造を視覚的に表現するためのものです。図 4.17 の右側は，書籍の注文状態を管理する OrderManager クラスと，個々の書籍を表す Book クラス，およびそれらの関係（1 つの注文は 1 冊以上の書籍を含む）を示しています。図の左側は Mermaid 記法で，テキストで図の構成に対応する情報を記述しています。

図 4.17　クラス図

> **Tips**
> ### Mermaid に関する情報
> - 記法のマニュアル：https://mermaid.js.org/intro/
> - オンラインエディタ：https://mermaid.live/
> - 作図ソフトへの読み込み：draw.io では「配置 → 挿入 → 高度な設定 → Mermaid」を選択

　状態遷移図は，オブジェクトのとりうる状態および状態間の遷移条件を表現します。図 4.18 は，書籍の注文状態を管理する OrderManager クラスの状態遷移を表しています。

図4.18　状態遷移図

シーケンス図は，オブジェクト間のメッセージのやりとりを時系列で表現します。図 4.19 は，書籍発注管理システムにおける顧客の発注から書籍の発送までの流れを表しています。

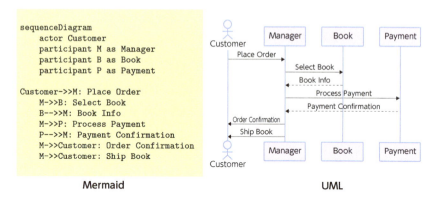

図4.19　シーケンス図

生成 AI を用いると仕様記述から Mermaid 記法の UML 図を生成することができます。さらに具体的な事例を与えて，生成された図の検証を行うこともできます。

このようにして記述した UML は，簡単に Java のプログラムに変換することができます。UML の段階でシステムの機能や動作を検証しておくことで，プログラムの設計段階でのミスを減らすことができます。

4.6.2 デザインパターン

ここまで見てきたオブジェクト指向のメリットは，使いやすいデータ構造がクラスとして提供されるという部分でした。本節で紹介する**デザインパターン**は，特定の働きをするコードを書くときにオブジェクトあるいはオブジェクトの集合が持つべき機能を定義するものです。この機能の定義は，クラスの継承やインタフェースの実装を通じて行われます。

オリジナルのデザインパターンは，1994 年に Erich Gamma ら 4 人（通称 GoF: Gang of Four）によってまとめられたもので，合計 23 のパターンがあります。ここでは，新しいプログラミング言語でほぼ言語仕様として組み込まれているものを中心にいくつか紹介します。

4.6.2.1 イテレータパターン

要素の並びからなるオブジェクトに対し，要素を順に取り出す方法を提供するパターンを**イテレータパターン**とよびます。この名前のもとになっている iterate という単語は，「繰り返す」という意味です。イテレータパターンでは，次の要素があるかどうかを論理値型で返す hasNext() メソッドと，次の要素を返す next() メソッドを使ってループを実現します。

Java では，java.util.Iterable インタフェースを実装したクラスが iterator() メソッドを持ち，その返却値として java.util.Iterator のインスタンスを返すことで，このパターンを実現しています。以下に Listing 4.7 の線形探索を行っている部分(12行目から19行目)をイテレータパターンを使って書き換えた例を示します。イテレータを使うために，コード冒頭で java. util.Iterator をインポートしておきます。

```java
import java.util.Iterator;
...
        boolean found = false;
        Iterator<String> it = namelist.iterator();
        while (it.hasNext()) {
            if (it.next().equals(searchName)) {
                System.out.println("Found " + searchName);
                found = true;
                break;
            }
        }
```

第4章　Java：オブジェクト指向

　Listing 4.7 で用いた拡張 for の対象は，配列またはイテラブルオブジェクト
（Iterable インタフェースを実装したクラス）となっています。つまり拡張
for は，内部でイテレータパターンを使っていることになります。単純な繰り
返しでは拡張 for を使うほうが便利ですが，条件を満たす要素を削除したり，
特定の要素を見つけた後は別の処理を行うというような複雑な処理では，イテ
レータパターンで while ループを使うほうが意図が伝わりやすいコードが書け
ます。

4.6.2.2　デコレータパターン

　デコレータパターンは，オブジェクトに対して機能を追加するためのパターン
です。この名前のもとになっている decorate という単語は，「飾る」という意
味です。デコレータパターンでは，デコレータオブジェクトが他のオブジェク
トをラップし，そのオブジェクトの振る舞いを変更します。

　たとえば，Java のファイル入出力コードを検索すると，以下のようなコード
が見つかることがあります。

```
// このコードは古い書き方です
BufferedReader br = new BufferedReader(new FileReader("data.csv"));
```

　このコードは，java.io.FileReader クラスのインスタンスを java.io.
BufferedReader クラスのインスタンスでラップしています。BufferedReader
クラスは，FileReader クラスの機能を拡張して，データをバッファとよばれ
る領域にまとめて読み込んでおいて，実際にファイルにアクセスすることなく
効率的にデータを 1 行ずつ（あるいは 1 文字ずつ）取り出すように見えるメソッ
ドを提供します。このように，デコレータパターンは，オブジェクトの振る舞
いを拡張するために使われます。

　上記のコードのように，コンストラクタに他のオブジェクトをわたしてデコ
レータパターンを実現する方法は，クラスの設計がかなり制約されたものにな
り，ファイル入出力のような，限定された用途でのみ有効なパターンになります。
さらに，よく使われるラップの事例は少数に限定されるので，Java の新しいバー
ジョンでは，よく使われる組み合わせの入出力クラスが Java.nio パッケージ
で定義されています（Listing 4.6 参照）。

168

4.6.2.3 ストラテジーパターン

ストラテジーパターンは，アルゴリズムのファミリーを定義し，それらを実行時に互換性を持って交換できるようにしたものです。この名前のもとになっている strategy という単語は，「戦略」という意味です。メモリと実行時間のどちらを優先するアルゴリズムを採用するか，という本当に戦略的な状況もありますが，以下の例に示すように，ソート時の大小比較を行う関数を差し替え可能にするという小さなものもこのパターンに含まれます。

Listing 4.11 に java.util.Comparator インタフェースを使ったストラテジーパターンの例を示します。List クラスの sort() メソッドは，Comparator インタフェースを実装したクラスを引数にとり，そのクラスの compare() メソッドを使ってリストをソートします。compare() メソッドは2つの引数を比較して，判断結果を返します。Comparator インタフェースには，naturalOrder() や reverseOrder() などの便利なメソッドが用意されていて，これらはそれぞれ自然な順序（数値の場合は昇順，文字列の場合は辞書順）および逆順を判定する Comparator のインスタンスを返します。

Listing 4.11 ストラテジーパターンの例

```java
1  import java.util.List;
2  import java.util.ArrayList;
3  import java.util.Comparator;
4
5  public class Main {
6      public static void main(String[] args) {
7          List<String> namelist = new ArrayList<>(
               List.of("David", "Alice", "Caroline", "Bob", "Eve"));
8          namelist.sort(Comparator.naturalOrder());
9          for (String person: namelist) {
10             System.out.println(person);
11         }
12     }
13 }
```

```
Alice
Bob
Caroline
David
Eve
```

第4章　Java：オブジェクト指向

デコレータパターンは，「機能が追加できること」が本質であり，ストラテジーパターンは，「機能が交換できること」が本質です。Java ではこれらのパターンは基本的にクラスの継承やインタフェースの実装を使って実現されますが，関数に関数をわたすことができるプログラミング言語では，これらのパターンを簡潔なコードで書くことができます。

4.7　まとめ

本章では Java 言語を通じてオブジェクト指向プログラミングの基本的な考え方を紹介しました。主な内容は以下のとおりです。

1. オブジェクト指向の考え方：手続き型からの発展
2. Java の基本：クラス，フィールド，メソッド，コンストラクタ，アクセッサ，継承，インタフェースなどの概念
3. イベントとハンドラ：エラー処理の仕組み
4. データ構造：コレクションフレームワーク（List, Set, Map）と，それらを活用したデータ構造の実装方法
5. オブジェクト指向における問題解決：UML による図式化や，デザインパターンの活用方法

Java の参考書としては，[きしだ他 22] [9] が比較的新しい話題をカバーしています。また [結城 21] [10] はデザインパターンの実装例がわかりやすい例題を通じて示されているので，Java の基本的な文法を習得した後で，オブジェクト指向の考え方に慣れるために読むとよいでしょう。

オブジェクト指向プログラミングは，データと処理を一体化することで問題解決の抽象度を上げ，再利用性や拡張性の高いプログラムを作ることができます。新しいプログラミング言語の多くは，本章で説明したオブジェクト指向の概念を取り込んで言語設計がなされています。

第 5 章

Elixir：関数型

本章では，関数型言語の事例として Elixir（エリクサー）を紹介します。2 章で紹介した C 言語においても関数はプログラムの構成単位ですが，主として複雑な処理を単純なものに切り分ける役割を果たしています。それに対して一般の関数型言語では，イミュータブルなオブジェクトに対して副作用のない関数を定義し，それらの合成によって複雑な手順の実現を目指します。

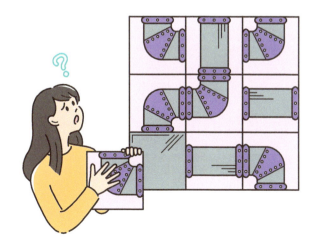

5.1 関数型プログラミングとは

　手続き型言語では，段階的詳細化の考え方に基づいて大きな問題を小さな問題に分割し，それらを組み合わせて問題解決を行います。たとえばC言語において，小さな問題は関数として表現され，それらの処理が順次実行・条件分岐・繰り返しの流れの中に位置づけられます。C言語における関数は，引数を受けとって返却値を返すという形はとっていますが，外部への参照を伴う場合などに同じ引数に対して同じ返却値を返すという関数本来の定義に従わないことがあります。またこれらの関数は，外部の状態を変更すること（いわゆる副作用）が主目的である場合，データ構造と密接に関係していることが多く，部品化して他の関数と組み合わせることが難しくなります。

　本章で説明する関数型言語は，大きな問題に対して本来の関数定義に従った小さな**純粋関数**[注1]を合成することで対処することを目指したものです。そのとき，処理対象となるデータは何らかの構造を持つイミュータブルな要素の並び，というように単純化することで，関数が依存するものが少なくなり，関数単体での開発・テストが容易になるというメリットがあります（図5.1）。

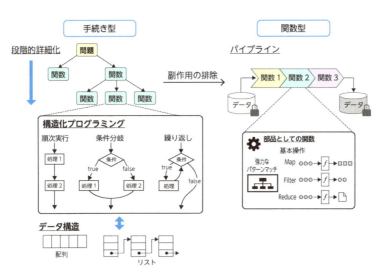

図5.1　関数型プログラミングの考え方

注1　関数がその外部に状態の変化を生じさせず，また同じ引数に対して同じ返却値を返すという性質を持つ場合，その関数を純粋関数とよびます。

5.2 関数型言語 Elixir

関数型プログラミング言語の特徴としては，関数が**第一級オブジェクト**（first class object）であることが挙げられます。第一級オブジェクトというのは，変数の値にできるものという理解で結構です。変数の値にできるということは，当然，リストの要素・関数の引数・関数の返却値などにもなります。関数型プログラミング言語のもう1つの特徴としては，何らかの処理，たとえば if 文や for 文などが値を持つということが挙げられます。これによって，すべてのプログラム部品が引数を受けとって返却値を返し，それらを組み合わせて全体の処理が行われると解釈することができます。

5.2 関数型言語 Elixir

関数型言語 Elixir（エリクサー）は，Erlang（アーラン）という言語の仮想マシン BEAM 上で動作する言語です。プログラミング言語 Erlang は，1980 年代にスウェーデンの通信機器メーカーであるエリクソン社が電話交換機の制御プログラムを記述する言語として開発したもので，高い信頼性を持つ並列分散システムを構築するためのプログラミング言語として設計されました。Erlang は，稼働中のシステムを停止せずにコードを更新できるホットリロードという機能を持っています。以下で説明する仮想マシンが関数呼び出しを管理しており，更新前の関数呼び出しは完了まで継続し，新しい呼び出しは更新されたコードを使用するという方法で，ホットリロードを実現しています。

Erlang が論理型言語 Prolog の影響を受けた，やや癖のある構文を採用しているのに対して，Elixir は Erlang の機能面での特徴を受け継ぎつつ，オブジェクト指向スクリプト言語 Ruby に似た簡潔な構文を採用し，より一般的なプログラミング言語として設計されています。

Elixir は C 言語や Java と異なり，変数の型が代入（正確には束縛）される値によって決まる動的型付け言語です。これも Elixir の大きな特徴ですが，本章では主として Elixir の関数型言語としての特徴に重点をおいて説明します。動的型付け言語の特徴については，8 章の Python や 9 章の JavaScript で説明します。

第 5 章　Elixir：関数型

📘 5.2.1　Elixir の処理系

Elixir は Erlang/OTP とよばれる言語処理系で動作します。Erlang/OTP は，OTP を最上位とする以下の 3 層で構成されています。

- OTP (Open Telecom Platform)
  - Erlang の標準ライブラリで，Elixir は OTP を用いて作成されている
- BEAM (Björn's Erlang Abstract Machine)
  - Erlang の仮想マシン
- ERTS (Erlang RunTime System)
  - 並行処理・エラー検出などを含む BEAM の実行環境

インストールされた Elixir のバージョンや Erlang/OTP のバージョンは，`elixir --version` で確認できます。

```
$ elixir --version
```

```
Erlang/OTP 26 [erts-14.2] [source] [64-bit] [smp:8:8] [ds:8:8:10] [async-
threads:1] [jit:ns]
Elixir 1.15.7 (compiled with Erlang/OTP 26)
```

Elixir のソースコードは，`.ex` あるいは `.exs` という拡張子を持ちます。`.ex` はコンパイルが必要なソースファイル，`.exs` はスクリプトファイルでコンパイルせずに実行できます。Elixir のソースコードを「`elixirc ファイル名`」というコマンドでコンパイルすると，`.beam` という拡張子を持つバイトコードとよばれる中間言語が生成されます。環境構築が完了していることの確認として，Listing 5.1 を `hello.ex` というファイルに保存してコンパイル・実行してみましょう。

Listing 5.1　Elixir の動作確認用コード

```
1  defmodule Hello do
2    def world do
3      IO.puts "Hello world!"
```

174

```
4     end
5   end
```

```
$ elixirc hello.ex
$ elixir -e Hello.world
Hello world!
```

> **Tips**
> Elixir をインストールすると，IEx とよばれる対話型シェル（REPL）が使えるようになります。IEx は iex というコマンドで起動し，Elixir の部分的なコードを対話的に実行できます。

5.2.2 Elixir の基本

Elixir では処理の対象となるものをすべて**項**（term）とよびます。項には数値・文字列・リスト・関数・モジュール・プロセスなどがあります。Elixir の項はイミュータブルであるということが保証されています。また，Elixir にも他のプログラミング言語と同様に変数という概念がありますが，変数に項を代入することはできず，変数は項を**束縛**するものとして扱われます。これは，先に項が存在していて，変数は後から項に対してつけられたラベルであると解釈することもできます。

変数に新しい項を束縛することを変数の**再束縛**とよびます。たとえば，x = x + 1 というコードは，右辺の値を計算した項を新たに作成し，x をその項に束縛し直していることになります。ただし，関数型言語ではこのような再束縛ができるだけ起こらないようにコードを書くのが一般的です。

5.2.2.1 入力・演算・出力

それでは，基本的な入力・演算・出力の手順を見ていきましょう。C 言語での簡単な入力・演算・出力を行うプログラム code2-1.c を Elixir に書き換えたものを **Listing 5.2** に示します。# 以降はコメントです。

第 5 章　Elixir：関数型

Listing 5.2　Elixir による入力・演算・出力

```
 1  defmodule Calculator do
 2    def main do
 3      price = 150
 4      IO.write "How many do you need?: "   # 改行しない出力
 5      amount = IO.gets("") |> String.trim |> String.to_integer
 6      total = price * amount
 7      IO.puts "Total : #{total} yen"        # 出力後に改行
 8    end
 9  end
10
11  Calculator.main
```

```
How many do you need?: 10
Total : 1500 yen
```

　Listing 5.2 のポイントは，5 行目の「パイプ演算子を使った関数の連続呼び出し」ですが，まずは全体の構造から見ていきましょう。

　1 行目では defmodule というキーワードに続いて，Calculator という名前でモジュールを定義しています。モジュールとは，関連する関数や定数などをグループ化して**名前空間**（namespace）を提供するものです。名前空間が異なれば，同じ名前の関数や変数が存在しても，それらは区別されます。Java ではパッケージが名前空間を提供し，Elixir ではモジュールが名前空間を提供します。1 行目の do から 9 行目の end までが，Calculator モジュールの範囲です。

　2 行目では def というキーワードに続いて，main という名前で関数を定義しています。関数の本体も do と end で囲んで記述するのが原則ですが，本体が 1 行で収まるときは do: の後に本体を書き，最後の end は省略することができます。

　モジュールの中で定義された関数を外部から呼び出す場合は，モジュール名と関数名をピリオド . でつないで呼び出します。11 行目は，Calculator モジュールの main 関数を呼び出すという意味になります。Elixir では main 関数は開始関数というような特別な意味を持たず，実行時の開始関数は明示的に指定します。また，この例のようにコンパイル不要のスクリプトとして記述された exs ファイルでは，モジュールの外側のコードが順に実行されます。なお，関数呼び出し時の引数を囲む括弧は，引数がない場合，引数が 1 個（変数または数値・文字列リ

176

テラルに限定）の場合，マクロ呼び出しの場合などで省略が可能です。

　実はモジュール定義の defmodule も関数定義の def も，引数 2 つ（名前と本体）をとる関数（正確にはマクロ）です。以後，本章では関数を表記するときに，関数名と引数の個数（**アリティ**）をスラッシュで区切って表記します。そうすると，これらはそれぞれ defmodule/2 と def/2 という関数になります。なお，コード中の引数の数と，マニュアルなどで説明されている関数のアリティが異なる場合がありますが，これは関数定義のときに一部の引数にデフォルト値を設定することができ，その場合は引数を省略して呼び出すことができるためです。

　次に main/0 関数の中身を説明していきます。3 行目の変数 price への値の束縛，6 行目の変数 total への演算結果の束縛の記述は，C 言語や Java における変数への代入と変わりません。4 行目は IO.write/2 関数を使って，また 7 行目は IO.puts/2 関数を使って標準出力に文字列を出力しています[注2]。前者は出力後に改行せず，後者は出力後に改行します。また，7 行目では文字列中に変数の値を埋め込む方法として「#{ 変数名 }」という表記を使っています。新しいプログラミング言語では，文字列結合によって変数の値を含む文字列を作成するのではなく，このような埋め込み表記を使うことが多くなっています。

　5 行目は関数型言語らしい記述です。変数 amount の値を得るために，束縛式の右辺で IO.gets/2 関数（標準入力からの文字列の取得），String.trim/1 関数（文字列前後の空白除去），String.to_integer/1 関数（文字列を整数に変換）という 3 つの関数を連続して呼び出しています。前の関数の出力が次の関数の入力となるようにパイプ演算子 |> で関数がつながれていて，最後の関数の返却値が束縛式右辺の値となって amount に束縛されます。すなわちパイプ演算子は，関数の合成を行っていることになります。

　このように関数をパイプ演算子でつないで一連の処理を構成することを**パイプライン**（図 5.2）とよびます。関数間で受けわたされるデータは基本的にはイミュータブルです。つまり，受けとったデータを加工して次の関数にわたすのではなく，新しいデータを作成して出力する純粋関数が，パイプラインの構成要素になります。そうすると，大きなリストなどを扱う場合などにメモリの使用量が増えるのではないかということが懸念されますが，プログラミング言語

注2　入出力機能を持つ IO モジュールなどの標準ライブラリは Elixir の Kernel で自動的に利用可能になるので，明示的に読み込む必要はありません。標準ライブラリ以外の外部モジュールを使う場合は，「import モジュール名」という形で読み込むことができます。

の処理系が内部処理で差分だけをうまく保持したり，不要なデータはガベージコレクションを行ったりしてくれるので，イミュータブルなデータが新しく作られることに関してプログラマはあまり気にする必要はありません。

図 5.2　パイプライン

> **Memo**　パイプラインの先頭要素をデータソースとよびます。データソースには処理対象のデータが束縛されている変数名を書くこともできます。
>
> ```
> data = "Hello, world!"
> data |> String.upcase() |> IO.puts()
> ```
>
> ```
> HELLO, WORLD!
> ```

関数の合成については，たとえば String.to_integer(String.trim(IO.gets("")))のように関数を入れ子にすることもできます。しかし，この記述では関数の並びが実行される順の逆になるので，前から後ろへ受けわたすパイプ演算子を使った記述のほうが可読性が高くなります。

5.2.2.2　データ構造

ここでは Elixir の特徴的なデータ構造の一部を簡単に紹介します。

- **アトム**：名前つき定数とよばれるもので，:name のようにコロンで始まる名前を持ち，この表記そのものが定数として扱われます
- **リスト**：要素の並びを表現するデータ構造で，[要素 1，要素 2，...]のように要素を角括弧で囲んで表現します。パターンマッチの機能（[head | tail] で head が先頭の要素, tail が残りのリストにマッチ）によって，要素の追加や削除が容易に行えます

```
list = [1, 2, 3, 4, 5]
new_list = [0 | list]   # 先頭に要素を追加した新たなリストを作成
```

- **タプル**：固定長の（一般的には種類の異なる）要素の並びを表現するデータ構造で，｛要素 1，要素 2，...｝のように要素を波括弧で囲んで表現します

```
tuple = {15, "middle"}
{num, _} = tuple   # パターンマッチによる要素の取り出し
IO.puts num  # 15
```

- **マップ**：キーと値のペアを表現するデータ構造で，%{ キー 1 => 値 1，キー 2 => 値 2，...}のようにキーと値を矢印でつないで表現します

```
map = %{:name => "Alice", :age => 30}
IO.puts map[:name]  # Alice
```

5.2.2.3　制御構造と関数定義

次に，平方根を求める C 言語のプログラム code2-2.c（Listing 2.12）をElixir で Listing 5.3 のように書き換えて，Elixir の制御構造を見ていきましょう。

Listing 5.3　Elixir による平方根計算

```
 1  defmodule SquareRoot do
 2    @eps 0.0001
 3
 4    def main do
 5      read_positive_float() |> sqrt() |> IO.inspect(label: "Result")
 6    end
 7
 8    defp read_positive_float do
 9      IO.write "Enter a positive number: "
10      input = IO.gets("") |> String.trim()
11      case Float.parse(input) do
12        {number, ""} when number > 0.0 ->
13          number
14        _ ->
15          IO.puts "Input error!"
16          read_positive_float()   # 末尾再帰によるループ
```

第5章　Elixir：関数型

```
17      end
18    end
19
20    defp sqrt(number), do: sqrt_iter(number, number)
21
22    defp sqrt_iter(number, guess) do
23      new_guess = (guess + number / guess) / 2
24      if close_enough?(guess, new_guess) do
25        new_guess
26      else
27        sqrt_iter(number, new_guess)
28      end
29    end
30
31    defp close_enough?(a, b), do: abs(a - b) < @eps
32  end
33
34  SquareRoot.main
```

```
Enter a positive number: 2
Result: 1.4142135623746899
```

　Listing 5.3 のポイントは，「再帰呼び出しによるループ」と「パターンマッチを使った条件分岐」ですが，やはり全体の構造から見ていきましょう。

　2 行目はモジュールスコープの定数 @eps を定義する方法です。ここでは，定数 @eps を 0.0001 という値に束縛しており，この定数は SquareRoot モジュール内のどこからでも参照できます。

　5 行目の IO.inspect/2 関数は，引数の値を文字列に変換して標準出力に出力する関数です。この関数は，引数の値をそのまま返却するので，パイプ演算子で結合した関数の間に置いて途中の値を確認するなど，デバッグ時に便利な関数です。また一般に，Elixir の関数には指定の省略が可能なオプション引数を持つものがあります。IO.inspect/2 の場合は，label オプションがあれば，そこで指定された文字列と引数の値を結合して出力します。

　8 行目，20 行目などの関数定義 defp/2 はプライベート関数の定義です。プライベートとして定義された関数はモジュールの外からは呼び出すことができず，モジュール内部で処理ロジックを切り分けるという目的で使用されます。このコードでは，main/0 関数以外のすべての関数がプライベート関数として

180

定義されています。

4行目の main/0 関数は，C言語の code2-2.c と同様に，平方根を求めたい値の読み込み，平方根の計算，結果の出力という手順を記述しています。5行目で呼び出されている sqrt/1 関数は，平方根を求めたい数を近似値の初期値として，実際に平方根を求める処理を行っている sqrt_iter/2 関数を呼び出すだけの役割です。この関数や，31行目の close_enough?/1 関数[注3] は1行で定義されているので，簡略的な「do: 式」という形で定義しています。

このコードの1つ目のポイントである「再帰呼び出しによるループ」は，8行目の関数 read_positive_float/0 と22行目の関数 sqrt_iter/2 に見られます。いずれも while 文を使って書き換えることはできますが，関数型言語では，このコードのように再帰呼び出しを使ってループを表現することが一般的です。while 文や for 文を使ったループには，必然的に状態変化を伴う変数が必要になり，コードを読むときにその変数がとりうる値すべてを想定することになります。それに対して再帰呼び出しによるループでは，そのような変数が不要なので可読性が向上するというメリットがあります。

22行目の関数 sqrt_iter/2 は平方根を求めたい数と現在の近似値を引数としてとり，近似値の計算を一度行ったうえで，近似値の変化量が @eps で定義された値より小さくなれば新しい近似値を返却して処理を終了し，そうでなければ近似値を置き換えて再帰呼び出しを行うという処理になります。

8行目の関数 read_positive_float/0 には「パターンマッチを使った条件分岐」が書かれています。11行目の case 文に注目してください。この case 文は，Float.parse/1 関数の返却値に応じた分岐を記述しています。Float.parse/1 関数は，引数の文字列を浮動小数点数に変換する関数で，「{ 変換結果，"変換できなかった残りの部分"}」というタプルを返します。すなわち，このタプルの2つ目の要素が空文字列（""）のときは，文字列が正しく浮動小数点数に変換できたことを意味します。case 文の最初の条件（12行目の -> の左側）{number，""} は，浮動小数点数が正しく入力された場合を示しており，入力された数は変数 number に束縛されます。さらにこのマッチングの後に条件 number > 0.0 が記述されており，これらの条件がすべて満たされた場

注3 Elixirでは変数名や関数名などに使える文字の制約が緩く，一部の漢字なども使えますが，可読性が下がるのでおすすめしません。関数名の最後の文字に関しては，真偽値を返す関数には？を，例外が発生する可能性がある関数には！をつける慣習があります。

合に number が返却されます。次の条件である 14 行目は _ というワイルドカード注4 が使われており，あらゆる失敗の場合がここで処理されます。実行時に処理がこの行に達すると，IO.puts/2 関数を使ってエラーメッセージを出力し，read_positive_float/0 関数の再帰呼び出しを用いて正しい値が入力されるまでループ処理を行います。このように，Elixir では if 文ではなく case 文を多用して，関数からの返却値に対するパターンマッチによって条件分岐を記述するようにします。

Memo　もちろん if 文を使って case 文と同様の分岐を書くことはできます。しかし，if 文の制御式はプログラマが自由に決められるのに対して，case 文の条件は主として関数の返却値や関数にわたされた引数がどういう値なのかということを示すので，分岐の可能性をかなり限定してコードを読むことができます。さらに case 文はマッチした変数をそのまま処理に使えるというメリットもあります。

5.3　関数型言語の典型的な処理

ここでは，関数が第一級オブジェクトであるという関数型言語の特徴について取り上げます。特に，関数の引数として関数をわたすことによって柔軟な処理が記述できます。一方でこのような記述は，プログラムが複雑になって可読性が下がるのではないかという懸念もあります。しかし処理対象のデータがイミュータブルなリストで表現されていることを前提とすると，関数を受けとるほうの関数が行う典型的な処理は以下のように一般化できます（図 5.3）。

- Map：リストの各要素に対して同じ関数を適用した結果からなる新たなリストを作成する
- Filter：リストの各要素に対して真偽値を返却値とした同じ関数を適用し，真を返した要素からなる新たなリストを作成する

注4　**ワイルドカード**
　一般にワイルドカードとは，任意の文字列にマッチする記号のことです。プログラミング言語や使われる状況によってワイルドカードを表す記号は異なります。

- Reduce：リストの各要素に対して順次同じ関数を適用し，その返却値を1つの値にまとめる

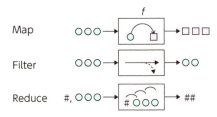

図 5.3　Map, Filter, Reduce

以下では，Elixir においてリストに対して Map，Filter，Reduce を行う方法を順に説明します。

5.3.1 Map

例として，文字列を要素とするリストを対象として，個々の文字列の文字数を求めて，それをリストにするという処理を考えます。

まず，比較のために Listing 5.4 に，Java による for ループを用いた Map 処理の書き方を示します。

Listing 5.4　Java による for ループを用いた Map 処理

```java
import java.util.ArrayList;
import java.util.List;

public class Main {
    public static void main(String[] args) {
        var nameList = List.of("Alice", "Bob", "Caroline", "David",
                               "Eve");
        var lenList = new ArrayList<Integer>();
        for(String s: nameList) {
            lenList.add(s.length());
        }
        System.out.println(lenList);
    }
}
```

第 5 章 Elixir：関数型

```
[5, 3, 8, 5, 3]
```

6, 7 行目の var を用いた変数宣言では，型推論を行って変数の型を決めます。
nameList に文字列のリストを代入し，各要素の文字数を lenList に格納しま
す。最初に lenList を空リストとして，for ループの内部で文字列の文字数
を求める length() メソッドを呼び出して，その返却値を lenList に追加し
ています。要するに手順として，for ループを用いてリストの各要素に対して
関数を適用し，その結果を要素としたリストを新たに作成していることになり
ます。

このプログラムを Elixir で書くと Listing 5.5 のようになります。Listing 5.4 と
比較すると，かなり簡潔に書けていることがわかると思います。

Listing 5.5　ElixirによるMap処理

```
1  defmodule Map1 do
2    def main do
3      name_list = ["Alice", "Bob", "Caroline", "David", "Eve"]
4      len_list = Enum.map(name_list, &String.length/1)
5      IO.inspect(len_list)
6    end
7  end
8
9  Map1.main
```

```
[5, 3, 8, 5, 3]
```

3 行目で文字列のリストを name_list に束縛し，4 行目で Enum.map/2 関
数を使って String.length/1 関数をリストの各要素に対して適用しています。
Enum.map/2 関数は，第 1 引数のリストの各要素に対して第 2 引数の無名関数
（5.3.2.1 節参照）を適用し，その結果をリストにして返却する関数です。

この例のように，第 2 引数に既存の名前つき関数を指定するときは，関数名
の前に**キャプチャ演算子** & をつけ，関数名の後にアリティを明示した形で指定
します。これは，同じ関数名でもアリティが異なる関数が存在するためです。

5.3.2 **Filter**

Enum.filter/2 関数は，第 1 引数のリストの各要素に対して真偽値を返却値とする第 2 引数の関数を適用し，その結果が真となる要素のみからなるリストを返します。例として，文字列のリストを受けとり，各文字列中に a という文字が含まれる要素のみを残すプログラムを Listing 5.6 に示します。

Listing 5.6　Elixir による Filter 処理

```
 1  defmodule Filter1 do
 2    def main do
 3      name_list = ["Alice", "Bob", "Caroline", "David", "Eve"]
 4      filtered_list = Enum.filter(name_list, &has_a?/1)
 5      IO.inspect(filtered_list)
 6    end
 7
 8    defp has_a?(s), do: String.contains?(s, "a")
 9  end
10
11  Filter1.main
```

```
["Caroline", "David"]
```

Map 処理を Filter 処理に変え，わたす関数を変えるだけで求める処理が実現できています。

5.3.2.1 **無名関数**

Listing 5.6 では has_a?/1 関数は，"a" という文字が含まれているかどうかを判定するだけのために定義されています。このような関数は，処理の内容のみを，関数の引数として定義することができます。このような関数を**無名関数**とよびます。Listing 5.7 に，Listing 5.6 の main/0 関数を無名関数を使って書き換えたプログラムを示します。

第 5 章　Elixir：関数型

Listing 5.7　無名関数を使った Filter 処理

```
1    def main do
2      name_list = ["Aline", "Bob", "Caroline", "David", "Eve"]
3      filtered_list = Enum.filter(name_list,
           fn s -> String.contains?(s, "a") end)
4      IO.inspect(filtered_list)
5    end
```

　無名関数を使うと，一度しか使わないような関数を定義する必要がなくなるメリットがありますが，コードがやや読みにくくなるというデメリットもあります。

　また，キャプチャ演算子 & を使って簡潔に無名関数を定義することもできます。たとえば 2 つの引数の和を求める無名関数は，fn x, y -> x + y end となりますが，キャプチャ演算子を使うと &(&1 + &2) と書けます。ここで & は無名関数を定義するための特別な記号，&1 は第 1 引数，&2 は第 2 引数を表します。

　Listing 5.7 に出てきた無名関数のように本体に名前つき関数を使っているときは，キャプチャ演算子と引数を表す表現を使って，&String.contains(&1, "a") のように書くこともできます。

5.3.2.2　クロージャ

　無名関数は，関数の外側の変数を参照することができます。このような関数を**クロージャ**とよびます。クロージャという名前は，関数定義のスコープ外の変数値を「閉じ込める」ことに由来します。たとえば Listing 5.8 のように，検出する文字を変数 char として定義しておき，それを参照する無名関数をクロージャとして定義することで，関数定義を変更することなく検出する文字を変えることができます。

Listing 5.8　クロージャを使った Filter 処理

```
1  defmodule Filter2 do
2    def main do
3      char = "e"
4      name_list = ["Alice", "Bob", "Caroline", "David", "Eve"]
5      filtered_list = Enum.filter(name_list,
           fn s -> String.contains?(s, char) end)
6      IO.inspect(filtered_list)
```

5.3 関数型言語の典型的な処理

```
 7    end
 8  end
 9
10  Filter2.main
```

```
["Alice", "Caroline", "Eve"]
```

ここでは無名関数とクロージャを Filter 処理の中で説明しましたが，関数を
わたす場所であれば，どこでも使うことができます。

5.3.3 Reduce

Enum.reduce/3 は第 1 引数にリスト，第 2 引数に初期値，第 3 引数にアリティ
が 2 の関数をとります。最初に第 1 引数の先頭要素と初期値を引数として関
数を適用し，その結果を得ます。次に，リストの次の要素を第 1 引数，先ほど
の関数適用結果を第 2 引数として関数を適用し，その結果を得ます。これをリ
ストの最後まで繰り返し，最後に得られた結果を返却します。つまり，Enum.
reduce/3 はリスト全体を 1 つの値に変換する処理を行っているということに
なります。

例として，リストの各要素の平方和を求めるプログラムを **Listing 5.9** に示
します。

Listing 5.9　Elixir による Reduce 処理

```
 1  defmodule Reduce1 do
 2    def main do
 3      num_list = [0, 1, 2, 3, 4, 5]
 4      result = Enum.reduce(num_list, 0, &sum_of_squares/2)
 5      IO.puts result
 6    end
 7
 8    defp sum_of_squares(x, y), do: y + x * x
 9  end
10
11  Reduce1.main
```

55

187

第 5 章　Elixir：関数型

　本節で示したように，Elixir の Enum モジュールを用いると，Map, Filter, Reduce という高階関数を用いた基本的な処理が，ほとんど同じ書き方で簡潔に記述できます。これらの処理をループ構造を用いて記述することもできますが，ループ構造ではコードを書いた人が何を意図しているのかを読む側で解読することになるのに対して，Map, Filter, Reduce という高階関数を用いると，そのコードで何を行っているのかが一目でわかるという利点があります。

5.4 並行処理

　並行処理（concurrency）は，複数のタスクを「同時に進行しているように見える」ように動かすことです。たとえばオペレーティングシステムは複数のプロセスを管理しており，それらを切り替えて少しずつ実行することで，同時に複数のタスクが進行しているように見えるようになっています。一般に並行処理の目的は，リソースの有効活用です。たとえば，web サーバは並行処理によって複数のクライアントからのリクエストを同時に処理しているように振る舞えます。

　一方，並行処理と似ている概念に**並列処理**（parallelism）というものがあります。これは，実際にマルチコア CPU や複数のコンピュータによって同時にタスクが実行されることを指します。一般に並列処理の目的は，タスク分割による処理速度の向上です。たとえば，機械学習においては大量の学習データを分割して複数のコンピュータで同時に学習し，その結果を統合することで学習時間を短縮することができます。

　Elixir では，言語仕様に**アクター**とよばれる軽量プロセスを導入し，プロセス間のメッセージパッシングによって並行処理を行います。この並行処理の実装では，プロセス間でメモリを共有しないため，プロセス間のデータ競合が発生しないという特徴があります。これらのプロセスのマルチコア CPU 上などでの並列処理については，Erlang VM である BEAM が自動的にスケジューリングを行っているので，特にプログラマが意識する必要はありません。

188

5.4.1 単純なプロセス生成

一般に並行処理を行う単位には，メモリを分離しており安全性が高い**プロセス**と，プロセス内でメモリを共有して軽量に動作する**スレッド**があります。Elixirでは，Erlang VMが管理することで，OSが提供するプロセスよりもはるかに消費リソースが少ない軽量プロセスを使って並行処理を実現します。

もっとも単純にプロセスを作成するには`spawn/1`関数を使います。`spawn/1`関数は，引数としてわたす関数を別のプロセスで実行し，そのプロセスIDを返却します。プロセスIDは，アプリケーション内部でプロセスを一意に識別するためのものです。起動中のプロセスへは，`send/2`関数（第1引数はプロセスID，第2引数はメッセージ）を使ってメッセージを送信します。受信側では，`receive/1`関数でメッセージの受信を待ちます。`receive/1`関数の内部では，パターンマッチを使ってメッセージを捕捉し，マッチしたメッセージに対して`->`以降で定義された処理を実行します（図5.4）。

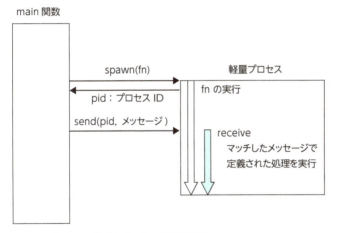

図5.4　プロセスの生成とメッセージの送受信

Listing 5.10は，`spawn/1`関数を使ってプロセスを生成し，そのプロセスにメッセージを送信して，レスポンスを受信するという処理を実現しています。

第 5 章　Elixir：関数型

Listing 5.10　プロセス生成とメッセージ送受信を行うプログラム

```
 1  defmodule Process1 do
 2    def main do
 3      # プロセスの起動
 4      receiver_pid = spawn(fn ->
 5        receive do  # メッセージを受信したときの処理
 6          {:ok, message} -> IO.puts("Received message: #{message}")
 7        end
 8      end)
 9      # メッセージを送信
10      send(receiver_pid, {:ok, "Hello from sender"})
11    end
12  end
13
14  Process1.main
```

```
Received message: Hello from sender
```

　送信するメッセージは，10 行目のようにタプルとすることが一般的です。第
1 要素はメッセージの種類をアトムで表し，第 2 要素以降にメッセージの内容
を表します。第 1 要素に "ok" という文字列ではなくアトムを使うことで，プ
ログラマが想定しているメッセージの種類（たとえば :ok, :error, :warning
など）の 1 つをここに配置していることが伝わりやすくなります。

　この仕組みを使って，複数のプロセスを生成し，それぞれのプロセスにメッ
セージを送信して，レスポンスを受信するという処理を実装してみましょう。

　Listing 5.11 は複数のプロセスが並行して実行されています。それらはメッ
セージを受信すると，ランダムな時間待機して，ランダムに応答を選択して元
のプロセスにメッセージを返します。したがって，このプログラムは実行する
ごとに応答するプロセスの順番やメッセージが異なります。

Listing 5.11　複数のプロセス生成とメッセージ送受信

```
 1  defmodule Parallel1 do
 2    def main do
 3      # 複数のプロセスを生成して，リストに格納
 4      pids = for _ <- 1..5 do
 5        spawn(fn -> wait_and_respond() end)
```

190

```elixir
 6      end
 7
 8      # 生成したプロセスにメッセージを送信
 9      Enum.each(pids, fn pid ->
10        send(pid, {:msg, self(), "S: Hello. "})
11      end)
12
13      # メッセージのレスポンスを待機し，生成したプロセス数だけ受信したら終了
14      for _ <- pids do
15        receive do
16          {:response, sid, res} ->
17            IO.puts("Received response from #{inspect(sid)}: #{res}")
18        end
19      end
20    end
21
22    # メッセージを受信し，ランダムな時間待機後，ランダムなレスポンスを送信
23    defp wait_and_respond do
24      responses = [
25        "R: Hello.",
26        "R: Good bye.",
27        "R: Hi!",
28        "R: Who are you?",
29        "R: ..."
30      ]
31
32      receive do
33        {:msg, sender, msg} ->
34          response = Enum.random(responses)
35          :timer.sleep(:rand.uniform(1000))
36          send(sender, {:response, self(), "#{msg} #{response}"})
37      end
38    end
39  end
40
41  Parallel1.main
```

```
Received response from #PID<0.102.0>: S: Hello. R: Hello.
Received response from #PID<0.103.0>: S: Hello. R: Who are you?
Received response from #PID<0.100.0>: S: Hello. R: Hi!
Received response from #PID<0.101.0>: S: Hello. R: Who are you?
Received response from #PID<0.99.0>: S: Hello. R: Who are you?
```

第 5 章　Elixir：関数型

4 行目の for 文は一定回数の繰り返し，14 行目の for 文は拡張 for 文です。
いずれも無名変数 _ を使ってループ変数を内部で用いない，すなわち単純に決
められた回数を繰り返すのが目的であることを示しています。

9 行目の Enum.each/2 関数は，Enum.map/2 関数とほぼ同様の働きをしま
すが，返却値が :ok なので，主として副作用を伴う関数を適用する場合に用い
ます。

35 行目の :timer.sleep/1 関数は，引数に指定したミリ秒数だけプロセ
スを停止させます。この関数のようにアトムで始まる関数は，Elixir ではなく
Erlang の標準ライブラリ関数です。Elixir では Erlang の標準ライブラリ関数を
そのまま使うことができます。

5.4.2　プロセスの監視

並行処理の実装の難しいところは，プロセスが想定どおりに終了しなかった
場合の処理です。たとえばプロセスが異常終了した場合，そのことを検知して
適切な後処理を行う必要があります。このような状況に対応するために Elixir
ではプロセスの監視機能が提供されています。

プロセス監視の単純な方法としては，生成先のプロセスが異常終了した場合
に生成元のプロセスを強制終了させる方法があります。この方法をとる場合は，
spawn/1 関数の代わりに spawn_link/1 関数を使ってプロセスを生成します。
これによってプロセスがリンクされ，片方のプロセスが異常終了した場合に，
もう片方のプロセスも強制終了するようになります。

単純に強制終了させるのではなく，プロセスの監視のみを行う場合は
spawn_monitor/1 関数を使ってプロセスを生成します。この関数は，生成し
たプロセス ID と監視関係を一意に識別する参照を返却します。そして監視対
象のプロセスが異常終了すると，生成元のプロセスは :DOWN メッセージを受信
します。プロセスの監視のコード例を Listing 5.12 に示します。生成先のプロ
セスが exit/1 関数で終了していることに注意してください。

Listing 5.12　プロセスの監視

```
1  defmodule MonitorExample do
2    def start do
3      # spawn_monitor を使用して子プロセスを生成し，そのプロセスを監視
```

```elixir
 4    {pid, _ref} = spawn_monitor(fn -> child_process() end)
 5
 6    # 子プロセスのPIDと監視参照を表示
 7    IO.puts("Spawned and monitored process: #{inspect(pid)}")
 8
 9    # 子プロセスの終了通知を待機
10    receive do
11      {:DOWN, _ref, :process, pid, reason} ->
12        IO.puts("#{inspect(pid)} exited with reason #{inspect(reason)}")
13    end
14  end
15
16  defp child_process do
17    # 子プロセスは一定時間待機した後に終了する
18    Process.sleep(200)
19    IO.puts("Child process is exiting now.")
20    exit(:normal)
21  end
22 end
23
24 MonitorExample.start
```

```
Spawned and monitored process: #PID<0.102.0>
Child process is exiting now.
#PID<0.102.0> exited with reason: :normal
```

5.4.3 エージェント

　Elixir のエージェントは，並行処理において状態を管理するための簡単で効果的な仕組みです。エージェントは，プロセス間で共有されるメモリ上の状態を表現し，その状態に対する読みとりや書き込みを行うことができます。読みとり処理や書き込み処理はアトミック（1 つのプロセスからの処理が完了するまで他のプロセスからの処理が割り込まない）に行われるため，データ競合が発生することがありません。

　このエージェントを用いて，2 章で紹介した code2-4.c（Listing 2.19）を Elixir で書き直してみましょう。C 言語による元のコードは，複数のスレッドが共有リソースである変数 counter にアクセスし，その値をインクリメントする処理を行っていました。このコードを Elixir で書き直すと，**Listing 5.13** の

第 5 章　Elixir：関数型

ようになります。

Listing 5.13　エージェントによる並列処理

```elixir
 1  defmodule SharedCounter do
 2    def start do
 3      num_processes = 2
 4      num_increments = 10000
 5
 6      # 共有リソースとしてカウンタを0で初期化
 7      {:ok, counter} = Agent.start_link(fn -> 0 end)
 8
 9      # プロセスを作成し，カウンタをインクリメントする
10      processes =
11        for _ <- 1..num_processes do
12          spawn(fn -> increment_counter(counter, num_increments) end)
13        end
14
15      # すべてのプロセスが終了するのを待つ
16      for process <- processes do
17        Process.monitor(process)
18        receive do
19          {:DOWN, _, _, ^process, _} -> :ok
20        end
21      end
22
23      # 最終的なカウンタの値を取得して表示
24      final_count = Agent.get(counter, &(&1))
25      IO.puts("Final Count: #{final_count}")
26
27      # エージェントを停止
28      Agent.stop(counter)
29    end
30
31    defp increment_counter(counter, num_increments) do
32      for _ <- 1..num_increments do
33        Agent.update(counter, &(&1 + 1))
34      end
35    end
36  end
37
38  SharedCounter.start
```

```
Final Count: 20000
```

7行目の `Agent.start_link/2` 関数は，現在のプロセスにリンクされたエージェントを生成します。第1引数にはエージェントが初期化されるときに一度だけ呼び出され，エージェントの初期状態を返す関数を指定します。これで，変数 counter がエージェントとして初期化されたことになります。

11行目からの for ループでプロセスを起動し，16行目からの for ループでそれらのプロセスが終了するのを待ちます。プロセスが終了すると，`{:DOWN, _, _, ^process, _}` というメッセージが送信されるので，それを受信しています。ここで，受信時の `^process` の `^` はピン演算子とよばれ，その時点での変数値を使う（すなわち受信した値で再束縛されない）ことを示しています。

24行目の `Agent.get/3` 関数は，エージェントの状態を取得するための関数で，第1引数にはエージェントの識別子，第2引数にはエージェントの状態を引数とする関数を指定します。第2引数の `&(&1)` は引数をそのまま返す無名関数を表しています。`&1` が関数の第1引数を意味し，`&` はそれを無名関数に変換します。つまり，このコードはエージェント counter の現在の状態をそのまま取得しています。

28行目では `Agent.stop/3` 関数を使ってエージェントを停止しています。エージェントを停止すると，そのエージェントに関連づけられたプロセスも停止されます。

生成されたプロセスが実行する31行目からの関数の中で，33行目の `Agent.update/3` 関数がアトミックに実行されるので，2つのプロセスが同時に counter をインクリメントすることはありません。すなわち，このコードを何度実行しても，最終的な counter の値は 20000 になります。

5.4.4 非同期処理

並行処理の中でも，あるタスクの完了を待たずに次のタスクを開始するプロセスのことを**非同期処理**（asynchronous）とよびます。非同期処理は，I/O 操作などの長い待機時間が発生するタスクを効率的に処理し，システムの応答性を高めることができます。

非同期処理の実装方法としては，async と await という概念を用います。

第 5 章 Elixir：関数型

async は，関数を非同期関数として実行するためのものです。非同期関数は呼び出し元と並行して実行され，完了すると実行結果や状態を表すメッセージを返します。await は非同期関数の結果が利用可能になるまで，その関数の実行を待機するものです。

Elixir では非同期処理を実現するために，Task モジュールが用意されています。Task.async/1 関数は，引数にわたした関数を別のプロセスで実行し，そのプロセス ID を返却します。Task.await/2 関数は，引数にわたしたプロセス ID のプロセスが終了するまで待機します。第 2 引数にはタイムアウト時間を指定することができます。Task.await/2 関数は，プロセスが正常終了した場合はその返却値を，異常終了した場合は :DOWN メッセージを返却します。これまで説明してきた spawn 関数を用いた並行処理がメッセージのやりとりの詳細まで規定した低レベルなものであるのに対して，Task モジュールを用いた非同期処理は，高レベルな抽象化を提供しているといえます。

非同期処理の例として，複数の web API からデータを取得して集約するプログラムを Listing 5.14 に示します。取得するデータは，ユーザ情報，ユーザの投稿，ユーザのコメントとします。ここではどのような環境でも実行できるように，実際の web サーバと通信を行う代わりに，各タスクでは単にスリープを行い模擬的なデータを返すこととします。

Listing 5.14　非同期処理の例

```
 1  defmodule AsyncDataFetch do
 2    # ユーザ情報を取得する模擬関数
 3    def fetch_user_info(uid) do
 4      Process.sleep(100) # 0.1秒スリープ
 5      %{user_id: uid, name: "John Doe"}
 6    end
 7
 8    # ユーザの投稿を取得する模擬関数
 9    def fetch_posts(uid) do
10      Process.sleep(300) # 0.3秒スリープ
11      [%{id: uid, title: "Elixir is fun!"}]
12    end
13
14    # ユーザのコメントを取得する模擬関数
15    def fetch_comments(uid) do
16      Process.sleep(150) # 0.15秒スリープ
```

```
17      [%{id: uid, content: "Great post!"}]
18    end
19
20    # すべてのデータを非同期に取得し，結果を集約する関数
21    def fetch_all_data(user_id) do
22      tasks = [
23        Task.async(fn -> fetch_user_info(user_id) end),
24        Task.async(fn -> fetch_posts(user_id) end),
25        Task.async(fn -> fetch_comments(user_id) end)
26      ]
27
28      # すべてのタスクの結果を待つ
29      results = Enum.map(tasks, &Task.await(&1, 5000))
30      IO.inspect(results)
31    end
32  end
33
34  AsyncDataFetch.fetch_all_data(1)
```

```
[
  [%{id: 1, name: "John Doe"}],
  [%{id: 1, title: "Elixir is fun!"}],
  [%{content: "Great post!", id: 1}]
]
```

5.5 まとめ

　本章で説明した Elixir は関数型プログラミング言語であり，関数が第一級オブジェクトとして扱われるため，変数の値や他の関数の引数・返却値として利用することができます。Elixir では，データは基本的にイミュータブルであり，関数は元のデータを変更するのではなく，変換後の新しいデータを生成します。プログラミングの基本手順としては関数の合成を利用し，Map，Filter，Reduce などの高階関数が用意されていることが特徴です。これにより，Elixir はデータの流れを明確にし，副作用を最小限に抑えることができる言語となっています。そしてこのことにより，並行処理の実装が容易になります。

　Elixir の解説書 [Thomas 20] [11] の 1 章に以下のコードが掲載されています。

第 5 章　Elixir：関数型

```elixir
defmodule Parallel do
    def pmap(collection, func) do
        collection
        |> Enum.map(&(Task.async(fn -> func.(&1) end)))
        |> Enum.map(&Task.await/1)
    end
end

result = Parallel.pmap 1..1000, &(&1 * &1)
```

　これは 1 から 1000 までの数の平方をリストとして得るプログラムです。（最後の数の 1000 をもっと大きな数にして）実行して，CPU の稼働状況を見ると，複数のコアが利用されていることが確認できます。このプログラムは単純ですが，並列処理におけるプログラマと処理系の間のあるべき役割分担について，Elixir の考え方がよく示されているといえます。

　Elixir の勉強は，公式サイトからリンクされている Elixir School[注5] の初級コースから始めることをおすすめします。

　手続き型である C 言語からオブジェクト指向や関数型に発展する流れは，C 言語の問題解決法である「段階的詳細化に基づき分解したタスクを手続き型で記述する」という方法から，オブジェクトの状態変化や関数合成による問題の記述へという変化として捉えることができます。いずれも機械語との対応から離れて，人にとって理解しやすい抽象レベルでコーディングが行えることを目指してきたといえます。また，この方向の変化のメリットとして，オブジェクト指向言語におけるカプセル化の概念や関数型言語における純粋関数の概念によって，コードの開発効率や保守性が高くなり，その結果として有用なライブラリやフレームワークが次々に開発されることを可能にしました。

　ここまでで学んだ手続き型・オブジェクト指向・関数型の考え方は，主たる応用分野を持ちながら日々進化を続けている新しいプログラミング言語の基礎となっています。7 章以降で，Rust，Python，JavaScript を対象として，これらの考え方を活かしたプログラミングを学んでいきます。

注5　https://elixirschool.com/ja/

第 **6** 章

プログラミングを支える環境

現代のソフトウェア開発では，コーディング以外にもさまざまな要素がかかわっています。バージョン管理システム Git を使えば，コードの変更履歴を記録し過去の状態に戻ることができるので，安心して開発を進められます。また，各言語のパッケージマネージャやコンテナ Docker による環境構築に慣れておくと，開発中の安定した環境を破壊することなく，話題の最新機能を試してみることができます。これらの要素技術の窓口となるものが，統合的コーディング環境である Visual Studio Code（VS Code）です。VS Code はコーディング作業と生成 AI 活用との橋渡し役にもなります。本章では，これらのプログラミングを支える環境について説明します。

6.1 開発方法論の変遷

情報システムの開発方法論は大きく2つに分類することができます（図6.1）。1つは開発手順を内容に応じた段階に分け，各段階の成果物を次の段階に順に受けわたしていく**ウォーターフォールモデル**です。ウォーターフォールモデルにおいては，各段階は要求定義・設計・実装・評価に分けられます。もう1つは計画・設計・プロトタイピング・テストというサイクルを短期間で繰り返す**アジャイル開発モデル**です。

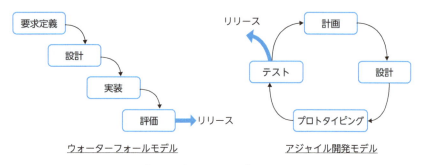

図6.1 ウォーターフォールモデルとアジャイル開発モデル

ウォーターフォールモデルの各段階は専門のチームが担当し，各段階の間ではUMLなどで記述された成果物やソースコードが受けわたされます。この開発モデルは，各段階での課題が明確で，進捗状況が管理しやすいという利点があります。一方で，基本的には逆戻りが想定されていないので，要求の変更や技術の進歩に対応しにくく，柔軟性が低いという欠点があります。

アジャイル開発モデルでは，各フェーズ（ウォーターフォールモデルにおける段階）で実施することを絞り込むことで1サイクルに要する時間を短くし，サイクルを何度も回すことを前提とします。「要求定義」と「計画」，「実装」と「プロトタイピング」のように各フェーズを表す単語がウォーターフォールモデルと異なっているのは，各段階のアウトプロットとして求められているものが異なっていると理解してください。たとえばウォーターフォールモデルにおける「要求定義」では，システムが実装するべき機能を漏れなくリストアップすることが求められます。一方でアジャイル開発における「計画」では，今回の

サイクルのもっともコアとなる機能を絞り込むというイメージです。アジャイル開発では，多様な視点・技能を持ったチーム全員がすべてのフェーズにかかわり，サイクルを高速に回すことで頻繁にリリースと更新が行われます[注1]。情報技術の進歩が速い現在では，多くのサービスやアプリケーションがこのアジャイル開発モデルで開発されています。

　このように頻繁にバージョンアップが行われ，それに複数人がかかわるときには，互いの作業を衝突させずに適切に統合する必要があります。統合の過程でバグが混入した場合は，統合前の状態に戻すことができれば便利です。また，どのバージョンが現在リリース中で，どのバージョンが開発中の最新のものなのかをチーム全員が把握できる必要があります。このようなことを行うものが，**バージョン管理システム**です（図6.2）。

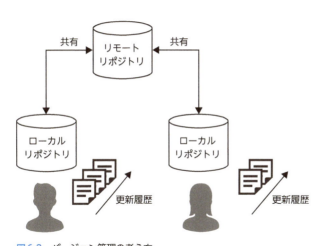

図6.2 バージョン管理の考え方

　アプリケーションが頻繁に更新される一方で，そのアプリケーションが利用しているライブラリを含むエコシステムも日々進化します。特に後の章で取り上げるPythonやJavaScriptでは複雑に依存しあった各種のライブラリが頻繁に改良されます。そうすると，現在の実行環境で使っているライブラリに関しても更新管理を行う必要が出てきます。実行環境側で，このような管理を行う

注1　リリースには製品の完成度に応じて，アルファ版（大規模な変更の可能性あり），ベータ版（小規模な修正の可能性あり），リリース候補版（RC; 最終テスト段階），安定版（stable）などの段階があります。

ものが**パッケージマネージャ**です。

　一般に新しいライブラリは機能が追加されて，バグも修正されています。一方で，セキュリティ上の理由や新しい機能への置き換えなどで，これまで使えていた機能が使えなくなることもあります。開発者としては常にできるだけ新しいライブラリを使いたいところですが，そうすると，あるライブラリのバージョンを上げただけで，既存のプログラムが動かなくなるという事態が発生する可能性があります。この問題に対する容易な対処法としては，ライブラリのバージョンを古いものに固定しておくという方法がありますが，環境ごとにライブラリのバージョンが異なる状況が生じてしまい，開発環境では動作するものの，運用環境では動かない，というようなことがありえます。そこで，環境ごとにまとめて仮想的なコンピュータとして動かす方法があれば，このような環境の違いを解消することができます。このような技術が**コンテナ**です（図6.3）。

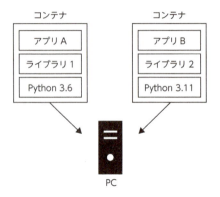

図6.3　コンテナの考え方

　現在，バージョン管理はGit，コンテナはDockerがツールとして主要な機能を提供しています[注2]。それらのツールを使うためには，それぞれの概念を理解し，実行したい操作をコマンドとして入力する必要があります。ツールごとに，コマンド入力が不要なGUI（Graphical User Interface）ツールもありますが，必要な手順ごとにツールを使い分けるのはかなり面倒です。コーディングをするときにはコンテナが自動的に起動し，作業の区切りごとにバージョン管理を

注2　パッケージマネージャの実装はプログラミング言語ごとに異なるので，本章ではその概要のみを説明し，個々の言語のパッケージマネージャについては，7章以降のそれぞれの章で説明します。

行う，という手順が切れ目なしに行えるものが，Visual Studio Code に代表される**統合的コーディング環境**です（図 6.4）。

図 6.4 統合的コーディング環境の例

本章ではこれらのプログラミングを支える環境について説明します。

6.2　バージョン管理

バージョン管理とは，適宜変更されるプログラムや文書などの版（バージョン）を管理することです。最低限のバージョン管理のやり方としては，ある時点までの作業結果をバックアップとして保存しておいて，これとは別の名前のファイルで更新を続ける，ということが考えられます。しかし，この場合はユーザがフォルダ名やファイル名のつけ方を決める必要があります。この方法では，うっかり古いファイルを最新のものと間違えて更新してしまったり，（後日の自分を含む）他人が見たときにどのファイルが最新のものかわからなくなるという欠点があります。特に後者は，複数人で開発を行うときには顕著な問題点になります。そこで，同じような名前のファイルがディスク上に複数あるような状況を作るのではなく，最新のファイルは常に1つで，必要に応じて過去の版に戻せたり，過去の版との差分を明示したりできるツールがあれば，このような状況を避けられます（図 6.5）。

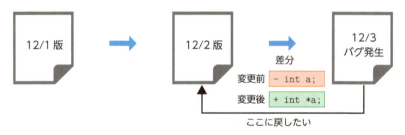

図 6.5　バージョン管理のイメージ

　また，冒頭で説明したアジャイル開発モデルにおいても，新しい機能を追加して新バージョンをリリースした後に，不具合が見つかって一時的に旧バージョンに戻したい，というような状況が生じえます。この場合，アプリケーションの実行ファイルだけではなく，設定ファイルやドキュメントなど一式がスナップショットとして保存されていれば，リリースを容易に旧バージョンに戻したうえで，継続して新バージョンの修正を進められます。

　このような機能を実現するツールを**バージョン管理システム**とよびます。バージョン管理システムは 1970 年代にローカルディスク上のファイルを扱う最初のものが開発され，その後，サーバでファイルを集中的に管理する集中型を経て，現在は分散型が主流となっています（図 6.6）。集中型はオンラインで更新の登録・取得を行い，競合は手動で解消する方法です。この方法はわかりやすいですが，サーバに障害があると開発が止まったり，場合によっては全データが失われてしまう可能性があります。分散型は，ファイルの更新履歴を含むすべての情報をサーバとローカルの両方で持つ方式です。ツールは，サーバとローカルの情報を整合させる機能や，更新をうまく統合する機能を持つことで，複数ユーザによるバージョン管理を支援します。

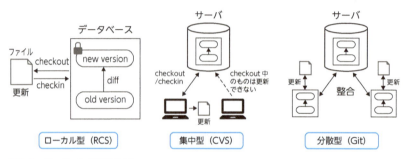

図 6.6　バージョン管理の方式

6.2 バージョン管理

この分散型バージョン管理システムとして現在もっとも広く用いられている
ものが **Git** です。Git はバージョン管理に求められる以下の基本的な機能を持っ
ています。

- 更新を記録し，必要であれば以前のバージョンに戻る
- バージョン間の差分を明示する
- 複数の並行するバージョンを扱う

6.2.1　Git の基本操作

6.2.1.1　リポジトリの作成

最初に，Git[注3] で管理するリポジトリを作成します。ファイルシステム上で
はリポジトリに対応する管理単位はディレクトリになります。新しくリポジト
リを作成する場合は，「git init リポジトリ名」というコマンドで，リポジ
トリ名と同名のディレクトリが作成されます。すでに存在するディレクトリを
Git で管理したい場合は，そのディレクトリで git init というコマンドを実
行します。いずれも，そのディレクトリ内に .git というディレクトリが作成
され，その中に Git が管理する情報が格納されます。

リモートリポジトリを GitHub[注4] で管理する場合は，まず GitHub のサイト
上でリポジトリを作成し，そのリポジトリをローカルにクローンすると，その
後のリモートに関して設定することはほとんど必要なくなります。クローンと
は，リモートリポジトリの内容をローカルにコピーすることです。

6.2.1.2　更新作業

Git ではリポジトリ内の各ファイルに対して，今どのステージにいるか，と
いう状態を持たせます（**図 6.7**）。以下の説明内のステージを表すワーキングツ
リー・ステージングエリア・リポジトリは，Git が管理する情報で，ファイル
が物理的に移動するわけではありません。ワーキングツリーは作業中，ステー
ジングエリアは今回の更新対象，リポジトリは更新済みを意味します。

注3　Git は https://git-scm.com/ からインストールしてください。

注4　GitHub は https://github.com/ からアカウントを作成して利用してください。

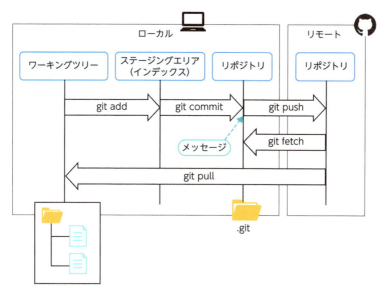

図6.7 Gitのステージ

　作業中のファイルはワーキングツリーに存在する状態で，ユーザが必要に応じて変更します。変更したファイルの中から，今回の更新に入れたいものをステージングエリアに移します。そのとき，変更されたすべてのファイルを移す必要はありません。特定の意図を持って変更されたファイル（あるいは複数のファイル）のみを移します。移されたファイルあるいはファイル集合に対しては，その変更意図を表すメッセージをつけてリポジトリにコミットします。コミットとは，ステージングエリアの情報と整合させて，リポジトリ内のファイルを追加・変更・削除することです。コミットによってリポジトリ内では，ファイルの差分ではなく，その時点のスナップショットが保存されます。スナップショットでは，変更のあったファイルはそのすべて，変更がなかったファイルは前のスナップショットへのリンクが保持されます。これらの情報があれば，コミット時点でのディレクトリの情報がすべて復元できるということになります。ここまでが，ローカルリポジトリでの作業です。

コミットメッセージ

コミットには，そのコミットで何をしたのかを明示するメッセージが必要です。GitHub Copilot では，コミット時にメッセージ入力欄にある火花形のアイコン（sparkle）をクリックすると，コミット内容に応じたメッセージを生成してくれます。

　自分で行った更新をサーバに記録しておきたい場合は，ローカルリポジトリの内容をリモートリポジトリに反映させます。この作業をプッシュとよびます。このとき，リポジトリを他の作業者と共有している場合，前回自分がプッシュした時点から何らかの変更がなされているかもしれません。そこで，プッシュに先立って前回の作業から今回までリモート側で変更した内容をローカル側に反映させます。変更内容は，フェッチ（ローカルのリポジトリまで）またはプル（ワーキングツリーの書き換え）で取得します。そのとき，競合があればマーカーで表示されるので，必要な編集を行います。その後，自分の変更をリモートリポジトリにプッシュします。

6.2.1.3　情報の取得

　Git は更新作業以外に，これまでに行った更新に関する情報の表示も行えます。情報表示については以下のようなコマンドがあります。

- `git log`：コミット履歴を表示
    - `--graph` グラフ構造で表示，`--all` 全ブランチ
- `git diff`：変更の差分を表示
    - 引数なしでワーキングツリーとステージングエリアの差分，`--cached` でステージングエリアとリポジトリの差分
- `git status`
    - ワーキングツリーやステージングエリアの現在の状況を表示

6.2.2　ブランチの操作

　Git では，開発履歴を枝分かれさせることができます。たとえば，あるソフトウェアの最初のバージョン（v1.0.0）をリリースし，引き続いて機能拡張を

施した新しいバージョン（v2.0.0）に向けて開発をしているとします。その途中で，v1.0.0にバグが見つかり，それを修正したもの（v1.0.1）をリリースしたいが，v2.0.0に向けて実装中の機能はまだ反映させたくないという状況を考えます。そのような状況に対して，v1.0.0が完成した時点で開発を枝分かれさせ，v1の系統はバグフィックス，v2の系統は機能拡張を進め，v2の系統が完成したらバグフィックス済みのv1の系統に機能追加を反映させ，再度開発を一本化するという手順をとります（図6.8）。

図6.8　Gitのブランチ

Gitは**ブランチ**という機能で，このような枝分かれをサポートしています。ただし，このブランチという単語には注意が必要です。通常の英単語としての意味は「枝」ですが，Gitのブランチは枝全体を指すものではなく，その先頭部分を指します。このことを理解するために，そもそもGitではどのようにして履歴を管理しているかを見ていきます。

図6.9の左端は，ファイルが2つあるディレクトリを最初にコミットした状態を示します。このとき，Gitでは4つのオブジェクトが作成されます。2つのファイルはそれぞれblobオブジェクト（Binary Large OBject）として，ワーキングツリーのディレクトリ情報はツリーオブジェクトとして，コミットしたユーザの情報やコミットメッセージなどのメタ情報はコミットオブジェクトとして作成されます。これが1回のコミットで作成される情報です。ツリーオブジェクトの情報からその時点でのすべてのファイルが復元できるので，これらの情報がスナップショットを構成することになります。

そして図6.9の中央に示すような新たなコミットを行うと，1つ前のコミットを親とする新たなコミットオブジェクトが作成されます。そのコミットのツリーオブジェクトは，変更されたファイルについては新たなblobオブジェクト

へのポインタを，変更されなかったファイルについては親となるコミットが持っている blob オブジェクトへのポインタを持ちます。

このような手順を継続することで，Git では変更履歴をコミットの系列で保持することになります。このコミットの系列の最新にあたるものを指すラベルがブランチです。特に明示的に指定しなければブランチ名は main になります[注5]。

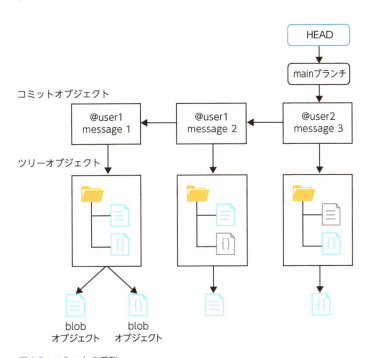

図6.9　コミットの系列

このような履歴管理の方法で，共通の親から新たな枝を伸ばす操作をブランチの作成とよびます。枝が1本のときは常に最新のコミットで作業していると考えればよいのですが，枝が複数になると，現在どの枝で作業しているのかを明確にする必要があります。この，現在作業中のコミットを指すラベルを **HEAD** とよびます。

ブランチに関するコマンドは以下のようなものがあります。

[注5] 以前は master でしたが，この単語が差別的であるということで main に変更されました。古いリポジトリでは master のまま残っているものもあります。

第 6 章　プログラミングを支える環境

- ブランチの作成：`git branch br-a`
  - HEAD を指すブランチを作る
- ワーキングツリーの更新：`git checkout main`
  - ワーキングツリーを HEAD の内容に更新
  - `git checkout -b br-b` は HEAD を指すブランチを作り，それをチェックアウトする
- ブランチのマージ：`git merge br-a`
  - Fast-forward マージが可能か，3-way マージが必要かを判断
  - Fast-forward マージは，マージ先のブランチがマージ元のブランチの直接の親である場合に行われる
  - 3-way マージは，別のコミットがあればそのコミット，元ファイル，自分のコミットの 3 つを比較して更新
- タグをつける：`git tag v1.0`
  - 現在のコミットに対して，区別しやすい情報をつける

6.2.3　GitHub

GitHub はリモートリポジトリを保持するサービスです。基本的なリモートリポジトリとしての機能に加えて，wiki，ビルド自動化，プロジェクト管理などの機能を持っています。

- リモートリポジトリに対する操作
  - リポジトリの複製：「`git clone リポジトリパス　フォルダ名`」
  - リモートに変更を送信：`git push`
  - リモートブランチをローカルにマージ：`git pull`
    - `git fetch` は更新を手元に持ってくる `pull = fetch + merge`

また，複数人での開発に対応するために，以下の独自機能を持っています。

- fork 機能
  - 公開されているリポジトリを fork 機能で自分のリポジトリにコピーできる
  - fork 先のリポジトリは自由に変更できる

6.3 パッケージマネージャ

- fork 先から fork 元への Pull request（変更提案）が簡単に作れる
- GitHub Actions
  - リポジトリで push やタイマイベントなどのイベントが発生したとき に，指定しておいた処理を仮想マシン（OS や追加ソフトの指定が可能） で実行できる
  - 典型的には，push のタイミングでビルドやテストを自動的に行う継続 的インテグレーション（CI）や，運用環境に自動的に展開する継続的デ リバリ（CD）のために使われる

6.3 パッケージマネージャ

　プログラムを開発するときや実行するときには，そのプログラムで使用して いるライブラリをインストールする必要があります。特に本章以降で紹介する Rust, Python, JavaScript のように対象とする応用分野の技術がめまぐるしく進 展し，それに合わせてライブラリが頻繁にアップデートされるようなエコシス テムでは，ライブラリのバージョン管理が重要になってきます。また，ライブ ラリはそれ自体が他のライブラリに依存していることがあります。たとえば， Python の統計・データ操作ライブラリである pandas は，数値計算ライブラリ NumPy を使って作成されています。このような依存関係が複雑になると，ラ イブラリのバージョンを上げるときには，そのライブラリが依存しているライ ブラリのバージョンも考慮しなければなりません。

　このようなライブラリのインストール・アップデート・アンインストール や依存関係の解決を行うためのツールが**パッケージマネージャ**です（図 6.10）。 以降の章で説明する言語には，それぞれ Rust の Cargo, Python の pip, JavaScript の npm というパッケージマネージャがあります。

　一部のパッケージマネージャは，ライブラリの管理以外に，以下のような機 能を持ちます。

- プロジェクトの構築支援：新しいプロジェクトの作成と基本構造のセット アップ
- スクリプトの実行：コンパイルやテストなどを，設定情報が書かれたファ イルの内容に従って行う

211

- ドキュメントの生成：コード中のコメントなどを元に，プロジェクトのドキュメントを生成する

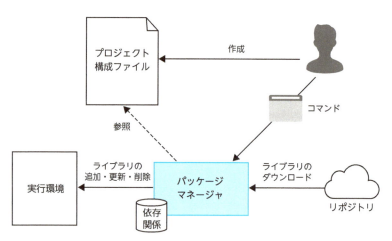

図6.10 パッケージマネージャによる実行環境の管理

6.4 コンテナ

　エコシステムが充実している新しいプログラミング言語のパッケージマネージャの大半は，言語やライブラリのバージョンが異なる複数の環境を1台のコンピュータ内に構築する機能を持っています．しかし，それらの環境を他のコンピュータで動かすには，同じ手順を再現しなければならず，そのときにシステム設定の違いなどによる問題が発生することがあります．

　このような状況に対しては，仮想環境の1つである**コンテナ**技術を用いて対処する方法が適しています．コンテナを使用するときの代表的なソフトウェアが本節で紹介する **Docker** です．

6.4.1 Docker の構成

　広く使われているコンテナの1つである Docker は，アプリケーションを動かすための必要最小限の機能だけを備えたコンテナを用意し，アプリケーションの依存関係をその中で管理するものです．環境を作る（Build），共有する

(Share)，実行する（Run）というそれぞれの手順が，OS の違いなどに関係なく提供されています。Docker のコンテナはカーネルを OS と共有するため，起動・動作が高速です。また，構成や依存関係は Dockerfile としてテキストデータで管理し，起動イメージを保存したイメージファイルも普通は数百 MB 程度の小さいものなので軽量です。図 6.11 に Docker の全体像を示します。

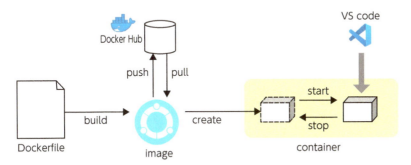

図6.11 Docker の全体像

- **Docker イメージ**
  - コンテナのひな形で，Linux の一部，ミドルウェア，プログラミング言語実行環境，ライブラリ，ソース，実行時に起動するプロセスが含まれる
- **Dockerfile**
  - Docker イメージの設計図。Docker イメージを構築するときに実行するコマンド・各種設定の情報が含まれる
- **コンテナ**
  - イメージを実体化したもの。ユーザは VS Code などから実行中のコンテナに接続して開発作業を行う
  - コンテナは仮想的なネットワークに接続されており，コンテナ同士はコンテナ名でアクセスできる
- **Docker Hub**
  - Docker イメージを公開・共有するためのレジストリ
  - 信頼できる配布元からのイメージを pull して使用することができる

第6章　プログラミングを支える環境

■ 6.4.2　Docker のコマンド

　図 6.11 で示した操作は，基本的にはコマンドによって行います。Docker の
コマンドは，「docker 対象 コマンド［オプション］」という形式をとりま
す。対象には image, container, volume などがあり，コマンドには build, run,
exec, pull などがあります。また，オプションはハイフン 1 つは 1 文字省略形，
ハイフン 2 つは正式名です。たとえば，オープンソースの web サーバである
Apache のコンテナを起動するには，以下のようなコマンドを実行します。

```
$ docker container run -d -p 8080:80 --name my-apache httpd
```

　オプションの -d はコンテナをバックグラウンドで実行，-p はホストのポー
ト 8080 をコンテナのポート 80 にマッピング，--name はコンテナの名前の指
定，httpd は Docker Hub から pull するイメージ名です。Apache には httpd
というイメージ名がつけられています。このコマンドを実行後，web ブラウザ
で http://localhost:8080 にアクセスすると，Apache のデフォルトページ
が表示されます。

　ローカルのディレクトリにある web のコンテンツをコンテナにマウントするな
どの設定を行う場合は，Dockerfile にその設定を記述して，docker build
コマンドでイメージを作成し，docker run コマンドでコンテナを起動します。

　複数のコンテナを連携させる場合などでは，Docker Compose という機能を
使います。Docker Compose では，docker-compose.yml ファイルに一連の
コマンドを記述して，ビルドや起動を自動化できます。コンテナは 1 アプリケー
ション 1 コンテナが基本なので，web サーバと DB サーバなど，複数のコンテ
ナを起動する場合は，その起動順などを記録しておくと便利です。

6.5　統合的コーディング環境

　Visual Studio Code（**VS Code**）は，Microsoft 社が提供するオープンソー
スのコードエディタです。VS Code は，拡張機能を追加することで，さまざま
なプログラミング言語に対応できます。また，Git や Docker との連携がスムー
ズで，これらのツールを統合的に利用することができます。

6.5.1 エディタとしての VS Code

VS Code は，ワークスペースという単位でプロジェクトを管理します（図6.12）。ワークスペースには，1 つのフォルダで構成されるシングル・フォルダ・ワークスペースと，複数のフォルダから構成されるマルチ・ルート・ワークスペースがあります。マルチ・ルート・ワークスペースに含まれるフォルダは，実際のディレクトリ構造を反映している必要はありません。これらのワークスペースの形態によって，以下で説明する設定内容の保存方法が異なります。

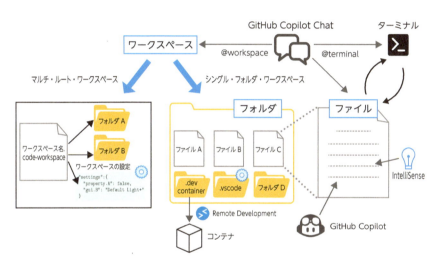

図6.12 VS Code のワークスペース

VS Code におけるテーマ・フォント・拡張機能などの設定は，デフォルトで設定されている内容を，ユーザ設定で上書きすることができます。このユーザ設定は，ユーザのホームディレクトリに保存される settings.json というファイルに記述されます。また，この設定情報を GitHub アカウントまたは Microsoft アカウントにひもづけることで，異なる環境で同じ設定を利用することができます。さらにユーザ設定は，ワークスペースごとの設定で上書きすることができます（図 6.13）。

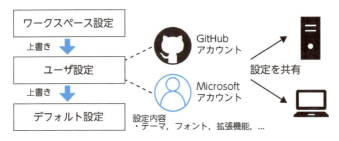

図6.13 VS Code の設定

6.5.2 クライアントとしての VS Code

ユーザ中のキー入力を監視し，次に何を入力しようとしているのかを推測して表示する機能を**インテリセンス**とよびます。VS Code はエディタと言語サーバが通信する **LSP**（Language Server Protocol）というプロトコルを定めて，その機能によってインテリセンス・エラー解析・補助情報の表示などを行っています。

また，デバッグについても **DAP**（Debug Adapter Protocol）というプロトコルが定められており，各言語のデバッガに対してこのプロトコルに従ったアダプタを実装すれば，プログラミング言語に依存せずにデバッグ機能を実現できます。

このように，VS Code はさまざまなコーディング支援機能を内部に実装するのではなく，外部と連携したクライアントとなることで高い拡張性を実現しています。

6.5.3 生成 AI の活用

6.5.3.1 GitHub Copilot の活用

GitHub Copilot は生成 AI によるコーディング支援ツールで，VS Code の拡張機能として提供されています。このツールは，プログラミング言語に依存せずにコードを生成することができます。このようなことが可能になっているのは，GitHub 上の膨大なオープンソースコードを学習し，そこから得られた知見を活用してコード生成を行っているからです。これにより，開発者は効率的にコードを書くことができるようになりますが，使い方に少しコツが必要です。

Java でのコーディング支援の例を見てみましょう。Copilot を使うと，メソッド名やフィールド名を機能を反映させたものにすることによって，Javadoc を自動的に生成することができます。たとえば，`getUserInfo` というメソッド

定義の冒頭部分を入力すると，Copilot は以下のような Javadoc を生成することができます。

```
/**
 * Get user info from database.
 *
 * @param userId user id
 * @return user info
 */
public static Map<String, Object> getUserInfo(int userId) {
    // ...
```

この Javadoc は，メソッドの目的，引数，および返却値を明確に説明しています。また，これとは逆に，Javadoc をもとにメソッドの実装を生成することもできます。これにより，開発者はメソッドの仕様を定義するだけで，実装の詳細を生成することができます。ただし，それが正しい実装になっているかを確認し，場合によっては（生成させた）テストコードでその妥当性を検証するのはプログラマの責任になります。

6.5.3.2　GitHub Copilot Chat の活用

VS Code では単純にコード生成をさせるだけではなく，コーディング作業中に本来の生成 AI が得意とする文章生成機能を活用し，コードの解説や改善点の提案をさせることができます。そのような目的を持った機能である **GitHub Copilot Chat** は，生成 AI によるコーディング支援をリアルタイムで行うものです。エディタでコードを選択し，右クリックして「Copilot」からアクションを選ぶと，そのコードに対して説明やテストコードの生成が行えます。

また，Copilot Chat のチャット入力の先頭に @ を入力すると，対象範囲を限定したエージェントを指定できます。指定可能なエージェントには表 6.1 のものがあります。

表6.1　指定可能なエージェント

エージェント	用途
@terminal	ターミナルで実行したコマンドに対する chat
@vscode	VS Code 自体に対する chat
@workspace	現在のワークスペースに対する chat

第 6 章　プログラミングを支える環境

また，生成内容については，以下のように追加情報を与えることもできます。

● **テストコードの生成**
　● 範囲選択でテスト対象の関数を選択し，以下のようなプロンプトで chat を起動

```
選択しているコードに対して，次の条件を満たすテストケースを作成してください。
- pytestで作成してください。
- テストケースは，関数の引数を変えて，最低3つ作成してください。
- ...
```

● **コードの可読性の向上**

```
選択しているコードに対して，次の条件を満たす改善を実施してください。
- Googleスタイルのdocstringを記述してください。
- コードにコメントを記述してください。
- 変数にデータ型ヒントを記述してください。
- ...
```

6.5.4　Git との連携

VS Code の左端にあるアクティビティバーからソース管理を選ぶと，その右のサイドバーに，現在開いているディレクトリ内のファイルの変更状況が示されます（図 6.14）。その画面上では，以下のような Git の操作が行えます。

● **ステージング**
　● 「変更」の行以下に前回の作業以降変更があったファイルが並ぶ。すべてをステージングしたい場合は変更の行の +，個々のファイルを選択する場合はその行の + をクリックすると，ファイルが「ステージされている変更」の行以下に移動する
● **コミット**
　● 「コミット」ボタンの上の入力欄にコミットメッセージを書き，コミットボタンを押すとコミットされる
● **プッシュ**
　● 「コミット」ボタンの右側からプルダウンメニューを開き，「コミットし

218

てプッシュ」を選ぶと，リモートリポジトリにプッシュされる
- **その他の機能**
  - 「ソース管理」の行の右端のメニューを開くと，その他の Git コマンドが実行できる

図6.14 VS Codeのソース管理

6.5.5 Dockerとの連携

コンテナ内では VS Code Server を起動し，ホスト OS で起動した VS Code を接続することで，コンテナの環境が利用できます（図 6.15）。これは VS Code のリモート接続機能を利用したもので，コンテナに限らずさまざまなリモートリソースを VS Code から利用できるということになります。

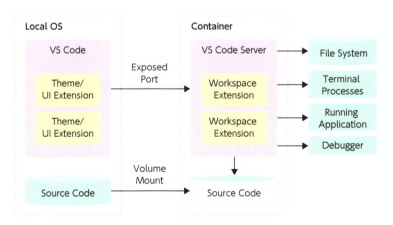

図6.15 Dockerとの連携
　　　（https://code.visualstudio.com/docs/devcontainers/containersより引用）

第 6 章　プログラミングを支える環境

- VS Code から Docker を使用する手順
  1. VS Code からプロジェクトフォルダを開き，表示される Reopen in Container を押す（または左下の緑の部分をクリックして Remote Containers: Reopen in Container を選択する）と，devcontainer/devcontainer.json が読み込まれる
  2. devcontainer.json のリモート開発時の設定や，Docker Compose が実行される
  3. VS Code がコンテナに接続され，エディタでのコード編集や，ターミナルでのコマンド実行が可能になる

6.6　まとめ

本章では，以下のような開発支援ツールについて説明しました。

- バージョン管理：Git, GitHub
  - 開発途中の変更を管理し，過去のバージョンに戻せる
  - チーム開発では各自の更新の競合を解消する
- パッケージ管理：Cargo, pip, npm
  - ライブラリのインストールや依存関係解消を補助する
- コンテナ：Docker
  - 仮想環境を構築する
- 統合開発環境：VS Code
  - Git や Docker との連携が優れている
  - Copilot によりコーディング支援が可能

　Git については解説書 [Chacon and Straub 14] [12] の日本語訳が https://git-scm.com/book/ja/v2 で公開されています。Docker については [リブロワークス 22] [13] で典型的な使い方が説明されています。

220

第 7 章

Rust：高性能と安全性の追求

本章では，高性能と安全性を追求したプログラミング言語 Rust について説明します。Rust はオブジェクト指向や関数型などの近年のプログラミングパラダイムを取り入れた新しい言語です。一方では安全性を重視して，あまり他の言語には見られない特徴的な言語仕様である所有権・借用のシステムを採用しています。Rust の言語仕様に組み込まれた安全性はコンパイル時に最適化されて実行速度や使用メモリ量などを犠牲にしないので，ゼロコスト抽象化とよばれます。このことによって Rust は C 言語に匹敵する高い実行性能を実現しています。

7.1 Rustの基本

本章では，Rustの基本を説明した後に，Rustによって実現されている3つの安全性，すなわち型安全性・メモリ安全性・スレッド安全性の説明を通じて，Rustの特徴を説明します。

 Focus　安全性

プログラミング言語における安全性とは，プログラム実行時に不具合を「起こせ」ない仕組みを言語仕様で実現することです。ここでいう不具合とは，プログラムで想定している以外の値で処理が実行されてしまうことや，想定している範囲の外側のメモリに対する読み書きなどを指します。もちろん，どのプログラミング言語でもプログラムが気をつけてコーディングすることで不具合を「起こさ」ないように書くことはできます。しかし，不具合を「起こせ」ないことと「起こさ」ないことの違いが重要です。言語によって程度の差はありますが，前者はコンパイルが通れば不具合が起こらないことをある程度は保証していることになります。

7.1.1 Rustの歴史と位置づけ

Rust[注1]は2006年頃からMozilla Researchが中心となって試験的な開発が行われ，2015年に1.0版がリリースされました。現在は，オープンソースのコミュニティベースで開発が進められ，2024年7月現在の最新バージョンは1.80.0です。言語の位置づけとしては，ランタイムを持たないこと，ガベージコレクション機能を持たないことなどからC言語やC++言語に近いとされ，システムプログラムの開発や高い実行時性能が要求される組み込み用としての利用が期待されています。

C言語との違いは，後発の言語であるためにオブジェクト指向や関数型などの新しいプログラミングパラダイムを取り入れていることと，所有権・借用の

注1　**Rustという名前の由来**
　　　Rustという名前や歯車のロゴは開発者および開発チームの好みによるもので，言語の特徴などとはほとんど関係がないといわれています。

システムや強い静的型付けの原則によって高い安全性が確保されていることです。このマルチパラダイム性と独自の安全性の要素がコード中のあらゆるところに顔を出すため，Rust は学習コストが高いといわれています。しかし，オブジェクト指向と関数型の基礎を理解し，C 言語命令のハードウェア上の実行イメージを持っていれば，そのハードルがいくらか下がると思います。

7.1.2 パッケージマネージャ Cargo

Rust の実行環境を手元で構築する場合は，Rust のパッケージマネージャである **Cargo** を使うことになります。エコシステムが充実しているプログラミング言語においては，さまざまな特徴を持ったパッケージマネージャの中から自分の用途に合ったものを選ぶ場合が多いのですが，Rust では Cargo が標準で提供されており，Rust のインストール時に同時にインストールされるため，ほとんどの場合は Cargo を使うことになります。Cargo は，ライブラリのインストールだけではなく，プロジェクトの作成・ビルド・テスト・実行・ドキュメント生成など，プログラミングにあたって必要な機能一式を提供します。

以下では，Cargo を使ってプロジェクトを作成し，そのプロジェクトをビルドして実行する方法を説明します（図 7.1）。

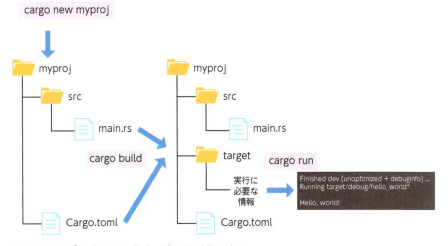

図7.1 Rustプロジェクトの作成・ビルド・実行の流れ

第 7 章 Rust：高性能と安全性の追求

まず「cargo new プロジェクト名」でプロジェクトを作成します。次に，作成したプロジェクトのディレクトリに移動します。ここにはプロジェクトの情報や使用するライブラリの情報などが記載された Cargo.toml ファイルと，ソースコードのテンプレートである main.rs ファイルを格納した src ディレクトリがあります。

```
$ cargo new myproj
$ cd myproj
```

main.rs には以下に示すソースコードがサンプルとして入っています。

```rust
fn main() {
    println!("Hello, world!");
}
```

cargo build でプロジェクトをビルドし，cargo run で実行すると，画面に Hello, world! と出力されます。

```
$ cargo build
$ cargo run
...
Hello, world!
```

Memo Cargo.toml のような設定ファイルを記述する形式としては，TOML（Tom's Obvious, Minimal Language）のほかに，JSON や YAML などがあります。JSON は 9.3.6 節で説明するように，「キー ： 値」のペアを , で区切り，{} で構造化するものです。YAML はこれらの構造を改行とインデントに置き換え，さらに型を明示的に導入して記述量を減らしたものです。TOML は，キーと値を = で結び，[] で記述するテーブルを用いて区切りおよび階層を表現することで，設定を記述する方式として見やすいものになっています。

224

7.1.3　基本的な文法

ここでは Rust の文法の概略を説明します。

7.1.3.1　関数とマクロ

Rust のプログラムは**関数**を記述単位とし，関数は「fn 関数名（仮引数並び）-> 返却値型 ｛本体｝」という形式で記述します。C 言語と同じく，プロジェクト内の main() 関数から処理が始まります。

ライブラリは，use キーワードを使って**クレート**または**モジュール**という単位でプログラムに取り込みます。クレートは他のプログラミング言語のライブラリに近い概念で，標準クレート以外のクレートを使う場合は，プロジェクト内の Cargo.toml ファイルにクレート名とバージョンを記述すると，Cargo がクレートの管理サイトである https://crates.io/ から自動的にダウンロードしてくれます。たとえば，乱数生成を行う rand ライブラリを使う場合は，Cargo.toml に以下のように記述します。

```
[dependencies]
rand = "0.8.5"
```

モジュールは，クレートを機能単位で分割するための仕組みです。たとえば，標準入出力を扱うモジュールは，use std::io; と記述することで使用可能になります。記号 :: はスコープの区切りを表し，これ以降のコードで io:: 関数名という表記があれば，「std::io:: 関数名」という意味になります。

なお，前述のサンプルコードにある println! は正確には関数ではなく，**マクロ**とよばれるもので，名前の後の ! の有無で通常の関数と区別します。マクロはコンパイル時に実際のコードに展開され，可変長引数を持つ場合のような柔軟な振る舞いが実現されます。

7.1.3.2　変数と型

Rust では，変数の宣言は「let 変数名： 型 ＝ 初期値 ;」という形式で行います。このように宣言された変数はイミュータブル（不変）な変数となり，再代入ができません。変数の再代入が必要な場合は，「let mut 変数名： 型

= 初期値 ;」という形式でミュータブル（可変）な変数として宣言します。なお，宣言時の型については型推論の機構を使ってコンパイラに型を推論させることもできます。Rust の型推論については 7.2.2 節で説明します。

基本的な数値型に関しては，i から始まる符号つき整数型（i8, i16, i32, i64, i128, isize），u から始まる符号なし整数型（u8, ... , usize），f から始まる浮動小数点数型（f32, f64）などがあります。数字はビット数を表し，isize, usize はビット数がプラットフォームに依存する整数型です。

参照型は型名の前に &（または &mut），ポインタ型は型名の前に *const（または *mut）をつけて宣言します。ポインタ型は安全性が保証されないので，できるだけ使わないようにすることが推奨されています。参照外しには，原則として単項演算子 * を使う必要があるのですが，参照型変数は値が期待される文脈では自動的に参照外しを行ってくれます。

文字列は String 型と &str 型があります。String 型は文字列をヒープに確保するので，ミュータブルで宣言すると値の変更が可能になります。一方，&str 型はリテラルや部分文字列への参照なので，値の変更はできません。

7.1.3.3　データ構造

複合的でイミュータブルなデータ型には配列とタプル，要素数が可変なコレクションにはベクタとマップがあります。それぞれ，以下のように宣言して使うことができます[注2]。

```
let array: [i32; 5] = [0, 1, 2, 3, 4]; // 配列
let tuple: (i32, f64, &str) = (1, 2.0, "Masa"); // タプル
let vec: Vec<i32> = vec![1, 2, 3]; // ベクタ
let map: HashMap<&str, i32> = HashMap::(from([("Hiro", 85)]); // マップ
```

配列やベクタは，スライスを使って部分的に要素を取り出すことができます。スライスは，配列や可変長リストの一部を参照するための型で，& と範囲指定を使って let slice: &[i32] = &array[1..4]; のように作成します。このときの 1..4 は，インデックスの 1 以上 4 未満の範囲を表します。

注2　HashMap を使うときは，冒頭で use std::collections::HashMap; と宣言しておく必要があります。これは，標準ライブラリ std の collections モジュールにある HashMap という構造体を使う記述と読むことができます。

また，要素数 0 のタプル () はユニット型とよばれ，C 言語の void 型に近い使われ方をします。

ユーザが定義できる型としては構造体 (struct) と列挙型 (enum) があります。

構造体には，以下の例のようにメソッドを定義することができます。メソッドは関数と同じように定義し，第 1 引数を &self とすることで，その構造体のメンバにアクセスできるようになります。

```
struct Rectangle {
    width: u32,
    height: u32,
}

impl Rectangle {
    fn area(&self) -> u32 { self.width * self.height }
}
```

一方で，Rust にはクラスという概念がありません。すなわち，継承の概念を持たない，ということを意味します。インタフェースに準じる概念は，**トレイト** (trait) とよばれる方法で実現されます。典型的なトレイトは，「trait トレイト名 { fn メソッド名 (&self) -> 返却値型 ; }」のように定義し，構造体や列挙型に対して「impl トレイト名 for 構造体名 { ... }」のように実装します。

Rust の列挙型は，(1) それぞれの列挙子が異なる型を持つことができる，(2) 列挙型に対してメソッドを定義することができる，という特徴があります。そうすると，構造体と列挙型の違いは，構造体は各要素が AND の関係を持つもの（すべての要素の値が揃わなければ全体の値とならない），列挙型は各要素が OR の関係を持つもの（この型の値は列挙子のいずれでもよい）と捉えることができます。Rust における列挙型の扱いについては，7.2 節で詳しく説明します。

7.1.3.4 制御構造

Rust には，if, for, while というよく知られた制御構造に加えて，C 言語の switch にあたる match と，無限ループを表す loop があります。

単純な条件分岐は if 文で行います。正確には Rust の if 文は式なので，条件判定後の分岐部分に値を書いて，その値を返すことができます。その場合，

第 7 章　Rust：高性能と安全性の追求

else 節は必ず必要で，返却値の型は一致していなければなりません。

```
let number = 3;
let result = if number > 5 {"large"} else {"small"};
```

match 文は enum 型と組み合わせて使うことが多く，if 文よりも複雑な条件
分岐を行うことができます。match 文についても 7.2 節で説明します。
　ループについては，for はイテレータを使った繰り返し，while は条件が満
たされる間の繰り返しになります。loop は無限ループを表し，break でルー
プを抜けますが，以下の例のように break の後に値を書くことで，その値を
loop から返すことができます。

```
let mut count = 0;
let result = loop {
    println!("count = {}", count);
    count += 1;
    if count == 10 {
        break count;
    }
};
```

7.1.4　数値計算プログラムの例

　数値計算・制御構造・関数の定義などを含んだ例として，Listing 2.12 で示し
た C 言語プログラム code2-2.c を Rust に書き換えたコードを **Listing 7.1** に
示します。

Listing 7.1　Rust による数値計算プログラム

```
1 use std::io;
2
3 fn input_number() -> i32 {
4     loop {
5         println!("Enter a positive integer: ");
6         let mut input = String::new();
7         io::stdin().read_line(&mut input).expect("Read error");
8         match input.trim().parse::<i32>() {
9             Ok(num) if num > 0 => return num,
```

228

```rust
10              _ => println!("Input error!"),
11          }
12      }
13 }
14
15 fn calculate_squareroot(x: f64) -> f64 {
16      let mut rnew = x;
17      while (rnew - x / rnew).abs() > 1.0E-5 {
18          rnew = (rnew + x / rnew) / 2.0;
19      }
20      rnew
21 }
22
23 fn main() {
24      let x: i32 = input_number();
25      let sq: f64 = calculate_squareroot(x as f64);
26      println!("Square root of {} is {:7.5}", x, sq);
27 }
```

　まず，このプログラムの中心である main() 関数を見ていきましょう。標準
入力から正の整数を受けとり，その値に対して平方根を求め，表示するという
手順は code2-2.c と変わりません。26 行目の println! マクロの第 1 引数に
ある {} はフォーマット指定子で，第 2 引数以降の変数の値を文字列に変換し
て埋め込むためのものです。2 つ目のフォーマット指定子のように，表示桁数
を指定することもできます。

　3 行目から始まる input_number() 関数は引数なしで，32 ビットの整数を
返す関数と定義されています。関数の内部は loop を使った無限ループで，正
の整数が入力されるまで繰り返し入力を促します。6 行目では変数 input を
書き換え可能な空文字列で宣言しています。7 行目の関数の引数に & をつけて
いる部分，expect() 関数，8 行目から 11 行目にかけての match 文などは，
Rust の安全性に関係する部分なので，7.2 節で詳しく説明します。

　15 行目から始まる calculate_squareroot() 関数は，ニュートン法を使っ
て平方根を求める関数です。この関数の内部のコードに関してはほぼ問題なく
読めると思います。関数の最後に rnew とありますが，これは文ではなく式と
して評価されるため，rnew が関数の返却値となります。このように Rust では，
return 文で明示的に値を戻さない場合は，最後の式の値がその関数の返却値
となります。

第 7 章　Rust：高性能と安全性の追求

7.2 型安全性

　安全性の最初の項目として Rust の型安全性について説明します。型安全性とは，プログラムの実行時に型の不整合が発生しないようにすることです。それはコード中の各部分で扱う型について矛盾がないことをコンパイル時にチェックするということだけではなく，変数の値が null である可能性や関数がエラーを返す可能性も，型の概念を使って表現することを含みます。

7.2.1 型の分類

　最初に，プログラミング言語一般における型の分類について説明します。変数の型の扱いに関しては，プログラミング言語ごとに規則が定められています。大きな分類としては，宣言時に型を明示する**静的型付け**と，変数に値が代入されることによって型が決まる**動的型付け**があります。また，異なる型を持つ変数やリテラル間の演算において，演算ができるように暗黙的に型変換する**弱い型付け**と，明示的な型変換を必要とする**強い型付け**という観点もあります。

　本書で取り上げるプログラミング言語を上記の型の組み合わせで分類すると，表 7.1 のようになります。

表7.1　プログラミング言語における型の分類

	静的型付け	動的型付け
強い型付け	Java, Rust	Elixir, Python
弱い型付け	C	JavaScript

　Rust のような静的型付け言語では，変数の型はコンパイル時に決定されます。これは型推論による型の決定も含みます。また，Rust のような強い型付け言語では，変数に代入される値の型が変数の型と異なる場合や，型の異なるオペランド間の演算はコンパイルエラーとなります。このような型の不整合をコンパイル時に検出することで，プログラマの意図しない振る舞いが実行時に起こることを防ぐことができます。このような機能を**型安全性**とよびます。

　いくつかのプログラミング言語を用いて，具体的なコードで型に関する変数の振る舞いの違いを見ていきましょう。C 言語は一般に静的型付け・弱い型付

230

けの言語と位置づけられます。弱い型付けといわれている理由は，異なる型の間の演算や，関数呼び出し時に仮引数と実引数の型が異なっている場合でも，暗黙の型変換によって処理が継続されるからです。たとえば，**Listing 7.2** のように整数型の変数に浮動小数点数型の値を代入すると，小数点以下の値は切り捨てられてしまいます。このような暗黙の型変換は，プログラマの意図しない動作を引き起こす可能性があります。

Listing 7.2　C言語における暗黙の型変換

```
1  #include <stdio.h>
2
3  int main() {
4      int number;
5      double pi = 3.14159;
6
7      number = pi;  // 整数型の変数に浮動小数点数型の値を代入
8      printf("number=%d\n", number);  // 小数点以下が切り捨てられる
9  }
```

```
number=3
```

　Rust は静的型付け・強い型付けの言語に位置づけられます。強い型付け言語では，**Listing 7.3** のコンパイル結果に示すように，型の不一致をコンパイル時にエラーとして検出します。これによって変数の値がプログラマの意図しないものになったまま処理が進んでしまうことを防げます。

Listing 7.3　Rustにおける型の不整合

```
1  fn main() {
2      let number: i32 = 50;
3      let pi: f64 = 3.14159;
4
5      number = pi;
6      println!("number={}", number);
7  }
```

第7章　Rust：高性能と安全性の追求

```
error[E0308]: mismatched types
 --> src/main.rs:5:14
  |
2 |     let number: i32 = 50;
  |                 --- expected due to this type
...
5 |     number = pi;
  |              ^^ expected `i32`, found `f64`
```

7.2.2　型推論

Rust は静的型付け言語ですが，すべての変数宣言に型指定が必要なわけではありません。Java と同様に，変数に代入される値から型を推論する**型推論**の機能を持っています。

たとえば **Listing 7.4** の Rust のコード[注3] は，一見，動的型付けの振る舞いに見えますが，コンパイラは変数に代入される値から型を推論しています。

Listing 7.4　型推論の例

```
1  fn main() {
2      let number = 50; // i32型と推論される
3      let text = "Hello world!"; // &str型と推論される
4      let numbers = vec![1, 2, 3]; // Vec<i32>型と推論される
5      let first = numbers.first(); // Option<&i32>型と推論される
6      let add_one = |x| x + 1; // 7行目の右辺から|x:i32|->i32と推論される
7      let result = add_one(5);
8      ...
9  }
```

Listing 7.4 で，3行目と4行目の間に let tmp = number + text; というコードを挿入すると，コンパイルエラーとなります。これは，整数の i32 型と文字列を表す &str 型の間の演算をしようとしているからです。Rust では型推論を使って強い型付を実現しているため，このような型の不整合をコンパイル時に検出することができます。これに対して Python のような動的型付け言語では，実行時に値が代入されることによって変数の型が決まります。したがって，型

注3　6行目の |x| x + 1 はクロージャ（無名関数）の定義です。引数を | で囲み，続けて本体を書きます。

232

7.2 型安全性

の不整合があってもコンパイル時には検出されず，プログラム実行後に実行時
エラーとして検出されます。

7.2.3 列挙型による値の限定

Rust では，**列挙型**である enum を使って，決められたいくつかの型のみを
値としてとる型を定義することができます。この列挙型と match 文を組み合
わせることで，すべての値についての処理が定義されていることをコンパイラ
に保証させることができます。この仕組みの典型的な活用例が Option 型と
Result 型です。

7.2.3.1 列挙型

まず enum を使って列挙型を定義する方法を示します。C 言語の列挙型のと
ころ（2.2.1.1 節）で挙げた信号機の色の例は，Rust でもほぼ同様に書くことが
できます[注4]。

```
enum Signal {
    Red,
    Yellow,
    Blue,
}
```

列挙型のとりうる値を**列挙子**とよびます。このように定義した列挙子を値と
して扱うときは，Signal::Red のように型名と値をスコープ区切りの :: でつ
ないで表します。

Rust の列挙型の便利なところは，列挙子に値を付随させることができる点で
す。付随させる値は列挙子ごとに型や個数が異なっていても構いません。たと
えば平面上をグラフィックスのオブジェクトが移動するときのコマンドを表す
列挙型を定義すると，次のようになります。

[注4] 列挙子の最終要素の後の , は省略可能です。一見， , があるほうが誤りのように見えますが，列挙子を追
加するときのミスが少なくなるので，近年のプログラミング言語では要素を列挙する場合の最後に , を
つけることが推奨されています。

第 7 章　Rust：高性能と安全性の追求

```rust
enum Command {
    Move {x: i32, y: i32},
    ChangeColor (u8, u8, u8),
    Quit,
}
```

　このコードの Move や ChangeColor は型ではありませんが，それぞれの列挙子が持つ値は，あたかも構造体のメンバであるかのようにアクセスすることができます。このような列挙型はパターンマッチングを行う match 文と合わせて使うことで，列挙子が持つ値へのアクセスが容易になり，さらにコードの安全性を高めることができるという利点があります。値の取り出しは変数を使ったパターンの指定で，安全性は列挙子に対する分岐の網羅性を確認することで実現されます。

```rust
let cmd = Command::Move {x: 10, y: 20};

match cmd {
    Command::Move {x, y} => println!("Move to ({}, {})", x, y),
    Command::ChangeColor (r, g, b) =>
        println!("Change color to ({}, {}, {})", r, g, b),
    Command::Quit => println!("Quit"),
}
```

```
Move to (10, 20)
```

　このコードではすべての列挙子に対する処理が記述されていますが，パターンマッチングの対象となる列挙型の変数に対して，処理が記述されていない列挙子がある場合はコンパイルエラーとなります。ただしパターンマッチングにはすべてとマッチングするワイルドカード _ が使えるので，このワイルドカードを最後の分岐のパターンとすることで特定の列挙子に対する処理とそれ以外というように条件を簡潔に書くこともできます。

7.2.3.2　Option 型

　列挙型の特定の書き方を言語仕様に組み込んで，値が存在しない場合の安全

7.2 型安全性

性を確保する方法として Option 型を紹介します。C 言語や Java において値が
存在しないことを示す null は，メモリ上のどこも指していないということを
示す特別な値です。たとえば Java ではインスタンス変数の初期値として null
を使うことがあります。**Listing 7.5** の実行結果に示すように，null を値とし
て持つ変数に対してメソッドを呼び出すと，NullPointerException という
実行時エラーが発生します。

Listing 7.5　Java における NullPointerException の発生

```java
 1  public class Main {
 2      public static void main(String[] args) {
 3          Person person = null;
 4          String name = person.getName();   // NullPointerExceptionが発生
 5          System.out.println("名前: " + name);
 6      }
 7
 8      static class Person {
 9          private String name;
10          public Person(String name) {this.name = name};
11          public String getName() {return name};
12      }
13  }
```

```
Exception in thread "main" java.lang.NullPointerException
  at Main.main(Main.java:4)
```

　Listing 7.5 のように値が null であることが自明なインスタンスのメソッド
を呼び出すようなコードを書くことはまずありませんが，たとえばあるインス
タンスを返却するメソッドが何らかのエラーで null を返す場合，そのメソッ
ドの返却値を使うコードで，値が入っていることを前提にメソッドを呼び出し
てしまうと，そのコードは実行時エラーを引き起こします。

　Rust では，null を廃止し，その代わりに標準ライブラリで Option 型[注5]
を導入しています。Option 型は，以下に示すように値がある場合は 列挙子

注5　Option 型と Result 型は prelude（導入）としてすべての Rust プログラムで自動的に読み込まれていま
　　す。そのため，Option 型や Result 型を使うときには，Some や None，Ok や Err という列挙子も含めて，
　　読み込みの指定などは必要ありません。

235

第 7 章　Rust：高性能と安全性の追求

「Some (値)」を，値がない場合は列挙子 None を返す列挙型として定義されて
います。この場合の Some は，「いくつかの」という意味ではなく「何らかの」
という意味です。Some の値の型はジェネリックスで型パラメータ T として指
定されています。

```
enum Option<T> {
    Some(T),
    None,
}
```

Listing 7.6 に Option 型を使ったコード例を示します。get_person() 関
数の返却値は，10 行目と 11 行目のどちらかをコメントアウトすることで変更
できます。

Listing 7.6　Rust における Option 型

```
 1  struct Person {
 2      name: String
 3  }
 4
 5  impl Person {
 6      fn get_name(&self) -> &String {&self.name}
 7  }
 8
 9  fn get_person() -> Option<Person> {
10      //Some(Person{name: "Taro".to_string()})
11      None
12  }
13
14  fn main() {
15      let optional_person = get_person();
16
17      match optional_person {
18          Some(person) => println!("名前: {}", person.get_name()),
19          None => println!("Personオブジェクトは存在しません。"),
20      }
21  }
```

Personオブジェクトは存在しません。

236

変数 optional_person の値がいずれであるかは match 文で判定していま
す。これは，Java において，変数の値が null であるかどうかを if 文で判定
するのと同じように見えますが，Java ではこのようなチェックの有無について
はコンパイラは関与しません。一方 Rust では，Some から値を取り出す場合は，
コード例のように何らかの形で None の場合を考慮してコードを書かなければ，
コンパイルエラーとなります。

7.2.3.3 Result 型

Option 型は値が存在しない場合を表すための型でした。もう少し広い範囲
のエラーの発生を表すための型として Result 型があります。Result 型は，
値が正常に返された場合は列挙子「Ok(値)」を，エラーが発生した場合は列
挙子「Err(エラー)」を返す列挙型として定義されています。Ok の場合の値
の型や Err の内容を表す型は，ジェネリックスで定義されています。

```
enum Result<T, E> {
    Ok(T),
    Err(E),
}
```

Listing 7.7 に Result 型を使ったコード例を示します。プロジェクトのトッ
プレベルディレクトリに data.csv というファイルがあることを前提としており，
何らかの理由でファイルが読み込めなかった場合にエラーを返す関数を定義し
ています。ファイルを開くとき（6 行目），あるいはデータを読み込むとき（8 行
目）にエラーが発生した場合の処理は，次節で説明します。

Listing 7.7 　Rust における Result 型

```
1  use std::fs::File;
2  use std::io::{self, Read};
3
4  // ファイルの内容を読み込み，結果をResult型で返す関数
5  fn read_file_contents(file_path: &str) -> Result<String, io::Error> {
6      let mut file = File::open(file_path)?;
7      let mut contents = String::new();
8      file.read_to_string(&mut contents)?;
```

第 7 章　Rust：高性能と安全性の追求

```
 9        Ok(contents)
10  }
11
12  fn main() {
13      match read_file_contents("data.csv") {
14          Ok(contents) => {
15              // ファイルの内容をコンソールに出力
16              println!("{}", contents);
17          },
18          Err(e) => {
19              // エラーをコンソールに出力
20              println!("An error occurred: {}", e);
21          }
22      }
23  }
```

```
80, Alice
65, Bob
70, Caroline
93, David
77, Eve
```

　このように Result 型は，処理が正常に終了した場合とエラーが発生した場合の両方を表現することができます。

7.2.3.4　Rust のエラー処理

　Option 型や Result 型で生じるエラーを扱う方法は，match 文によるパターンマッチング以外にもいくつかあります。

　if let Some(x) = y { ... } else { ... } のような構文（y は Option 型。Result 型の場合は if let Ok(x) = y）で，代入が成功した場合と，エラーが返ってきた場合の処理をそれぞれ記述することができます。これは match 文を簡略化したものといえます。

　Listing 7.8 の 6 行目と 8 行目末尾の ？ は関数呼び出しに対するエラー処理のための演算子です。Option 型や Result 型が返却される関数に対して使用され，値が Some または Ok の場合はその値を取り出し，None または Err の場合はその場で関数内の実行を停止し，エラーを表す列挙子を呼び出し元に返しま

238

す。また，このような関数に対しては，unwrap() メソッド（エラーメッセージを指定する場合は expect() メソッド）を使うと，正常な場合は値を取り出し，エラーの場合はパニックを起こしてプログラムを停止させるようにできます。

7.3 メモリ安全性

　ここでは，Rust で**メモリ安全性**を確保する仕組みである**所有権**について説明します。所有権の概念は，他のプログラミング言語にはあまり見られないもので，Rust を理解するときの 1 つの山場ともいえます。本節では，メモリ管理の方法を C 言語，Java，Rust の 3 つの言語で比較しながら説明していきます。

7.3.1　C 言語のメモリ管理

　例としてファイルからデータを読み込んで，そのデータを処理するプログラムを考えてみます。C 言語のプログラムでこのようなデータを処理する場合は，あらかじめ全データを何らかの変数に格納する場合が多いのですが，単純な配列変数ではその要素数をコード作成の段階で指定しなければならず，これは事前にデータの大きさがわからないときには適当ではありません。このような場合，C 言語では 1 件分のデータごとにヒープ領域に動的にメモリを確保し，次のデータへはそのアドレスへのポインタを用いてアクセスするというような方法をとります。つまり，実行時に動的に必要なメモリを確保する，というコードを書くことになります。

　C 言語では，このようにして動的に確保されたメモリは，やはりコード中で明示的に解放する必要があります。そうしなければ，新しいデータを処理するときに，もう使用しない古いデータがメモリに残ってしまい，解放しないままメモリ確保を繰り返すとメモリ領域を使い切る**メモリリーク**[注6] を起こします。C 言語のようにプログラマにメモリの取得や解放を行わせる方法を，**明示的**と分類します。メモリが操作されるタイミングは，メモリを取得する malloc() 関

注6　プログラムが使用しているメモリ領域を解放せずに放置してしまうことで，使用可能なメモリ領域がなくなる（それ以上使うと溢れる（leak））現象をメモリリークとよびます。

第 7 章　Rust：高性能と安全性の追求

数やメモリを解放する free() 関数を呼び出した時点ということになり，このようにソースコード中のどこでメモリ操作が行われるかがわかる場合を**確定的**と分類します。すなわち，C言語は明示的かつ確定的にメモリ操作を行う言語であると位置づけられます。

　C言語におけるメモリの確保・解放手順を Listing 7.8 で振り返っておきましょう。5行目の malloc() 関数でヒープ領域にメモリを確保し，8行目の free() 関数でそのメモリを解放しています。

Listing 7.8　C言語におけるメモリの確保・解放

```
 1  #include <stdio.h>
 2  #include <stdlib.h>
 3
 4  int main() {
 5      int *p = malloc(sizeof(int));
 6      *p = 50;
 7      printf("*p = %d\n", *p);
 8      free(p);
 9      return 0;
10  }
```

```
*p = 50
```

　C言語のメモリ管理は明確ですが，明示的にメモリを操作しなければならないという制約がメモリ安全性という観点からは問題になります。特に，メモリの解放のタイミングが難しく，使用中のデータを解放してしまったり，使用しない大量のデータを保持し続けてメモリ不足になってしまったりすることがあります。もっと問題があるのは二重解放です。一度解放した領域は他のデータが使用することがあるのですが，前にあったデータの解放処理がこの段階で再度行われてしまうと，新しいデータが破壊されることになります。

7.3.2　Java のメモリ管理

　Java では，C言語のような明示的なメモリ操作を避けるように言語仕様が設計されています。メモリ取得は新しくオブジェクトを作成するときに自動的に行われ，解放に関してはガベージコレクションというメカニズムを用いて仮想

240

マシン（JVM）が行っています。このようにプログラマがメモリ領域の整理を行うコードを書かない方法を**暗示的**と分類します。ガベージコレクションはメモリ領域内でどこからも参照されていないオブジェクトを見つけ，それを解放します。ガベージコレクションが起こるタイミングは仮想マシンがメモリの状況を見て判断するので，プログラム実行中のどのタイミングでガベージコレクションが起動されるかはわかりません。このような状況を**非確定的**と分類します。すなわち Java は暗示的かつ非確定的にメモリ操作を行う言語であると位置づけられます。

Java におけるメモリ確保のコードを **Listing 7.9** に示します。メモリの解放はガベージコレクションにより自動的に行われるので，コード中に明示的には出てきません。

Listing 7.9　Java におけるメモリの確保・解放

```
1  class Person {
2      private String name;
3      private int age;
4      ...
5  }
6
7  public class Main {
8      public static void main(String[] args) {
9          Person p = new Person();
10         p.setName("John");
11         p.setAge(20);
12         System.out.println("name = " + p.getName());
13         System.out.println("age = " + p.getAge());
14     }
15 }
```

```
name = John
age = 20
```

ガベージコレクション中はプログラムの実行が停止されます。また，ガベージコレクションに必要な時間はメモリの使用状況によって変わり，どれだけの時間が必要であるかは事前にはわかりません。したがって，リアルタイムに応答を返す必要があるシステムでは，何かのはずみで想定内に応答が返ってこず

第 7 章　Rust：高性能と安全性の追求

に，問題が生じることがあります。

　ここまでの論点をまとめると，メモリ管理が明示的であること，また非確定的であることに問題があるということになります。したがって，暗示的かつ確定的なメモリ管理が行えると，実行効率に影響を与えずにメモリ安全性が確保される，ということになります。

7.3.3　Rust のメモリ管理手法

　Rust は，**所有権**と**借用**という概念を言語仕様に持ち込むことで，暗示的・確定的なメモリ管理を実現しています。所有権は，変数が値を独占的に所有するという概念で，借用は値を参照することのみができるということです。変数が値を所有するとき，その値はその変数に束縛されているといいます。**Listing 7.10** は Rust におけるメモリ確保・解放の例です。

Listing 7.10　Rustにおけるメモリの確保・解放

```
 1  fn main() {
 2      let my_vec = vec![1, 2, 3, 4, 5];
 3      consume_vector(my_vec);  // my_vec の所有権が移動
 4
 5      // println!("{:?}", my_vec); // コンパイルエラー
 6  }
 7
 8  fn consume_vector(v: Vec<i32>) {
 9      println!("Consuming vector: {:?}", v);
10      // v のスコープが終了すると，自動的にドロップ
11  }
```

```
Consuming vector: [1, 2, 3, 4, 5]
```

　2 行目で変数 my_vec がヒープ領域に確保された可変長配列の所有権を取得し，3 行目の関数呼び出しで，その所有権を関数 consume_vector() の引数に移動しています。所有権の移動は，このような関数呼び出し以外に，代入文や for 文の実行（実質的には for 文本体の実行）などでも生じます。

　所有権は，変数がスコープを抜けるときにその値を解放するための仕組みです。Rust では，変数が値を所有するとき，その値は他の変数に束縛されること

242

はありません。そのため，所有権を持つ変数がスコープを抜けるとき，その値を解放することができます。Listing 7.10 では，`consume_vector()` 関数の実行が終了すると，ヒープ領域に確保された可変長配列のメモリが自動的に解放され，その後は，呼び出し元の関数内で，このメモリを参照することはできません。このような仕組みにより，Rust ではメモリの確保・解放のミスによるエラーが発生しにくくなっています。

所有権を移動させる必要がない場合は，借用を行います。借用は，値を所有する変数に対して `&` をつけることで参照として実現されます（**Listing 7.11**）。可変な参照とする場合は，値を所有する変数に対して `&mut` をつけることで実現されます。

Listing 7.11 Rustにおける借用

```rust
 1  fn main() {
 2      let my_vec = vec![1, 2, 3, 4, 5];
 3      consume_vector(&my_vec);  // my_vec の参照をわたす
 4
 5      println!("{:?}", my_vec);
 6  }
 7
 8  fn consume_vector(v: &Vec<i32>) {
 9      println!("Borrowing vector: {:?}", v);
10  }
```

```
Borrowing vector: [1, 2, 3, 4, 5]
[1, 2, 3, 4, 5]
```

7.3.4 ライフタイム

Rust では，所有権と借用の概念を補完するために，**ライフタイム**という概念を導入しています。ライフタイムは，参照が有効である期間を示すものです。ライフタイムは，`'a` のように `'` に続く小文字の識別子（たとえば，`'a`，`'b`，`'c` など）で表現されます。

Listing 7.12 は，Rust でライフタイムの概念が必要になる簡単な例です。

第 7 章　Rust：高性能と安全性の追求

Listing 7.12　ライフタイムの指定が必要になる例

```
 1 fn longest<'a>(x: &'a str, y: &'a str) -> &'a str {
 2     if x.len() > y.len() { x } else { y }
 3 }
 4
 5 fn main() {
 6     let s1 = String::from("short");
 7     let s2 = String::from("longer");
 8
 9     let result = longest(s1.as_str(), s2.as_str());
10     println!("The longest string is {}", result);
11 }
```

```
The longest string is longer
```

　longest 関数は 2 つの文字列スライス x と y を受けとり，より長いほうの文字列スライスへの参照を返します。ここで，ライフタイムパラメータ 'a が使用されています。ライフタイムパラメータ 'a は，入力引数 x と y，および返却値が同じライフタイムを持つことを示しています。

　もしライフタイムパラメータを指定しなかった場合，以下のようなコンパイルエラーとなります。

```
fn longest(x: &str, y: &str) -> &str {
    if x.len() > y.len() { x } else { y }
}
```

```
error[E0106]: missing lifetime specifier
 --> src/main.rs:1:33
  |
1 | fn longest(x: &str, y: &str) -> &str {
  |                                 ^ expected named lifetime parameter
  |
  = help: this function's return type contains a borrowed value, but the
signature does not say whether it is borrowed from `x` or `y`
```

　もしこのコードが許可されると，x と y のライフタイムが異なっているときに，どちらを返すかによって返却値のライフタイムが異なることになります。

244

ライフタイムパラメータによって 2 つの引数および返却値のライフタイムが同一であるという制限がつけられ，このコードが正しく動くことが保証されます。

7.4 スレッド安全性

プログラムは OS から割り当てられたプロセスの単位で実行されます。個々のプロセスはメモリ・CPU 実行時間・ファイルシステム・ネットワークリソースなど，実行に必要なすべてのシステムリソースを個々に持ちます。プロセスは独立して実行されるため，1 つのプロセスがクラッシュしても他のプロセスには影響を与えません。

個々のプロセス内でプログラムを並列実行させることができます。その単位が**スレッド**です。1 つのプロセスに複数のスレッドがある場合，それらのスレッドはメモリなどの実行に必要なリソースを共有します。スレッドがクラッシュすると，そのプロセス内のすべてのスレッドが影響を受けます。

並列実行しているプログラムが同じデータにアクセスするような状況を**マルチスレッド**とよびます。マルチスレッド環境では，あるスレッドがデータの変更を始めたら，終了するまで他のスレッドがデータを読み出したり変更したりすることができないようにする必要があります。また，あるスレッドがリソースの解放のために別のスレッドの終了を待っているときに，待たれているスレッド側がそのリソースを利用しようとして待っている，いわゆるデッドロックという状態が起きないようにしなければなりません。このようなことが起こらないような状況を**スレッド安全性**とよびます。

スレッド安全性は，読み込み専用の変数をスレッド間で共有する場合，書き込みを行う変数をスレッド間で共有する場合，スレッドに処理をさせてその結果を受けとる場合など，典型的な場合それぞれについて誤った動作を行うコードが書けないように，プログラミング言語の仕様として記述法が定められている必要があります。Rust はこのような安全性をコンパイラレベルでサポートしています。

また，無理に同時に実行させることなく，効率よく長い処理を中断したり他の処理の終了を待つことができる async/await 機能が多くのプログラミング言語に採用されています。

第 7 章　Rust：高性能と安全性の追求

　まず，比較のために Listing 7.13 に C 言語におけるスレッド安全ではない
コードの例を示します。Listing 2.19 に示した code2-4.c とは異なり，ここで
は多くのスレッドを起動しています。

Listing 7.13　C言語におけるスレッド安全でないカウンタ

```
 1  #include <stdio.h>
 2  #include <pthread.h>
 3  #define NUM_THREADS 10000
 4  int counter = 0; // グローバル変数としてカウンタを定義
 5
 6  void* increment_counter(void *arg) {
 7      counter++; // スレッド安全でないカウントアップ
 8      return NULL;
 9  }
10
11  int main() {
12      pthread_t threads[NUM_THREADS];
13      for (int i = 0; i < NUM_THREADS; i++) {
14          pthread_create(&threads[i], NULL, increment_counter, NULL);
15      }
16      for (int i = 0; i < NUM_THREADS; i++) {
17          pthread_join(threads[i], NULL);
18      }
19      printf("Result: %d\n", counter);
20      return 0;
21  }
```

```
Result: 9996
```

　Rust で複数のスレッドから共有データにアクセスするには，以下の機能を使
います。

- スレッド間でのデータの競合を避ける Rust の機能
  - Arc（Atomic Reference Counting）：複数のスレッド間で所有権を共有
  - Mutex（mutual exclusion）：共有データへの同時アクセスを制御
  - spawn()：新しいスレッドを生成
  - join()：すべてのスレッドの完了を待つ

246

7.4 スレッド安全性

Listing 7.14 に Rust におけるスレッド安全なコードの例を示します。

Listing 7.14　Rustにおけるスレッド安全なカウンタ

```rust
 1  use std::sync::{Arc, Mutex};
 2  use std::thread;
 3  const NUM_THREADS: i32 = 10000;
 4
 5  fn main() {
 6      let counter = Arc::new(Mutex::new(0));
 7      let mut handles = vec![];
 8      for _ in 0..NUM_THREADS {
 9          let counter = Arc::clone(&counter);
10          let handle = thread::spawn(move || {
11              let mut num = counter.lock().unwrap();
12              *num += 1;});
13          handles.push(handle);
14      }
15      for handle in handles {
16          handle.join().unwrap();
17      }
18      println!("Result: {}", *counter.lock().unwrap());
19  }
```

```
Result: 10000
```

　C 言語のコード Listing 7.13 では，グローバル変数 counter を複数のスレッドが直接変更しています。これはデータ競合を引き起こす可能性があり，スレッド安全ではありません。一方，Rust のコード Listing 7.14 では，counter を Mutex で包み込み，Arc で複数のスレッドから参照できるようにしています。これにより，各スレッドは lock() メソッドを使って counter への排他的なアクセス権を取得し，安全にインクリメントを行うことができています。

　10 行目の move || は，クロージャを定義する構文です。ここでは，クロージャ内で使用される変数 counter の所有権をクロージャに移動しています。

　13 行目の push() メソッドは，ベクタに要素を追加するメソッドです。ここでは，thread::spawn() で生成したスレッドハンドルをベクタ handles に追加しています。

247

第 7 章　Rust：高性能と安全性の追求

7.5 まとめ

本章では，Rust における安全性の概念を以下の 3 つに分類して説明しました。

- 型安全性：型の不適切な使用をコンパイル時に検出
- メモリ安全性：所有権システムによりメモリ管理を行う
- スレッド安全性：スレッド間でのデータの競合を避ける機能が提供されている

　Rust は，オブジェクト指向や関数型などの新しいアイディアを取り入れつつ，強い型付けや所有権に基づく確定的なメモリ管理を言語仕様に組み込むことで，高性能なシステムを安全に開発できることを目指したものです。その代償として従来のプログラミング言語をベースにする開発者にとっては，コンパイルを通すことすら困難な状況が生じえます。もちろん，これはコンパイルが通ったコードは安全性が高い，ということと引き換えになります。この高い学習コストと引き換えても，高性能で安全性が高いことを求められるシステムプログラムなどにおいては，Rust は有用な言語であるといえるでしょう。

　Rust を学ぶにあたっては，まず公式のドキュメント "The Rust Programming Language" (https://doc.rust-lang.org/stable/book/) から始めることをおすすめします。また，本書の読者には他言語との比較を使った説明が多くある [Milanesi 22] [14] がわかりやすいと思います。情報工学を専門とする人には，[高野 22] [15] がおすすめです。

第 8 章

Python：スクリプト言語からエコシステムへ

Pythonはデータサイエンスや AI 分野などで広く使われ，現在もっとも多くの人に注目されているプログラミング言語であるといってもよいでしょう。このことから，Pythonには他の言語にはない特筆すべき機能があるに違いないと予想するかもしれません。しかし著者の見解では，Pythonの特徴は尖った新機能というよりは絶妙なバランスの実現と，それに基づいたエコシステムの発展にあると考えています。

本章では，Pythonの歴史・位置づけと基本的文法を説明した後に，機械学習分野のライブラリの考え方を説明し，最後にPythonのエコシステムを紹介します。

8.1　Pythonの歴史と位置づけ

Pythonは1990年代初頭に個人のプロジェクトとして公開されたプログラミング言語で，最初は書きやすく読みやすいことを重視して設計されました（図8.1）。インデント（文頭の空白）によってブロック（文のまとまり）を示すことで余計な括弧が減り，動的型付けや関数のデフォルト引数機能などによって実行したい処理が簡潔に記述できます。命令文は必ずしも関数やクラスの内部に位置づける必要がなく，コードの並びそのものが，あたかも脚本（script）として書かれた問題解決手順であるとみなすことができるため，Pythonは**スクリプト言語**の1つと位置づけられます。また，明示的なコンパイルをせずに手軽に実行できるので，軽量プログラミング言語（lightweight language）ともよばれます。

当初は，この記述の簡潔さによるコードの読みやすさと開発速度の向上が重視され，実行速度は犠牲にされていました。しかし，科学技術コミュニティのニーズから高速行列演算ライブラリNumPy（内部での計算はC言語で実装）が開発され，それを中心に科学技術計算を支えるライブラリ群が次々に生まれてきました[13]。このようなライブラリ群に加え，ライブラリ間の依存関係を管理するパッケージマネージャやテスト環境なども含めた開発支援環境が日々充実してきています。このように特定のプログラミング言語を中心として，その言語を用いた開発を支援するための環境全体を**エコシステム**とよびます。

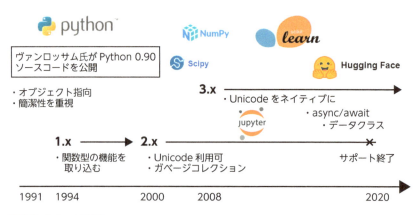

図8.1　Pythonの歴史

現在，Python が広く使われるようになった理由は 2 つあると考えられます。

1 つ目の理由は，他の言語のよいところをバランスをとって導入しながらも，全体として書きやすく，読みやすい文法を維持しているところにあります。動的型付けの機能やインデントによるブロック構造は簡潔なコード記述を可能にし，デフォルト引数による関数呼び出しは，豊富なライブラリを使いやすいものにしています。

さらに，この書きやすく読みやすいという 1 つ目のポイントが，専門分野に特化した高機能ライブラリがさまざまな応用分野で開発されるという 2 つ目のポイントにつながりました。書きやすく読みやすいプログラミング言語であるということは，習得が容易な言語であるということであり，このことがコンピュータシステムの開発を主業務としていない他の分野（統計・データサイエンス・機械学習・物理・天文・生物など）の専門家によるコミュニティの形成を促しました。その結果としてさまざまな分野で有用なライブラリやプログラミングを支援するエコシステムが開発されたということが 2 つ目の理由になります。

すなわち，Python はその文法を理解しただけでデータサイエンティストになれるような魔法の言語ではなく，これまでに学んだ手続き型・オブジェクト指向・関数型の機能がバランスよく組み合わさった言語であり，専門性の高いライブラリがその専門分野の典型的な概念をどのようにモデル化しているかという理解なしでは，その強みを発揮できない言語であるといえます。

Tips　Python のオンライン実行環境
- Google Colaboratory （https://colab.research.google.com/）
  - web ブラウザで Jupyter Notebook（8.4.3 節を参照）による Python の実行ができる
  - Google ドライブにファイルが保存できる
- web ブラウザ版 VS Code （https://insiders.vscode.dev/）
  - 拡張機能として Experimental - Python for the Web を入れることで WebAssembly 版 Python が使える
  - ローカルにファイルが保存できる

第 8 章　Python：スクリプト言語からエコシステムへ

8.2　Python の基本

　まず，Python の基本要素を簡単に説明します。主として C 言語と異なる部分を中心に取り上げます。

8.2.1　記憶・演算・入出力

　まず，基本的な記憶・演算・入出力の手段について説明します。

- 変数
  - 慣習として変数名には小文字のみを用い，複数単語からなる場合はアンダーバーで単語をつなぐ（いわゆるスネークケース）
  - 型
    - 数値型：int（整数），float（浮動小数点数），complex（複素数）
    - 文字列・リスト・関数・オブジェクトなども変数の値にできる
      - 文字列は二重引用符 " または 一重引用符 ' で囲む
    - 代入される値によって型が自動的に決まる動的型付け言語なので，型の宣言は不要
    - ポインタの機能はない
- 演算
  - 算術演算子，比較演算子はほぼ C 言語と同様
    - 算術演算子：+, -, *, /, //, %, **
    - 比較演算子：==, !=, <, <=, >, >=
  - 論理演算子の表記は and, or, not
    - 例：a >= 1 and a <= 12
  - print() などの組み込み関数はライブラリの読み込みを行わずに利用できる
    - 組み込み関数一覧：https://docs.python.org/3/library/functions.html
- 入出力
  - 表示は組み込みの print() 関数，書式指定はフォーマット済み文字列リテラル（f 文字列）

252

8.2 Python の基本

● **f 文字列**
- 文字列リテラル中に変数名を中括弧で囲って（必要であれば桁指定も伴って）与えることでその値を挿入できる
  - 例：`print(f'Your name is {name}.')`
- デバッグ用に変数の値を表示するときには `f'{name=}'` のようにすると変数名と値が表示される

● キーボードからの値の読み込みは組み込みの `input()` 関数
- 文字列をプロンプトとして引数に与えることができる
- 返却値は文字列型なので，数値にキャストするときは組み込みの `int()` 関数などで型変換を行う

C 言語のプログラム例で示した `code2-1.c`（Listing 2.1）を Python で書いたものを **Listing 8.1** に示します。C 言語や Java のようなプログラムの開始を示す関数・クラスの定義は必要なく，コードの先頭から順に実行されます。

> **Memo** 実際には Python のコードは木構造として解析された後にバイトコードに変換され，そのバイトコードが順にランタイムで実行されます。したがって，n 行目にあるエラーによってプログラムが停止したとしても，$n-1$ 行目まではエラーがない，ということにはなりません。たとえば実行時エラーが発生する行の次行に単純な構文エラーがあると，バイトコード変換時に後者のエラーが検出されて実行前にプログラムが止まる，ということがありえます。

Listing 8.1 記憶・演算・入出力の例

```
1  # 定数の定義
2  price = 150
3
4  # ユーザ入力の取得
5  amount = int(input("How many do you need?: "))
6
7  # 合計金額の計算と表示
8  total = price * amount
9  print(f"Total: {total} yen")
```

第 8 章　Python：スクリプト言語からエコシステムへ

```
How many do you need?: 3
Total: 450 yen
```

　Python では数値や文字列はイミュータブルなオブジェクトなのですが，変数
の参照先の変更が可能なので，このような簡単なコードの場合はミュータブル
な変数と同じような扱いができます。

8.2.2　データ構造と型

　ここでは Python でよく用いられるデータ構造であるリスト・タプル・辞書
について説明します。また，型の扱いについても説明します。

8.2.2.1　リスト

　C 言語の配列にあたるものは Python では**リスト**で表現します。リストは全体
を角括弧で囲って，要素の区切りは，（カンマ）を使います。リストは以下の
特徴があります。

- 要素数が可変
  - 要素の追加・削除やリスト同士の結合などのメソッドを持つ
- 各要素は同じ型でなくてもよい
- 特定の要素の取り出しは 0 から始まるインデックスを用いる

```
# リストへのアクセスの例
num_list = [10, 20, 30, 40, 50]
num_list[2]  # 30
```

　スライスはリストの一部を取り出すもので，「[先頭のインデックス　：　終端
のインデックス +1　：ステップ]」の形で指定します。ステップが 1 の場合は
省略可能です。終端の数字に該当する要素を含まないことに注意が必要ですが，
これはスライス番号が要素の間に振られていると考えるとわかりやすくなりま
す（図 8.2）。このようにするのは，要素数 0 のスライスを表現可能にするため
です。

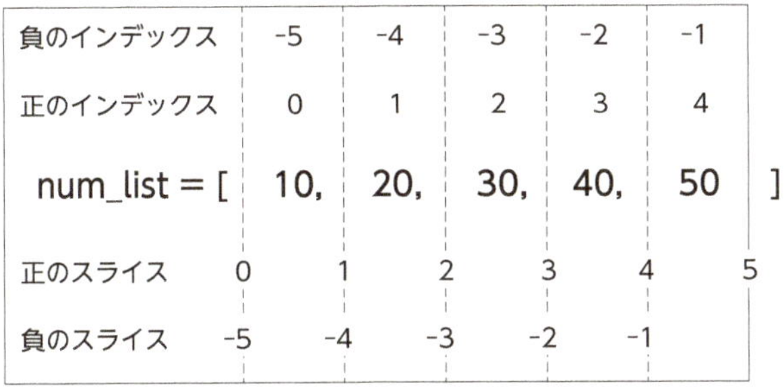

8.2 Python の基本

負のインデックス	-5	-4	-3	-2	-1	
正のインデックス	0	1	2	3	4	
num_list = [	10,	20,	30,	40,	50	]

```
正のスライス    0    1    2    3    4    5
負のスライス   -5   -4   -3   -2   -1
```

図8.2 Pythonのスライス

```
# スライスの例
num_list[1:4]  # [20, 30, 40]
```

C言語の配列の場合と異なり，リストを格納した変数はコピーできます。ただし，コピーされるのはリストが格納されているヒープ領域のアドレスです。このコピーを浅いコピーとよびます。浅いコピーの場合は，メモリ上の実体は同じものを指すので，以下のコードに示すように，片方のリストを変更すると，もう片方も変更されます。

```
# 浅いコピーの例
num_list = [10, 20, 30, 40, 50]
a = num_list
print(a)
num_list[1] = 99
print(a)
```

```
[10, 20, 30, 40, 50]
[10, 99, 30, 40, 50]
```

別のリストを作成してコピーしたい場合は，以下のように copy() メソッドを使います。このコピーを深いコピーとよびます。ただし，リストが入れ子になっている場合はこの方法でもさらに注意が必要です。

255

第8章　Python：スクリプト言語からエコシステムへ

```python
# 深いコピーの例
num_list = [10, 20, 30, 40, 50]
b = num_list.copy()
print(b)
num_list[1] = 99
print(b)
```

```
[10, 20, 30, 40, 50]
[10, 20, 30, 40, 50]
```

8.2.2.2　タプル

タプルはカンマで区切られた要素を丸括弧で囲ったものです。要素は異なる型でもかまいません。要素へのアクセスはインデックスによって行えます。タプルはイミュータブルなので，要素の追加や変更はできません。

```python
# タプルの例
min_and_index = (10, 'Masa')
min_and_index[0]  # 10
```

```python
# タプルを書き換えようとしているのでエラーになる
min_and_index[0] = 5
```

```
---------------------------------------------------------------------
TypeError                                 Traceback (most recent call last)
Cell In [6], line 2
      1 # タプルを書き換えようとしているのでエラーになる
----> 2 min_and_index[0] = 5

TypeError: 'tuple' object does not support item assignment
```

8.2.2.3　辞書

辞書は，キーと値のペアで複数の要素をまとめる方法です。辞書全体は中括弧で囲みます。要素へはインデックスではなく，キーでアクセスします。キーは文字列などのイミュータブルなオブジェクトでなければなりません。辞書自体は要素の追加・変更・削除ができるミュータブルなオブジェクトです。

8.2 Python の基本

```python
# 辞書の例
b = {'name': 'Tom Bean', 'age': 21, 'point':80}
b['name']  # 'Tom Bean'
```

8.2.2.4 要素の型

ここまで説明した Python のデータ構造は柔軟なため，異なる型を要素とすることができます。しかし，たいていの場合は要素の型を制限したほうが安全なコードになるので，Java のジェネリックスのような機能が必要になります。Python 3.12 以降では，以下のように型についての情報をコードに加えることができます。

```python
type IntList = list[int]
def sum_list(a: IntList) -> int:
    return sum(a)
```

このコードでは type 命令で IntList という**型エイリアス**[注1] を定義し，その定義した型を sum_list() 関数の引数の型としています。また，この関数の返却値についても，型の情報がついています。ただし，これらは**型ヒント**とよばれる機能しか持たず，実行時に型エラーが発生することはありません。VS Code などのエディタでは，型ヒントに従わないコードに対して警告を出すことができます。

また，Rust の列挙型（enum）の概念にならって，1 つの変数に複数の型を指定することができます。いずれも書き方は，str | int や int | None[注2] のように，型名を | で区切って並べるだけです。

注1　**型エイリアス**
　　Python 3.11 以前では typing モジュールを読み込んで，以下のように書きます。
　　from typing import TypeAlias
　　IntList: TypeAlias = list[int]
注2　None は，値がないことを示す組み込み定数です。

257

第 8 章　Python：スクリプト言語からエコシステムへ

8.3　Python のプログラム構造

8.3.1　制御構造

　Python の制御構造には，条件分岐としての if 文・match 文，繰り返しとしての for 文・while 文があります。C 言語との違いは，条件分岐や繰り返しの内容をブロックとしてインデントを揃えて書くところです。同じインデントを持つ一連の行はブロックを構成します。このインデントによるブロックの構成の概念は，関数定義などでも用いられます。

8.3.1.1　条件分岐

　単純な条件分岐は，if という予約語の後に真偽値を値とする条件式を書き，その後にコロン：をおいて改行した後に，条件が成立したときに実行するブロックを書きます。条件不成立のときに実行する処理は，if のインデントと並んだ場所に else: を書き，改行した後に実行するブロックを書きます。else: の後に条件を書きたいときには elif: を使うと条件が入れ子にならず並列になるので，インデントが深くなることを避けられます。if 文の例は Listing 8.2 で示します。

　オブジェクトの値の違いなどに基づく複雑な条件分岐には，match 文を使うことができます。使い方は Rust の match 文と似ていますが，書式が少し違います。個々の分岐先の記述は，Rust では「値 => 処理 ,」でしたが，Python では「case 値: 処理」となります。また，Rust のような値の網羅性チェックは行われません。

8.3.1.2　繰り返し

for 文

　一定回数を繰り返す for 文は range 関数を使ってループ変数を与えます。なお，繰り返し処理の内部では，繰り返しを強制的に中止する break 文，残りの処理をスキップして次の繰り返しに移る continue 文が使えます。

　Listing 8.2 では if 文で入力値の検証を行い，for 文で繰り返し処理を行って入力値の平方根を求めています。これは，Listing 2.8 のコードを Python に書き直したものとみなせます。

8.3 Python のプログラム構造

Listing 8.2　平方根を求めるコード 1

```python
1  import sys
2
3  x = int(input('Enter integer: '))
4  if x <= 0:
5      print('Input error!')
6      sys.exit()
7  rnew = float(x)
8
9  for i in range(3):
10     r1 = rnew
11     r2 = x/r1
12     rnew = (r1 + r2)/2
13     print(f'{r2:7.5} < {rnew:7.5} < {r1:7.5}')
```

```
Enter integer: 3
    1.0 <     2.0 <     3.0
    1.5 <    1.75 <     2.0
 1.7143 <  1.7321 <    1.75
```

　リストの各要素に対する繰り返し処理には，以下のように for ... in とい
う記法の拡張 for 文を用います。for の後は繰り返しに使う変数，in の後は
イテレータパターンを実装したイテラブルオブジェクトをおくと，この文はイ
テラブルオブジェクトの先頭から順に 1 つずつ要素を取り出して変数に入れて
ループ処理を行います。

```python
num_list = [10, 20, 30]
for x in num_list:
    print(x)
```

```
10
20
30
```

　インデックスを使う必要があるときは，以下のように enumerate() 関数を
用いると，インデックスと要素の両方を取り出すことができます。

第 8 章　Python：スクリプト言語からエコシステムへ

```
for (i, x) in enumerate(num_list):
    print(f'num_list[{i}] = {x}')
```

```
num_list[0] = 10
num_list[1] = 20
num_list[2] = 30
```

　リストの定義には，要素を列挙する外延表記だけではなく，要素の性質を記述する**内包表記**が可能です。以下のように，拡張 for 文はリスト内包表記によるリストの定義に使えます。

```
even_list = [i*2 for i in range(1, 11)]
even_list
```

```
[2, 4, 6, 8, 10, 12, 14, 16, 18, 20]
```

while 文

　Listing 8.3 のように，while 文を使って条件が成立する間，処理を繰り返すことができます。なお C 言語の do-while 文は Python にはありません。

Listing 8.3　平方根を求めるコード 2

```
 1  import sys
 2
 3  x = int(input('Enter integer: '))
 4  if x <= 0:
 5      print('Input error!')
 6      sys.exit()
 7  rnew = float(x)
 8  diff = rnew - x/rnew
 9
10  while diff > 1.0E-3:
11      r1 = rnew
12      r2 = x/r1
13      rnew = (r1 + r2)/2
14      diff = abs(r1 - r2)
15
16  print(f'{r2:10.8} < {rnew:10.8} < {r1:10.8}')
```

260

```
Enter integer: 5
 2.2360671 <    2.236068 <   2.2360689
```

8.3.1.3　エラーへの対処

　これまでのプログラムでは，エラーに対しては 0 以下の値が入ってきたとき
のみ対処可能でした。しかし，このようにユーザに自由な入力を許す状況では
数値以外のものが入力されてエラーとなる可能性もあります。たとえば，この
平方根を求めるプログラムは正の浮動小数点数でも正しく動作するのですが，
小数点 .（ピリオド）の代わりに間違って ,（カンマ）を入力してしまうよう
な状況がありえます。

　また，エラーが出たらプログラムを終了するのではなく，再度入力させるよ
うに変更したほうが使いやすいプログラムになります。そのようなことを実現
するために，エラーが起こりえるコードを try 以下のブロックで記述し，そ
こで発生した例外に対して except 以下のブロックで対処する方法を使います
（**Listing 8.4**）。

Listing 8.4　正の数が入力されるまで繰り返すコード

```
 1  import sys
 2
 3  while True:
 4      x = input('Enter positive number: ')
 5      try:
 6          x = float(x)
 7      except ValueError:
 8          print(f'{x}は数値に変換できません。')
 9          continue
10      except:
11          print('予期せぬエラーです')
12          sys.exit()
13      if x <= 0:
14          print(f'{x}は正の数値ではありません。')
15          continue
16      break
17
18  print(x)
```

第 8 章　Python：スクリプト言語からエコシステムへ

```
Enter positive number: -1
-1.0は正の数値ではありません。
Enter positive number: abc
abcは数値に変換できません。
Enter positive number: 3
3.0
```

8.3.2　関数

関数は 1 行目に「def 関数名（引数 1，　引数 2，...）:」と書き，次行から
インデントをつけて内容を書きます。関数外部で定義されたグローバル変数
について，関数内では参照のみ可能です。変更可能にするためには，関数内で
global 宣言を行います。

Listing 8.5 は入力のエラー処理と繰り返し処理を関数として定義したものです。

Listing 8.5　平方根を求めるコード 3

```
 1  import sys
 2
 3  def input_number():
 4      while True:
 5          x = input('Enter positive number: ')
 6          try:
 7              x = float(x)
 8          except ValueError:
 9              print(f'{x}は数値に変換できません。')
10              continue
11          except:
12              print('予期せぬエラーです')
13              sys.exit()
14          if x <= 0:
15              print(f'{x}は正の数値ではありません。')
16              continue
17          break
18      return x
19
20  def square_root(x):
21      rnew = x
22      while True:
23          r1 = rnew
```

262

```
24          r2 = x/r1
25          rnew = (r1 + r2)/2
26          if r1 - r2 < 1.0E-6:
27              break
28      return rnew
29
30  x = input_number()
31  sq = square_root(x)
32  print(f'Square root of {x} is {sq}')
```

```
Enter positive number: 2
Square root of 2.0 is 1.414213562373095
```

Listing 8.5 において，`square_root()` 関数内で繰り返しを打ち切る精度の値がコード中に直接書かれているのはあまり好ましくありません。グローバル変数とする方法もありますが，この定義を忘れると関数内でエラーが発生してしまいます。

そこで，以下のように関数の仕様を変更します。第2引数として精度を与えることができるようにして，もし第2引数が指定されていなければデフォルト値を使えるよう，**デフォルト引数**とします。デフォルト引数は，関数定義のヘッダで「引数名＝デフォルト値」と書いて定義します。なお，デフォルト引数が複数になったときに，任意のものが省略可能になって定義順に意味がなくなるので，デフォルト引数はキーワード引数として呼び出すのが無難です。

```python
def square_root(x, eps=1.0E-6):
    rnew = x
    while True:
        r1 = rnew
        r2 = x/r1
        rnew = (r1 + r2)/2
        if r1 - r2 < eps:
            break
    return rnew
```

第 8 章　Python：スクリプト言語からエコシステムへ

```python
# 仮引数の順に実引数を与えて呼び出す
square_root(2, 1.0E-2)
```

```
1.4142156862745097
```

```python
# キーワード引数で呼び出す
square_root(2, eps=1.0E-10)
```

```
1.414213562373095
```

```python
# 第2引数を省略して呼び出す
square_root(2)
```

```
1.414213562373095
```

8.3.3　クラス

クラスは変数名と同じ規則で命名されますが，大文字で始め，複数の単語からなる場合はキャメルケース（各単語の先頭文字を大文字にして結合）とすることで変数名と区別する習慣になっています。

Listing 8.6 にスタックをクラスとして定義する例を示します。スタックとは，棚のようなデータ構造で，入ってきたデータが順に積み重ねられ，出るときは最後に入ったデータから出て行きます。

`__init__` メソッドはコンストラクタで，インスタンスが作成されるときに自動的に呼び出されるメソッドです。各メソッドの引数には，先頭に自分自身のインスタンスを表す self を書きますが，外部からの呼び出しのときには，この引数を書く必要はありません。

`if __name__ == '__main__':` 以下は，このコードを単独で呼び出したときに実行される部分で，他のコードからモジュールとして読み込まれたときには実行されない部分です。この例では，「5，2，3」（3 が一番上）というデータが入ったスタックに対して，pop 操作（スタックから値を取り出す）や push 操作（スタックに値を追加する）を複数回行っています。

264

8.3 Python のプログラム構造

Listing 8.6　スタックをクラスとして定義

```python
 1 class MyStack():
 2     def __init__(self, data):
 3         self.num_list = data
 4
 5     def push(self, elem):
 6         self.num_list.append(elem)
 7
 8     def pop(self):
 9         if self.is_empty() == True:
10             return None
11         else:
12             x = self.num_list[-1]
13             self.num_list = self.num_list[:-1]
14         return x
15
16     def is_empty(self):
17         return self.num_list == []
18
19     def clear(self):
20         self.num_list = []
21
22 if __name__ == '__main__':
23     st = MyStack([5, 2, 3])
24     print(st.pop())
25     print(st.pop())
26     st.push(8)
27     st.push(9)
28     print(st.pop())
29     print(st.pop())
30     print(st.pop())
31     print(st.pop())
```

```
3
2
9
8
5
None
```

265

第8章　Python：スクリプト言語からエコシステムへ

　一般的にこのようなクラス定義から作成されたインスタンスは，特に気をつけて作成しない限りはミュータブルなものです。Python で関数型のようなプログラミングを行うときには，関数にわたすデータはイミュータブルなオブジェクトが望まれます。Python では，@dataclass デコレータを使って，クラスをイミュータブルにできます。

```python
@dataclass(frozen=True)
class HealthRecord():
    name: str
    height: int
    weight: float
```

　また，Python では，「class クラス名 (親クラス)」という形で継承を行うことができます。Java とは異なり，Python では多重継承が可能で，そのときは継承する親クラスをカンマで区切って列挙します。この機能を使って，ログの記録やデータ変換など，単独の機能として他のクラスに「混ぜ込む」目的のクラスを活用することができます。このような機能を**ミックスイン**とよびます。

8.3.4　ファイル入出力

ファイルを読み書きする基本的な方法は以下のものです。

- open 関数でファイル名とモードを指定して，返却値でファイルオブジェクトを得る。モードは 'r' が読み込み，'w' が書き込み
- 内容の読み込みメソッドは read()（全体）または readline()（1 行ずつ）。1 行ずつ読むときは，ファイルオブジェクトに対して拡張 for 文を使う（例：for line in f:）と便利
- 書き込みメソッドは write()
- 処理が終われば，close() メソッドでファイルを閉じる

　ファイルの入出力はエラーを起こすことが多いので，プログラムが途中で終わってもファイルが close されるように，多くの場合は with ブロックを使ってファイルの入出力を行います。

266

Listing 8.7 に Listing 2.18 で示した C 言語のプログラム code2-3.c を Python で書いたものを示します。

Listing 8.7 ファイルからデータを読み込む例

```python
from dataclasses import dataclass

@dataclass(frozen=True)
class Student():
    score: int
    name: str

def read_data(filename):
    with open(filename, 'r') as f:
        data = []
        for line in f:
            score, name = line.split(',')
            data.append(Student(int(score), name.strip()))
    return data

data = read_data('data.csv')
for d in data:
    print(f'name: {d.name:<9} score: {d.score}')
```

```
name: Alice      score: 80
name: Bob        score: 65
name: Caroline   score: 70
name: David      score: 93
name: Eve        score: 77
```

8.4 Python のエコシステム

8.4.1 ライブラリ

Python では科学技術計算に特化したライブラリが多数あり（図 8.3），それらのライブラリを使うことで，短いコードで高い機能が実現できます。

- 数値計算 NumPy
- グラフ描画 Matplotlib
- データ操作 pandas, Polars
- 科学計算 SciPy
- 機械学習 scikit-learn
- 深層学習 Keras, TensorFlow, PyTorch

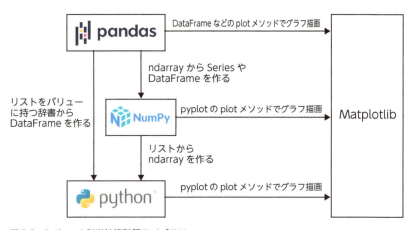

図 8.3　Python の科学技術計算ライブラリ

　NumPy はベクトル・行列・n 次元配列などのデータを ndarray という形式で表現し，それらに対する各種の演算を高速に行うことができます[注3]。pandas は Series（ベクトル）または DataFrame（行列）という形式でデータを表現し，データの操作や統計処理の機能が豊富です。Matplotlib では線グラフ・棒グラフ・散布図などが簡単に描画できます。これらの機能をつないだプログラムを Listing 8.8 に示します。

Listing 8.8　ライブラリを使ったデータ処理（出力は図8.4）

```
1 import numpy as np
2 import pandas as pd
3 import matplotlib.pyplot as plt
```

注3　NumPy の内部実装および NumPy を中心としたエコシステムの発展については，[Harris et al. 20][16] に詳しく書かれています。

```
 4
 5 # NumPy で0以上1未満の乱数を100個生成
 6 rng = np.random.default_rng()
 7 data = rng.random(100)
 8
 9 # pandas の DataFrame (列見出し 'Value' の100行1列) に変換
10 df = pd.DataFrame({'Value': data})
11
12 # pandas で移動平均 (ウィンドウ幅5) を計算して，列として追加
13 df['Moving Average'] = df['Value'].rolling(window=5).mean()
14
15 # Matplotlib で元のデータと移動平均をプロット
16 plt.figure(figsize=(10, 6))
17 plt.plot(df['Value'], label='Original Data')
18 plt.plot(df['Moving Average'], label='Moving Average', color='red')
19 plt.title('Original Data and Moving Average')
20 plt.xlabel('Sample Number')
21 plt.ylabel('Value')
22 plt.legend()
23 plt.grid(True)
24 plt.show()
```

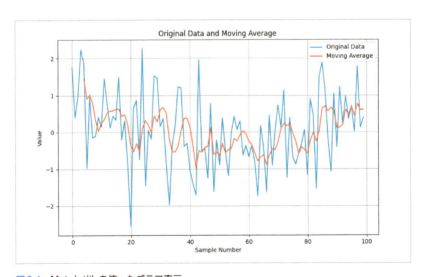

図8.4　Matplotlibを使ったグラフ表示

実質的にこのコードには Python の文法知識が必要な部分は非常に少なく，ほとんどの記述がライブラリのメソッドの呼び出しです。このように，応用分野によってはライブラリに関する知識のほうが重要になることがあります。

8.4.2 機械学習ライブラリの事例

前節で示したコードは，簡単な統計の知識とグラフ描画のパターンに関する知識があれば理解できるものです。しかし，ライブラリによっては，その背景知識を理解していないとライブラリが提供する機能を使いこなすことが難しいものもあります。その代表的なものが機械学習ライブラリ **scikit-learn** です。

scikit-learn は，機械学習のアルゴリズムを実装したライブラリで，分析・識別・回帰などの多くのアルゴリズムを提供しています。どのアルゴリズムを使うかは，データの性質や目的によって異なります。そのため，機械学習では何ができるのか，手元のデータでは何がしたいのか，そのためにはどのアルゴリズムを使えばよいのか，といった知識が必要になります。scikit-learn では，アルゴリズムの選択から評価までの一連の流れを提供しており，また 図 8.5 に示すように用いるクラスの選択基準も示されていますが，その背景にある知識がないと，適切なクラスを選択することが難しくなります。

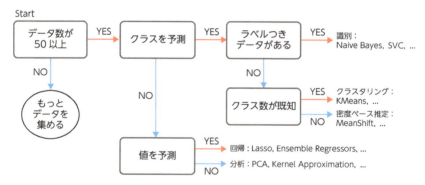

図8.5　scikit-learnのクラス選択基準
（https://scikit-learn.org/stable/machine_learning_map.html を簡略化）

単純な識別問題を例に，scikit-learn の使い方を説明します。Listing 8.9 は，アヤメの花びらと萼（がく）のサイズの情報を使って，アヤメの種類を分類す

8.4 Python のエコシステム

る問題を解くものです。このコードでは，まずアヤメのデータセットを読み込み，データを訓練用とテスト用に分割します。そして，訓練用データを使ってモデルを学習し，テスト用データを使ってモデルの性能を評価します。モデルには，確率に基づくモデルの 1 つであるロジスティック回帰モデルを用いています。

Listing 8.9　scilit-learn を使った教師あり学習

```
 1 from sklearn.datasets import load_iris
 2 from sklearn.model_selection import train_test_split
 3 from sklearn.linear_model import LogisticRegression
 4 from sklearn.metrics import accuracy_score
 5
 6 # アヤメのデータの読み込み
 7 iris = load_iris()
 8 X, y = iris.data, iris.target
 9
10 # データを訓練用とテスト用に分割
11 X_train, X_test, y_train, y_test
       = train_test_split(X, y, test_size=0.3, random_state=3)
12
13 # ロジスティック回帰モデルの学習
14 model = LogisticRegression()
15 model.fit(X_train, y_train)
16
17 # テストデータでの予測
18 y_pred = model.predict(X_test)
19
20 # モデルの性能評価
21 accuracy = accuracy_score(y_test, y_pred)
22 print(f'Accuracy: {accuracy:.2f}')
```

```
Accuracy: 0.98
```

　識別を一般化した教師あり学習における機械学習モデルの内部構成にはさまざまな実現手段があります。その実現手段の種類にかかわらず，教師あり学習とは，訓練用データを入力し，そのデータに対する正解が出力されるようにモデル内部のパラメータを調整するプロセスである，と抽象化できます（図 8.6）。scikit-learn の教師あり学習用のモデルは，この調整プロセスを fit() メソッドとして持っており，第 1 引数に訓練用データ，第 2 引数に正解を与えること

271

で学習を行います。学習が終わったモデルを使って，テストデータに対して予測を行うには predict() メソッドを使います。

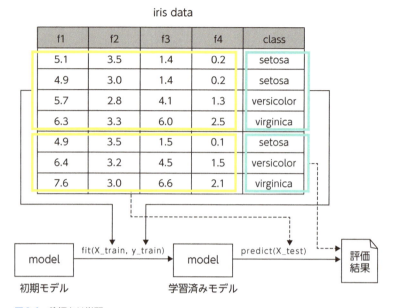

図 8.6　教師あり学習

これらは，学習モデルを決定木やニューラルネットワークに置き換えても，呼び出すメソッドは同じです。このように使用するライブラリの分野に応じて，何がどのように抽象化されていて，それをどのように使うのかという知識が必要になります。これらの知識は，ライブラリ提供元で API ドキュメントとして提供されていて，それを読むのに Python の知識が必要になります。

8.4.3　Project Jupyter

Project Jupyter はさまざまなプログラミング言語に対応したオープンソースソフトウェア・オープンスタンダード・サービスを開発することを目的として設立されました。ルーツは Python の対話的実行環境である IPython から分離したもので，Jupyter の名前は，コア言語としてサポートする Julia，Python，R の 3 つのプログラミング言語名を表しています。

統合開発環境である **JupyterLab** は後述する Jupyter Notebook（図 8.7）の作成・実行やターミナルでのコマンド実行，6 章で説明した GitHub との連携機能などが提供されています。

> **Tips**　JupyterLab 環境は，無料の機械学習開発環境である Amazon SageMaker Studio Lab で試すことができます。Google Colaboratory は Jupyter Notebook を既定の初期環境から毎回実行するものですが，Amazon SageMaker Studio Lab は 15GB までのストレージがアカウントごとに提供されるので，作成した環境を保存することができます。

Python のコーディングには，ブラウザでコーディング・実行が行え，その経過が保存できる Jupyter Notebook を使うことができます。Jupyter Notebook はセルとよばれる単位に Python のコードまたは Markdown によるテキストを書くことができます。

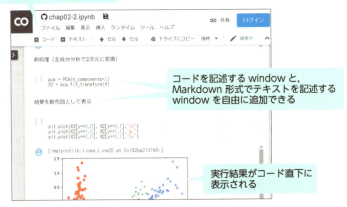

図8.7　Jupyter Notebookの実行画面の例

第 8 章　Python：スクリプト言語からエコシステムへ

- **よく使う Markdown 記法**
  - 見出し：#（階層は ##，### など，# の数で調整）
  - 改行：行末で 2 つ以上の空白を入れる
  - 箇条書き：* または – と空白を先頭に入れる。入れ子は先頭に 2 つ以上の空白を入れる
  - 数式：インライン数式は $，改行して記述するディスプレイ数式は $$ で囲み，LaTeX の数式記法で書く
- **Jupyter Notebook のキーボードショートカット**
  - Esc を押してコマンドモード
    - Enter：セルの編集
    - m：マークダウンモード
    - y：コードモード
    - c：セルのコピー
    - v：コピーしたセルのペースト
    - dd：セルの削除
    - Space：スクロールダウン
    - Shift + Space：スクロールアップ
    - h：ショートカット一覧の表示
  - セルの編集モードの時
    - Shift + Enter：セルの実行，次のセルへ移動
    - Ctrl + Enter：セルの実行のみ

　Jupyter Notebook をオンラインで実行するサービスとして，**Google Colaboratory** があります（図 8.8）。Google Colaboratory では，Google Drive に保存された Jupyter Notebook を実行することができます。実行環境には事前に NumPy，pandas，Matplotlib などのライブラリに加えて，機械学習のライブラリなども多数インストールされています。また，新たなライブラリを追加でインストールすることもできます。ただし，実行環境は毎回初期化されるので，毎回必要なライブラリのインストールを行う必要があります。

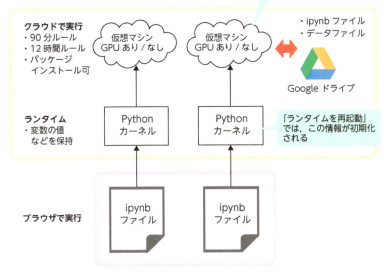

図8.8 Google Colaboratoryの全体像

> **Tips**
> 2024年7月現在，Google Colaboratoryは無料で利用できますが，連続して使用できる時間や，GPUを使った計算に制限があります。無料版に比べて多くの計算資源が使える有料のサービスも提供されています。

8.5 Pythonと生成AI

　生成AIサービスの中には，問題定義をプロンプトとして与えると，Pythonのコードを生成して，それを実行することで回答を生成するものがあります。たとえばChatGPTのAdvanced Data Analysis（図8.9）は，データ分析の問題をプロンプトとして与えると，その問題に対するPythonのコードを生成してくれます。Pythonのコード内からは，アップロードしたファイルにアクセスすることもできるので，生成されたコードは，データの読み込みから可視化までの一連の処理を行います。

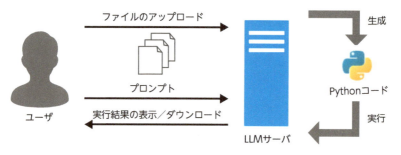

図8.8 Advanced Data Analysis の仕組み

　この機能は，Python がさまざまな問題に対応する豊富なライブラリを持っていることを前提としています。すなわち，自分が解決したい問題に対して，Python にはどのようなライブラリがあり，それを使うためにはどのようにプロンプトを与えてコードを書かせればよいのかという知識が必要になります。生成 AI において有効に活用できる Python のライブラリには，以下のようなものが挙げられます。

- python-pptx：PowerPoint ファイルを生成
  - 例：「python-pptx を使って，... のスライドを作成してください」
- matplotlib.animation：グラフなどをアニメーションにして, MP4 ファイルを生成
  - 例：「... のグラフをアニメーション表示し，MP4 で出力してください」
- OpenCV，dlib など：画像加工・顔抽出などの画像処理

8.6　まとめ

　Python は，データサイエンス・機械学習や web アプリケーションなど，比較的明示的に問題が設定でき，その実装のための効率のよい開発方法の需要が高い分野において，有用なプログラミングパラダイムを取り入れながら発展してきた言語であるといえます。

　Python の全体像を学ぶには，京都大学の演習科目で用いられているテキスト [喜多ほか 23] [2] をおすすめします。Python での科学技術計算については [神嶌 22] [17] で NumPy，SciPy，scikit-learn のコーディング例が示されています。

第9章

JavaScript：
webアプリケーション開発

本章では，Pythonと並んで広く使われているスクリプト言語JavaScriptを紹介します。JavaScriptはwebアプリケーション開発の中心的な言語ですが，Pythonだけを学んでデータサイエンスを習得できるわけではない，というのと同様に，JavaScriptを学ぶだけではwebアプリケーション開発をできるようになりません。本章ではwebアプリケーションの基本的な構成を紹介し，それらを通じてJavaScriptによるプログラミングを学びます。

第9章 JavaScript：webアプリケーション開発

9.1 JavaScriptとは

JavaScriptは1990年代にwebブラウザを販売し，大きなシェアを占めていたネットスケープコミュニケーションズ社によって開発されたスクリプト言語です（図9.1）。言語の名前にJavaという単語が入っていますが，Java言語とはかなり異なる言語です。言語の名前の由来は，ネットスケープコミュニケーションズ社がJavaの開発元であるサン・マイクロシステムズ社と業務提携していたからであるといわれています。

当初はブラウザ上で動作する言語として，ユーザインタフェース部品のアクション定義や入力値の妥当性チェックなど，クライアント側での処理を記述する役割を果たしていました。簡潔な記述を最優先にした動的かつ弱い型付け言語で，オブジェクトを複製して属性や機能を追加するという独特のオブジェクト指向プログラミング方式を採用していました。これらの特徴から，プロトタイピングには適するものの，型の不一致によるバグや関数呼び出し失敗による実行時エラーなどが生じやすいという欠点があり，規模が大きいプロジェクトでの採用は難しい言語であると認識されていました。

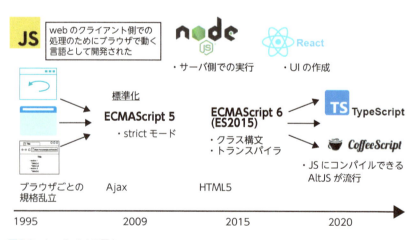

図9.1　JavaScriptの歴史

その後，ブラウザの違いによる規格の乱立などを経て，コードの信頼性と品質を高める工夫を盛り込んだ標準仕様である ECMAScript 6（**ES2015**）が2015 年に定められ，その仕様に従って各ブラウザでの処理系が実装されました。ES2015 で標準的なオブジェクト指向言語に近いクラス定義ができるようになったこと，また，JavaScript のサーバサイドでの実行環境 **Node.js** の安定版がリリースされたことなどによって，Java などに慣れ親しんだ開発者が web 開発に参入しやすくなりました。その後，ES2015 は web 開発の中心的な仕様となり，さらに発展してモバイル端末のアプリ開発などにも使われるようになりました。

JavaScript のこのような用途の広がりを受け，近年では JavaScript の発展型としてのスクリプト言語がいくつか開発されました。これらの言語は総称でAltJS（Alternative JavaScript）とよばれ，トランスパイラによって JavaScriptに変換して実行されます。AltJS の代表的な言語としては，Java に近いクラスの概念や静的型付けの機能を持つ **TypeScript** があります。

9.2　web の仕組み

本節では，web の構成要素の 1 つとして JavaScript を位置づけます。本節で説明する HTML, CSS, JavaScript は，最終的には何らかのフレームワークの内部に埋め込まれて使われるとしても，それらの役割と言語仕様は理解しておく必要があります。

9.2.1　HTML

web のベースとなる技術は**ハイパーテキスト**（図 9.2）とよばれるものです。ハイパーテキストとは，電子的な文書がリンクによって結合されたものです。電子文書間にリンクを設定する機能と，電子文書に見出し・段落・箇条書き・図表の表示などの構成を与える機能を，タグを使ってテキストをマークアップするという技法で実現したものが **HTML**（HyperText Markup Language）（図9.3）です。表 9.1 に HTML の主要なタグを示します。

HTML では，<タグ名> と </タグ名> で囲まれた部分を要素とよびます。リンク先・画像の URL・要素として囲まれた部分の名前など，要素に関する情報は属性として，<タグ名 属性名="属性値"> という形式で指定します。

第 9 章　JavaScript：web アプリケーション開発

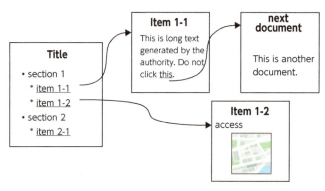

図9.2　ハイパーテキストのイメージ

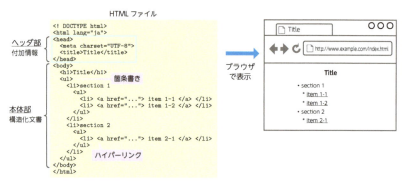

図9.3　HTMLの全体像

表9.1　HTMLの主要なタグ

タグ	説明	主要な属性
`<html>`	HTML文書のルート要素	`lang`: 文書の言語（日本語は ja）
`<head>`	メタデータを含む文書のヘッダ部分	-
`<title>`	ブラウザのタイトルバーに表示されるタイトル	-
`<body>`	文書の本文	-
`<h1>` – `<h6>`	見出し（レベル1-6）	-
`<p>`	段落	-
`<div>`	ブロックレベルの範囲指定	`class`, `id`: CSS や JavaScript 用
`<span>`	インラインの範囲指定	`class`, `id`: CSS や JavaScript 用
`<a>`	ハイパーリンク	`href`: リンク先の URL
`<ul>`	順序なしリスト	-
`<ol>`	順序つきリスト	`type`: リストマーカーのタイプ
`<li>`	リストの各項目	`value`: 順序つきリストでの番号
`<img>`	画像	`src`: 画像の URL, `alt`: 代替テキスト
`<table>`	表	`border`: ボーダーの幅
`<form>`	ユーザからの情報入力	`action`: 送信先 URL, `method`: HTTPメソッド

当初のwebにおいてHTMLはあらかじめ作成された静的文書としてサーバに保存され，ユーザ側ではクライアントアプリケーションとしてのブラウザを用いて呼び出していました。クライアントはHTTP（HyperText Transfer Protocol）とよばれる通信規約でサーバからHTMLを取得します[注1]。たとえば`http://www.example.com/index.html`というURL（Uniform Resource Locator）をブラウザのアドレス欄に入力すると，サーバwww.example.comにHTTP Requestが届きます。サーバは，要求された`index.html`というファイルの内容をHTTP Responseでクライアントに送り，クライアントは，その内容をブラウザのレンダリング機能[注2]で解析してユーザに表示します。この方式で，世界規模のハイパーテキストシステムが構築できたことになります。

Focus　HTML5

2014年にwebの標準化団体W3Cは，動画や音声の再生・ローカルストレージ・Web Socketなどの新しい機能を持つHTML5を勧告しました。現在の多くのwebサイトは，この規格に従って記述されています。なお，現在の規格はバージョン番号がなくなり，HTML Living Standardとよばれています。

この方式の欠点は2つあります。1つ目は文字のフォント・大きさ・色や画像の配置など，文書の見た目の情報が構造の情報と混在してしまうことです。初期のHTMLではこれらの文字装飾などのタグも仕様に含まれていました。2つ目は，ユーザの操作結果として何らかの表示の変化が生じる場合は，必ずサーバとの通信が必要になり，操作性が非常に悪いということです。以下に，これらの解決手段を順に見ていきます。

9.2.2　CSS

文書構造の情報と装飾の情報が混在するという問題を解決するために，**CSS**（Cascading Style Sheets）が考案されました。CSSは，HTMLで記述された文書の見た目を指定するための言語です。HTMLと分離して見た目を定義するこ

[注1] 現在では，サーバの認証や通信の暗号化を行うHTTPSが標準となっています。
[注2] webにおけるレンダリングとは，HTML，CSS，JavaScriptなどのコードを，ブラウザが解釈して画面上に表示可能な形式に変換することです。

第9章　JavaScript：webアプリケーション開発

とで，文書の構造に影響を与えずに見た目を柔軟に変更できるようになります。

CSSでは，フォントの種類や大きさ・色・背景・余白・レイアウトなどを指定します。CSSはHTMLの要素に対してスタイルを適用するためのセレクタとプロパティの組み合わせで記述されます。**セレクタ**はどの要素にスタイルを適用するかを指定し，**プロパティ**はどのようなスタイルを適用するかを指定します。たとえば，以下のように記述することで，HTML中で<h1>タグでマークアップされた文字列が，赤色で表示されます。

```
h1 {
    color: red;
}
```

セレクタとなるものは，特定の役割を持つタグに限定されません。範囲を表す<div>タグや<span>タグなどにclass属性を使ってクラス名をつけた場合は，そのクラス名の前に.をつけたものをセレクタとすることができます。たとえば，以下のように記述すると，class="important"と指定された要素の内容が，太字のフォントで表示されます。

```
.important {
    font-weight: bold;
}
```

表9.2にCSSの主要なプロパティを示します。

表9.2　CSSの主要なプロパティ

指定する内容	プロパティの例
色	color, background-color
フォント	font-family, font-size, font-weight, font-style
レイアウト	width, height, margin, padding, border

CSSはHTMLの中に直接記述することもできますが，外部ファイルとして読み込むこともできます。その場合は，ヘッダ要素である<head>タグ内に，<link href="myfile.css" rel="stylesheet" />のように記述します。

282

9.2 webの仕組み

外部ファイルとして読み込むことで，複数のページで共通のスタイルシートを使用することができます。

9.2.3 クライアント側での処理

クライアントであるwebブラウザが表示機能しか持たず，内容の更新はすべてサーバと通信しなければならないという問題を解決するために，JavaScriptが開発されました。開発当初のJavaScriptは，HTMLとCSSによって構成されたwebページに動的な振る舞いを与えるための言語として位置づけられました。

JavaScriptはオブジェクト指向スクリプト言語なので，プログラム内でwebページを操作するためには，プログラム中のオブジェクトとHTMLの要素を結びつける必要があります。そのための手段が**DOM**（Document Object Model）です。DOMは，HTMLで記述されたwebページを木構造として表現し，その要素に対して処理を記述します。木構造として階層的に扱う必要がないときは，操作したいタグにid属性を指定して，その要素を取得することができます。処理は，ユーザの操作に応じてイベントが発生したときに実行されるハンドラとして設定します。

Listing 9.1[注3]に，webページ上に数値を入力してボタンをクリックすれば，その数の平方根が表示されるHTML（および<script>タグ内に記述されたJavaScript[注4]）の例を示します。この例では，ボタンがクリックされたイベントの検出，入力された数値の取得，平方根の計算および結果の表示がすべてクライアント側で行われています。

Listing 9.1 HTMLとDOMの例

```
1 <input type="number" id="num" />
2 <input type="button" value="Calc" onclick="clickBtn()" />
3 <p><span class="output" id="result"></span></p>
4 <script>
5 function clickBtn() {
6     const num = parseFloat(document.getElementById("num").value);
```

注3 Listing 9.1は<html>タグも<body>タグもなく，HTMLとしては不完全なものですが，多くのブラウザにおいて，このような部分的なHTMLでも動作するようになっています。

注4 JavaScriptもCSSと同様，独立したファイルとしてHTMLに読み込むことができます。その場合は，<script src="myfile.js"></script>のように記述します。

283

```
7    document.getElementById("result").textContent =
         "Square root of " + num + " is " + Math.sqrt(num);
8  }
9  </script>
```

　Listing 9.1 の 6 行目の document は，この HTML 全体を表すオブジェクトです。このオブジェクトに対して，getElementById() メソッドを使って，id 属性が "num" である要素を取得し，さらにその内容の値 value を取得しています。この場合，得られる値は web ページ上のテキストボックスに入力された文字列となります。そして，その文字列を浮動小数点数に変換し，イミュータブルな変数 num の初期値としています。7 行目では JavaScript の組み込み関数 Math.sqrt() を使って平方根を求め，表示する文字列を合成して，id 属性が "result" である要素に表示しています。

　Listing 9.1 の内容を，たとえば calc.html というファイルとして保存し，ブラウザで開けば動作を確認することができます。オンラインでは，codepen.io というサイトで，HTML + CSS + JavaScript の組み合わせの動作確認ができます（図 9.4）。

図 9.4　codepen での実行画面

9.2.4　サーバ側での処理

　ここまでに説明した静的な web システムでは，ユーザからのリクエストに基づいてサーバから HTML ファイルが送られ，その中の記述に基づいて，CSS や JavaScript ファイルをサーバから読み込んでクライアント側のブラウザでページを表示させるという流れでした（図 9.5）。この静的な web システムの欠点は，ユーザが要求する可能性のある文書をサーバ側ですべて事前に HTML

ファイルとして用意しなければいけないことでした。

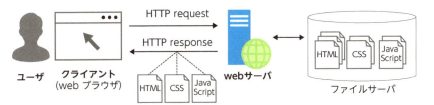

図9.5 静的なwebシステム

　日々，データベースが更新されて配信する情報が変化するような状況においては，サーバ側の文書を頻繁に人手で更新することは現実的ではありません。そこで，サーバ側ではユーザのリクエストに応じて，プログラムでHTML文書を生成してユーザに返送する方式が用いられるようになりました。

　ユーザのリクエストを指定する方法の1つとして，URLの末尾に？で始まる**クエリストリング**を付加することができます。たとえば月次で何らかのデータを集計した情報を持っているサーバに対して，`http://www.example.com/index.html?term=202301` のように取得したい月の情報を送ることができます。サーバ側ではサーバプログラムがクエリストリングを解析して，リクエストに応じたHTMLを動的に生成し，クライアントに返送します（**図9.6**）。この機能によって，webの応用先が大きく広がりました。

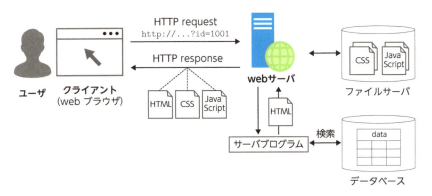

図9.6 動的なwebシステム

動的にページを生成する方式が始まった当初は，サーバプログラムにはPerlという言語が多く用いられ，後にJavaやPHPに置き換わっていきました。ここでweb技術というまとまりで考えると，クライアント側で使えるJavaScriptがサーバ側でも使えれば，HTMLの動的生成のために他の言語を習得する必要がなくなります。そこで，サーバ側でJavaScriptを使うための環境として**Node.js**が開発されました。さらに，Node.jsを中心としたエコシステムが発展し，サーバ側のフレームワークとして**Express**，クライアント側のフレームワークとして**React**などが登場しました。

現在では，最初にクライアント側にページの構造を表すHTMLが送られ，その後の表示内容はクライアント側のJavaScriptによってサーバと通信しながら必要な部分のみ生成する方式が流行しています。この方式を**SPA**（Single Page Application）とよびます。SPAでは，クライアント側とサーバ側との通信にAjax（Asynchronous JavaScript and XML）やweb socketなどの技術が使われ，ユーザの操作に応じて必要な情報を非同期的にサーバから取得して表示しています（図9.7）。

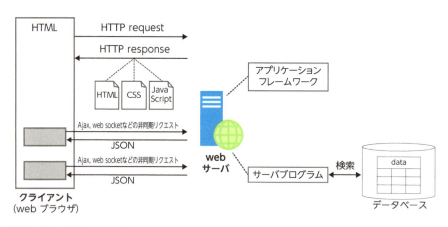

図9.7　SPAの動作イメージ

9.3 JavaScript の文法

本節では，JavaScript の文法の概要を説明し，さまざまなコーディングパターンを紹介します。なお，JavaScript のコメントは // で始まり，行末までがコメントとなります。

9.3.1 変数

イミュータブルな変数の宣言は const，ミュータブルな変数の宣言は let を前につけます。いずれもスコープはブロックスコープです。動的型付けなので，代入される値によって変数の型が決まります。また，弱い型付けなので，現在入っている型とは別の型の値を代入することもできます。

```
// 変数の宣言
const tax = 0.1;
let price = 200;
```

var を使って変数を宣言すると，関数スコープまたはグローバルスコープになります。var は古い文法なので，let と const を使うことが推奨されています。

9.3.2 入出力

出力は console オブジェクトの log() 関数を使います。引数には文字列や式のほか，バッククォートで囲んだテンプレートリテラルを用いると，変数の値を埋め込んで出力することができます。この関数を Node.js で実行するとターミナルに出力されますが，本来これはブラウザのデバッグコンソールに出力されたメッセージを開発者ツールなどを使って見るものです。しかし，手軽に出力が行えるので，サンプルコードなどではよく使われます。

入力は，prompt() 関数を使って行います。この関数は，ブラウザで入力欄を持つダイアログボックスをポップアップ表示して，ユーザが入力した値を返します。なお，この関数は，ブラウザのセキュリティ上の理由から，Node.js では使えません。

第 9 章　JavaScript：web アプリケーション開発

```
// 入力された値を出力
const x = prompt("正の整数を入力してください。");
console.log(`入力された値は ${x} です。`);
```

9.3.3　制御構造

if, else if, else による条件分岐，for, while, do-while による繰り返し，break, continue によるループの制御など，基本的な制御構造は他の言語と同様です。以下は，Listing 8.4 に示した正の数値が入力されるまで繰り返す Python のコードを，JavaScript に書き換えたものです。

```
// 正の数値が入力されるまで繰り返す
let x;
while (true) {
    let x = prompt("Enter positive number: ");
    if (x === null) {      // ====は型変換を行わない比較
        console.log("入力がキャンセルされました");
        break;
    }
    x = parseFloat(x);
    if (isNaN(x)) {
        console.log(`${x} は数値に変換できません。`);
        continue;
    } else if (x <= 0) {
        console.log(`${x} は正の数値ではありません。`);
        continue;
    }
    console.log(x);
    break;
}
```

9.3.4　関数

関数は function キーワードを使って定義します。デフォルト引数の設定も可能です。無名関数は，アロー関数という形式を用いて，仮引数並びの後に => を書き，その後に関数の処理を書くことで簡潔に定義できます。

288

9.3 JavaScript の文法

```javascript
// 通常の関数定義
function add(a, b=0) {
    return a + b;
}

// アロー関数による無名関数の定義
const calcPrice = (a, b=1.1) => a * b;
```

9.3.5 クラス

JavaScript では，クラスを使ってオブジェクト指向プログラミングを行うことができます。以下の例は，Java で定義した Student クラスを使った例をJavaScript に書き換えたものです。

```javascript
// クラスの定義
class Student {
    constructor(name, score) {
        this.name = name;
        this.score = score;
    }

    toString() {
        return `Student{name=${this.name}, score=${this.score}}`;
    }
}

const s1 = new Student("Masa", 70);
console.log(s1);  // Student{name=Masa, score=70}
```

上記のコードで定義した toString() メソッドはオブジェクトの文字列表現を返すメソッドで，インスタンスが文字列として参照される場合に，自動的に呼び出されます。

また，JavaScript ではオブジェクトリテラルを使って，クラス定義なしにオブジェクトを生成する方法もあります。たとえば，const s2 = {name: "Hiro", score: 85}; のように記述すると，s2 は Student クラスのインスタンスと同じように扱うことができます。オブジェクトリテラルは，次節で説明する JSON に近い構文で記述します。

289

第 9 章　JavaScript：web アプリケーション開発

JavaScript は本来，プロトタイプベースのオブジェクト指向とよばれる方式を採用しており，すべてのオブジェクトはプロトタイプをコピーして，そこにプロパティやメソッドを追加していくという仕組みで作られます。ES6 で導入されたクラス構文は，クラス定義を内部的にプロトタイプベースのオブジェクトに変換して処理するためのものです。

9.3.6　JSON

JSON（JavaScript Object Notation）は，JavaScript のオブジェクトを表現するための軽量なデータ交換フォーマットです。図 9.7 の SPA の説明では，サーバから得られるページ更新のための情報が JSON 形式のデータでした。これまで見てきたように JavaScript は外部と情報をやりとりすることが多いので，簡潔なテキストで必要な情報を表現し，それをオブジェクトとして簡単に取り込む必要があります。

JSON は，JavaScript のオブジェクトリテラルとほぼ同じ構文を持ちます。

● JSON の構文規則
- 全体は 1 つのオブジェクトで，{} で囲む。オブジェクトの中身はキーと値のペアで表現する
- キーと値は : で区切り，キーと値のペアは , で区切る
- キーはダブルクォートで囲む
- 値は文字列，数値，真偽値，オブジェクト，配列，null のいずれか
- 配列は [] で囲み，要素は , で区切る

JavaScript では，文字列として受けとった JSON は，JSON.parse() メソッドを使ってオブジェクトに変換します。逆に，オブジェクトを JSON 文字列に変換するには，JSON.stringify() メソッドを使います。

```javascript
// JSON 文字列をオブジェクトに変換
const jsonStr = '{"name": "Masa", "score": 70}';
const obj = JSON.parse(jsonStr);
console.log(`${obj.name} : ${obj.score}`)      # Masa : 70
```

9.4 TypeScript

9.4 **TypeScript**

TypeScript は JavaScript にクラスの概念や型付けの機能を持ち込んだプログラミング言語です。JavaScript の上位互換で，トランスパイラによって JavaScript に変換されます。TypeScript は静的型付け言語であり，変数や関数の型を明示的に指定することで，コードの安全性と可読性を向上させることができます。TypeScript では，型ヒント，型推論，型エイリアスといった機能を用いて柔軟に型を扱うことができます。

9.4.1 **型ヒントと型推論**

TypeScript では，変数宣言時に「: 型名」という形式で型を明示的に指定することができます。これを**型ヒント**とよびます。

```
// 型ヒントを用いた変数宣言
let name: string = "Masa";
```

TypeScript には型推論機能もあり，型ヒントがなくてもコンパイラが自動的に適切な型を推論してくれます。

9.4.2 **型エイリアス**

TypeScript の**型エイリアス**は，既存の型に新しい名前をつける機能です。これは，ある型に別名をつけたいときや，複数の型を組み合わせて新しい型でよぶときに便利です。

```
// 型の別名を定義
type CompanyName = string;
const name: CompanyName = "Kyoto Corporation";

// 複数の型を組み合わせて型を定義
type User = {
    id: number;
    userName: string;
};
```

291

第 9 章　JavaScript：web アプリケーション開発

```
const u1: User = {id: 1, userName: "Masa"};
```

9.4.3　Union 型

Union 型は，型を縦棒 | で区切って並べることで，複数の型のいずれかをとりうることを表現する型です。たとえば，`string | number` は，文字列または数値のいずれかの型になります。

Union 型は，型として null を許容するときにも使用されます。たとえば，`string | null` は，文字列または null のいずれかの型になります。これは，ユーザからの入力を処理するような状況で，入力がなかった場合に null を返すような型として使えます。たとえば，ウィンドウをポップアップしてユーザに入力を求める `prompt()` 関数の返却値は，ユーザが文字列を入力すれば文字列型，キャンセルボタンを押せば null を返すため，Union 型の `string | null` となります。

```javascript
// ユーザからの入力を処理
// 型推論を使えば const userName = prompt("Input name:"); でも可
const userName: string | null = prompt("Input name:");
if (userName !== null) {
    console.log(`Hello, ${userName}`);
} else {
    console.log("Canceled");
}
```

Union 型の安全性を高めるために，TypeScript では**タグ付き Union 型**という機能が提供されています。タグ付き Union 型は，Union 型の各部分型に，共通のプロパティを持たせることで，型の安全性を高めるための手法です。

```typescript
// タグ付きUnion型のコード例（typeがタグ）Shapeが基本型，Circle，Rectが部分型
type Circle = {type:"circle"; radius:number};
type Rect = {type:"rect"; width:number; height:number};
type Shape = Circle | Rect;

function getArea(shape: Shape): number {
    switch (shape.type) {
        case "circle":
```

```
            return Math.PI * shape.radius **2;
        case "rect":
            return shape.width * shape.height;
    }
}
let a: Shape = {type:"rect", width:10, height:5};
console.log(getArea(a))    // 50
```

　Union 型の枠組みで，特定のリテラルのみを許容する型も定義できます。たとえば "success" | "error" は，文字列リテラル "success" または "error" のみを許容する型になります。リテラルの union はシンプルで軽量なため，enum よりも好んで用いられます。

9.4.4 型の互換性

　TypeScript は型の互換性について，独自の考え方を持っています。

　Java のような典型的なオブジェクト指向言語は，**名前的型システム**を採用しており，型の互換性は型の名前とその継承関係によって決まります。たとえば，Java で class B extends A としたとき，B 型は A 型のサブクラスであり，A 型の変数に B 型のインスタンスを代入することができます。

　一方，TypeScript は**構造的部分型**という考え方を採用しており，型の互換性は，型の名前ではなく，その構造によって決まります。たとえば，{id: string; permission: string} 型と {id: string} 型は，前者が後者のすべてのプロパティを持っているため，互換性があるとみなされます。

```
// 構造的部分型の例
const adminUser: {id: string; permission: string} = {
    id: "Yamada",
    permission: "admin",
};

const user: {id: string} = adminUser;
console.log(`ユーザID: ${user.id} です。`);    // ユーザID: Yamada です
```

第 9 章　JavaScript：web アプリケーション開発

9.5　JavaScript/TypeScript の コーディングパターン

本節では JavaScript/TypeScript の典型的なコーディングパターンを紹介します。新しい web フレームワークや，LLM（Large Language Models; 大規模言語モデル）のサンプルコードなどでは，明示的に型の情報を使わないコードでも，拡張子が TypeScript の `.ts` あるいは `.tsx` となっている場合があるので，ここでは特に JavaScript と TypeScript の違いを意識せずに説明します。

9.5.1　web API の利用

API（Application Programming Interface）とは，プログラムの機能を外部から呼び出すためのインタフェースのことです。API を利用するユーザは，内部の実装を知る必要がなく，API を提供する側が定めた仕様に従って呼び出すだけで，プログラムの機能を利用できます。特に HTTP を利用して提供されている API を，web API とよびます。

具体的に web API を通じて，どのような情報が提供されているか見てみましょう。たとえば，気象庁のサイト内の `https://www.jma.go.jp/bosai/forecast/data/overview_forecast/260000.json` にアクセスすると[5]，以下のような JSON で表現された京都府の最新の気象情報が取得できます[6]。

```
{
  "publishingOffice": "京都地方気象台",
  "reportDatetime": "2024-06-27T10:32:00+09:00",
  "targetArea": "京都府",
  "headlineText": "",
  "text": "　京都府は，前線や湿った空気の影響で..."
}
```

----

[5] この情報は正式に気象庁が web API として提供しているものではないのですが，政府標準利用規約に基づいて利用する分には，非公式ですが認められています。
参考 URL：`https://forest.watch.impress.co.jp/docs/serial/yajiuma/1309318.html`

[6] 気象庁からの情報取得に用いる URL 中の 260000 の上位 2 桁は京都府を表す都道府県コードです。他の都道府県のコードは，国土交通省のサイト `https://nlftp.mlit.go.jp/ksj/gml/codelist/PrefCd.html` で調べることができます。

9.5 JavaScript/TypeScript のコーディングパターン

この情報を利用するためには，web API にアクセスしてデータを取得し，それを加工して表示する必要という手順が必要です。JavaScript から web API を呼び出す場合は，fetch() 関数を使います。fetch() 関数は，HTTP リクエストを送信し，レスポンスを取得するための関数です。Listing 9.2 は，気象庁の web API から京都府の気象情報を取得するコードです。このコードで，変数 data に取得した情報が JSON 形式で格納され，その後コンソールに出力されます。

Listing 9.2　京都府の気象情報を取得する例

```
 1 const url = 'https://www.jma.go.jp/bosai/forecast/data/
     overview_forecast/260000.json';
 2
 3 fetch(url)                        // 非同期処理の呼び出し
 4    .then(response => {           // 呼び出し成功
 5        if (!response.ok) {       // エラーコードが返ってきた場合
 6            throw new Error('接続エラー: ' + response.statusText);
 7        }
 8        return response.json();   // JSON に変換し，次の then へ
 9    })
10    .then(data => {
11        console.log(data);
12    })
13    .catch(error => {             // 呼び出し失敗
14        console.error('データが取得できません:', error);
15    });
```

9.5.2　生成 AI を用いたバックエンドのコーディング

ここからは，外部から取得した情報を web アプリケーションとして活用する事例を見ていきます。web API はサーバ側・クライアント側のいずれからでも呼び出すことができますが，それぞれの利用方法には違いがあります。web 開発では，サーバ側での実装を**バックエンド**，クライアント側での実装を**フロントエンド**とよびます。本節では，バックエンドで web API を呼び出す例を示します。

サーバ側で API を呼び出す方法には，以下のメリットがあります。

● 登録制や有料サービスの呼び出しに利用する API キーをクライアント側に公開する必要がない

295

第 9 章　JavaScript：web アプリケーション開発

● クライアント側からのリクエストのログを記録することができる

　ある組織で特定の web API を利用している場合，イントラネットからサーバ
を経由しないと利用できないようにしておくことで，利用料金の管理が容易に
なり，セキュリティ上のリスク軽減が期待できます。

　サーバについては，基本的な動作をするひな形がフレームワークとして提
供されています。**Express**[注7] は Node.js で動く web フレームワークなので，
JavaScript で処理を記述することができます。主要な手順は，クライアント側
から HTTP GET が送られてきたときに，何を受けとって，何を返すかを記述
するメソッドを書くことになります。

　クライアント側に返す内容を指定するときに，テンプレートエンジン EJS
（Embedded JavaScript）を利用すると，HTML ファイルに JavaScript のコード
を埋め込むことができます

　Listing 9.3 はルートにアクセスが来たときに，京都府の気象情報と，その内
容に基づいたポジティブなコメント，およびコメントからイメージされる画像を
表示するものです。コメントや画像の生成には，OpenAI API を使っています。
OpenAI API は有料で，OpenAI のサイトで API キーを取得する必要があります。

Listing 9.3　サーバ側のコーディング例

```
 1 const express = require('express');
 2 const app = express();
 3 const port = 3000;
 4 app.set("view engine", "ejs");
 5 const axios = require('axios');
 6 const url = 'https://www.jma.go.jp/bosai/forecast/data/
     overview_forecast/260000.json';
 7 const OpenAI = require('openai');
 8 const OPENAI_API_KEY = 'YOUR_OPENAI_API_KEY';  // 取得した API キーを記入
 9 const openai = new OpenAI({ apiKey: OPENAI_API_KEY });
10
11 // コメント生成用プロンプト
12 const prompt_for_comment ="以下の気象予報を踏まえて，ポジティブなコメントを作
     成してください。\n\n ## 気象予報:\n\n";
13 // 画像生成用プロンプト
```

注7　https://expressjs.com/

296

9.5 JavaScript/TypeScript のコーディングパターン

```javascript
14 const prompt_for_image ="以下のコメントに対応する画像を生成してください。
     \n\n## コメント\n\n"
15
16 app.get('/', async (req, res) => {
17     try {
18         const response = await axios.get(url)
19         const forecast = response.data.text;
20         const comment = await completion(forecast);
21         const imageURL = await genarateImage(comment);
22         res.render("weather",
               {forecast: forecast, comment: comment, image: imageURL});
23     } catch (error) {
24         console.error('Error:', error);
25         res.status(500).send('エラーが発生しました。');
26     }
27 });
28
29 app.listen(port, () => {
30   console.log(`listening on port ${port}`);
31 });
32
33 async function completion(forecast) {
34     const completion = await openai.chat.completions.create({
35         messages: [{
36             role: "system",
37             content: prompt_for_comment + forecast
38         }],
39         model: "gpt-4o",
40     });
41     return completion.choices[0].message.content;
42 }
43
44 async function genarateImage(keywords) {
45     const imageResponse = await openai.images.generate({
46         model: "dall-e-3",
47         prompt: prompt_for_image + keywords,
48         n: 1,
49         size: "1024x1024",
50     });
51     return imageResponse.data[0].url;
52 };
```

9

297

Listing 9.4 に出力用のテンプレートを示します。このコード内で，変数 forecast, comment, image の値を HTML に埋め込んでいます。このファイルを views ディレクトリに weather.ejs という名前で保存します。

Listing 9.4　EJS テンプレートの例 (weather.ejs)

```
1  <!DOCTYPE html>
2  <html>
3    <head>
4      <title>今日の天気</title>
5    </head>
6    <body>
7      <p>予報: <%= forecast %></p>
8      <p>コメント: <%= comment %></p>
9      <p>画像: <img src="<%= image %>" width="300" /></p>
10   </body>
11 </html>
```

Listing 9.3 のサーバプログラムを node apps.js で実行し，ブラウザで http://localhost:3000 にアクセスすると，図 9.8 のような画面が表示されます。

図9.8　Express を用いたコードの出力例

9.5　JavaScript/TypeScript のコーディングパターン

　ここで示した例は，単純な 1 ページのものですが，Express を使ったサーバ側のコーディングでは，**ルーティング**で複数ページを扱えます。ルーティングとは，クライアント側からの HTTP リクエストと，それに対応するサーバ側の処理を結びつけることです。Express では app.get() などのメソッドを使ってルーティングを定義します。これらのメソッドの第 1 引数にはパスを指定し，第 2 引数にはそのパスにリクエストが来たときの各ページの処理を記述します。

■ 9.5.3 生成 AI を用いたフロントエンドのコーディング

　9.2.4 節の最後で説明した SPA は，ユーザインタフェースに関する多くのことがクライアント側で処理できることから，サーバ側との通信が必要最低限のものになり，軽快な動作を実現できます。このような SPA の開発には，クライアント側でのコーディングが重要になり，本節で紹介する **React** のような開発効率を高めるフレームワークがいくつか開発されてきました。

　また，9.5.2 節のバックエンドのコーディング例では，生成 AI を用いたコメント生成に OpenAI 社の API を利用していましたが，近年ではクライアント側単独で生成 AI が利用できるローカル LLM（Large Language Models）も登場しています。2024 年 8 月現在，Google 社の小規模な生成 AI である Gemini Nano が，Chrome ブラウザ上で動作する形で提供されています[注8]。これにより，個人や組織が持っているローカルな情報をサーバに送信することなく，AI を活用した機能を実現することができるようになります。

9.5.3.1　React

　9.2 節では，HTML + CSS + JavaScript の組み合わせでコーディングを説明してきました。この考え方では，HTML が中心で，CSS や JavaScript は HTML の構造を常に把握している必要があります。HTML はユーザインタフェース（User Interface; UI）を構成しているので，開発が進むにつれて HTML の構造が複雑になっていくのは必然です。このような状況では，

[注8] Gemini Nano は，Chrome（ver. 128 以降）で chrome://flags から 2 点の実験的機能を以下のように設定すれば利用できます。
- Enables optimization guide on device : Enabled BypassPerfRequiement
- Prompt API for Gemini Nano : Enabled

299

第 9 章　JavaScript：web アプリケーション開発

HTML の変更に CSS や JavaScript が追随でき）なくなり，開発が困難になって
いきます。

　ここで発想を転換して，JavaScript で UI を構築するという考え方が生まれま
した。React は Facebook 社が開発した JavaScript のフロントエンド用ライブ
ラリで，独自の考え方で UI の構築を容易にしています。React を使ったアプリ
ケーションは，コンポーネントとよばれる部品を組み合わせて作られます。コ
ンポーネントはビュー（HTML）・スタイル（CSS）・ロジック（JavaScript）で
構成され，それらを並べたり入れ子にしたりして，全体のアプリの構造を組み
立てていきます。そして，各コンポーネントが持つ State という仕組みと，イ
ベントハンドリングによって，web ページで表示される値と JavaScript の変数
が結びつけられ，一方が変更されると，もう一方も変更されるようにすること
がきます。

　また，React では JavaScript から HTML を生成したり，CSS を適用したり
することができますが，JavaScript の文法の範囲内で HTML や CSS を書くと，
かなり煩わしい書き方になります。そこで，JSX（JavaScript XML）という
JavaScript の拡張記法を使って，HTML, CSS と JavaScript を混在させて記述
することができるようになっています。

　React での開発については，環境構築から実行までサポートしてくれる
create-react-app[注9] というツールが提供されています。パッケージマネー
ジャ npm がインストールされている環境で，以下のコマンドを実行すると，
my-app というディレクトリが作成され，その中に React アプリケーション
のひな形が作成されます。my-app/src ディレクトリの中にある App.js が
React アプリケーションのメインコンポーネントです。npm start では，まず
JavaScript がブラウザで実行可能な形に変換されます。その後，簡易 web サー
バが起動して React アプリケーションがブラウザで実行されます。

```
$ npm install create-react-app
$ npx create-react-app my-app
$ cd my-app
$ npm start
```

注9　https://create-react-app.dev/

9.5 JavaScript/TypeScript のコーディングパターン

> **Tips**
>
> npm は Node.js のパッケージマネージャです。ライブラリをインストールだけではなく，プロジェクトの初期化，ビルド，テスト，デプロイなどのタスクを管理することができます。npm についての詳細は，公式サイト（https://docs.npmjs.com/）を参照してください。

Listing 9.5 は，気象情報と本日の予定を入力すれば，気象条件に合わせて本日の行動のアドバイスを生成する React アプリケーションの例です。気象情報は前述の API を用いて，また本日の予定はカレンダーアプリなどから取得することができますが，コードを簡潔にするために，ここでは手で入力することにします。src ディレクトリの App.js に以下のコードを記述して，npm start で実行することができます（図 9.9）。

Listing 9.5 React でのコーディング例

```
1  import React, { useState, useEffect } from 'react';
2
3  function App() {
4    const [data, setData] = useState({ weather: "", schedule: "" });
5    const [advice, setAdvice] = useState('');
6    const [canCreate, setCanCreate] = useState(false);
7
8    useEffect(() => {
9      if (window.ai?.assistant) {
10       setCanCreate(true);
11     }
12   }, []);
13
14   const handleChange = (e) => {
15     const { name, value } = e.target;
16     setData(prevData => ({
17       ...prevData,
18       [name]: value
19     }));
20   };
21
22   const generateAdvice = async () => {
23     if (!canCreate) {
24       console.log("Gemini Nano is not available.");
25       setAdvice("申し訳ありませんが，AIアシスタントが利用できません。");
```

301

第 9 章　JavaScript：web アプリケーション開発

```
26        return;
27      }
28
29      const prompt = `今日の天気は${data.weather}で，予定は${data.schedule}
    です。この条件に合わせた行動のアドバイスを簡潔に教えてください。`
30
31      try {
32        const session = await window.ai.assistant.create();
33        const result = await session.prompt(prompt);
34        setAdvice(result);
35      } catch (error) {
36        console.error("Error generating advice:", error);
37        setAdvice("アドバイスの生成中にエラーが発生しました。");
38      }
39    };
40
41    return (
42      <div>
43        <h1>今日の天気と予定</h1>
44        <div>
45          <label htmlFor="weather">天気: </label>
46          <input type="text" id="weather" name="weather"
                  value={data.weather} onChange={handleChange} />
47        </div>
48        <div>
49          <label htmlFor="schedule">予定: </label>
50          <input type="text" id="schedule" name="schedule"
                  value={data.schedule} onChange={handleChange} />
51        </div>
52        <button onClick={generateAdvice} disabled={!canCreate}>
53          アドバイスを生成
54        </button>
55        <h2>アドバイス:</h2>
56        <p>{advice}</p>
57      </div>
58    );
59 }
60
61 export default App;
```

302

図9.9 Reactを用いたコードの出力例

　全体は3行目から始まる App 関数コンポーネント1つで構成されています。このコンポーネントは，3つの State（4行目から6行目で定義）を持ち，それぞれ data（気象情報と予定の入力値），advice（アドバイスの出力値），canCreate（AI アシスタントが利用可能かどうか）という状態を管理しています。

　State の宣言は，4行目のように useState() フックを用います。React のフックは，構文上はメソッド呼び出しの形をしていますが，実際には1つ目の返却値である状態変数に初期値を与え，2つ目の返却値の状態更新関数を状態変数に結びつけるものです。

　8行目からの useEffect() フックは，レンダリングしているブラウザで，AI アシスタントが利用可能かどうかを確認するものです。

　50行目と55行目の <input> タグに値が与えられたら，handleChange メソッドが呼び出されて，状態 data の値が更新されます。そして，58行目の <button> タグがクリックされたら，generateAdvice メソッドが呼び出されて，状態 advice に生成されたアドバイスがセットされ，それが画面に表示されます。

第 9 章　JavaScript：web アプリケーション開発

> **Memo**　クライアント側での JavaScript は，ブラウザで画面描画やスクロールなどを行っているメインスレッドで実行されるので，外部サーバからの応答が返されるまで待つような処理を行うと，画面がフリーズしてしまいます。そこで JavaScript のコーディングにおいては，非同期処理の記述が重要なポイントになります。
>
> 　ES2015 では，非同期処理のために Promise という仕組みが導入されました。Promise は，非同期処理の状態と結果を表すオブジェクトです。このオブジェクトが生成された直後は Pending（保留中）という状態になり，非同期処理の実行結果によって，Fullfilled（成功）/ Rejected（失敗）のいずれかの状態に遷移します。Listing 9.2 の fetch() 関数は，Promise を返します。Promise は，then() メソッドで成功時の処理，catch() メソッドで失敗時の処理を記述することができます。
>
> 　ES2017 では，Promise が返される場合の非同期処理を，同期的に近い方法で書ける async/await 構文が導入されました。async キーワードを使用した関数は，内部的に Promise を返すように変換されます。await キーワードは，Promise が解決されるまで関数の実行を一時停止します。Listing 9.3 や Listing 9.5 では，async/await を使って生成 AI の API を非同期的に呼び出すときの典型的なコード例を示しています。

9.6　まとめ

　本章では JavaScript と web アプリケーションについて説明しました。JavaScript は web アプリケーション開発の中心的な言語であり，その動的かつ弱い型付けの特性からプロトタイピングに適しています。また，JavaScript のサーバ側での実行環境である Node.js や，JavaScript の発展型としての TypeScript などの関連情報も紹介しました。これらの知識は生成 AI を活用した web アプリケーションの開発においても重要な役割を担います。

　React でアプリケーションを開発するには，まず React 公式サイトの「クイックスタート」(https://ja.react.dev/learn)から始めるのがよいでしょう。TypeScript については，基本的な内容については [齊藤 22] [18] で，網羅的には web サイト「サバイバル TypeScript」(https://typescriptbook.jp/) で学ぶことができます。

あとがき

　本書の目的は，説明してきたプログラミング言語を用いてさまざまな問題解決に取り組めることも1つですが，新しいことを継続的に学び続けるための基礎力を身につけることも想定しています。それがうまくいったかどうかを，以下の解説を読んで試してみてください。

　Flutter は，クロスプラットフォームのアプリケーション開発において，主にユーザインタフェースを構築するための開発キットです。動作するプラットフォームは iOS/Android のモバイル系，web アプリ，Windows/macOS/Linux のデスクトップ系で，これらのアプリが同一のソースコードで動きます。コードは Google 社からリリースされた Dart 言語を用いて記述します。

Dart 言語の特徴
- 型推論機能を持つ強い静的型付け言語
- メモリ管理はガベージコレクション方式
- Java と似たオブジェクト指向の実装に加えて，ミックスイン機能を持つ
- 関数が第一級オブジェクト
- ホットリロードによる動作中のモジュールの差し替えが可能
- null 安全性の実現
- await，async，Future による非同期処理

　エコシステムについては，Dart や Flutter で使えるパッケージが pub.dev で公開されています。たとえば flutter_gemini というパッケージを使えば，Google の生成 AI である Gemini を API 経由で使用したアプリケーションが簡単に作成できます。

　これらの情報があれば，後は適切なコード例をいくつか見るだけで，おそらく Dart で書かれたアプリケーションのコードは読めるのではないでしょうか。実際に開発を行うのであれば，どのようにしてクロスプラットフォームを実現

しているのかを理解する必要がありますが，それもいくつかの言語の実行方式を理解していればそれほど難しくはないと思います。

　複数の代表的なプログラミング言語およびその背景となる技術を知っていると，新しいことを学ぶことが格段に楽になることが実感していただけたかと思います。こうして新しい知識を身につけ，それがさらに将来の新しい技術の習得を加速させるという好循環を作り出すことができれば，読者の問題解決能力の拡大は明らかでしょう。

　ちなみに，このケースで本書のねらいが成功しているように見えても，これは機械学習の評価にたとえると，テストケースをあらかじめ見てから，そのテストケースに対する正解を出力するようにモデルを細工している可能性が排除できないことに相当します。つまり，最後に Flutter と Dart を説明することを執筆前から意図していて，その前提で1〜9章までの内容の取捨選択をしていた**かもしれない**ということです。

　未知のケースに対して本書のアプローチが成功しているかどうかの判断は，読者の皆さんにお任せします。

参考文献

[1] 岡野原大輔. 大規模言語モデルは新たな知能か（岩波科学ライブラリー）. 岩波書店，2023.

[2] 喜多一，森村吉貴，岡本雅子. プログラミング演習 Python 2023. 京都大学学術情報リポジトリ，2023. https://repository.kulib.kyoto-u.ac.jp/dspace/handle/2433/285599

[3] B. W. Kernighan and D. M. Ritchie (著)，石田晴久 (訳). プログラミング言語 C　第 2 版　ANSI 規格準拠. 共立出版，1989.

[4] 柴田望洋. 新・明解 C 言語　入門編　第 2 版. SB クリエイティブ，2021.

[5] 近藤嘉雪. 定本　C プログラマのためのアルゴリズムとデータ構造. SB クリエイティブ，1998.

[6] D. Patterson and J. Hennessy (著)，成田光彰 (訳). コンピュータの構成と設計　MIPS Edition　第 6 版　(上)(下). 日経 BP，2021.

[7] 末安泰三. 動かしながらゼロから学ぶ Linux カーネルの教科書. 日経 BP，2020.

[8] 武内覚. ［試して理解］Linux のしくみ【増補改訂版】. 技術評論社，2022.

[9] きしだなおき，山本裕介，杉山貴章. プロになる Java. 技術評論社，2022.

[10] 結城浩. Java 言語で学ぶデザインパターン入門　第 3 版. SB クリエイティブ，2021.

[11] D. Thomas (著)，笹田耕一，鳥井雪 (訳). プログラミング Elixir　第 2 版. オーム社，2020.

[12] S. Chacon and B. Straub. Pro Git (2nd Edition). Apress, 2014.

[13] リブロワークス. Docker& 仮想サーバー完全入門. インプレス，2022.

[14] C. Milanesi (著)，吉川邦夫 (訳). Rust プログラミング完全ガイド. インプレス，2022.

[15] 高野祐輝. ゼロから学ぶ Rust. 講談社，2022.

[16] C. R. Harris *et al.*. Array programming with NumPy. *Nature*, 585:357–362, 2020.

[17] 神嶌敏弘. Python による科学技術計算の概要，2022. https://www.kamishima.net/archive/scipy-overview.pdf

[18] 齊藤新三 (著)，山田祥寛 (監修). ゼロからわかる TypeScript 入門. 技術評論社，2022.

索引

英字

AltJS	279
ANSI C	19
API	294
Artifacts	7
ASCII	35
async/await	195, 304
AT&T 構文	82
Cargo	223
ChatGPT	6, 275
Code Interpreter	7
Copilot	9
CPU	78
create-react-app	300
CSS	281
C 言語	18, 239
DAP	216
DLL	111
Docker	212, 219
DOM	283
do-while 文	46
Elixir	173
Erlang/OTP	174
ES2015	279, 304
ES2017	304
Express	286, 296
f 文字列	253
Filter	182, 185
for 文	42
GCC	20, 109
Git	205, 218
GitHub	205, 210
GitHub Copilot	216

GitHub Copilot Chat	217
Google Colaboratory	274
GPU	79
HEAD	209
HTML	279
HTML5	281
I/O コントローラ	81
IaaS	113
IEx	175
if 文	38
Java	119, 240
Java 仮想マシン	120
JavaScript	278
JSON	290
Jupyter Notebook	273
JupyterLab	273
JVM	120
Linux カーネル	106
LLVM	111
LLVM アーキテクチャ	112
LSP	216
main 関数	49
Map	182, 183
Mermaid 記法	165
Node.js	279, 286
NoSQL データベース	161, 163
npm	301
NPU	79
Option 型	235
PaaS	113
paiza.io	11

playground	10, 12
Project Jupyter	272
Python	250
React	286, 299
Reduce	183, 187
REPL	120, 175
Result 型	237
Rust	222
SaaS	114
scikit-learn	270
sizeof 演算子	45
SPA	286
SQL	161, 163
switch 文	40
TypeScript	279, 291
UML	139, 164
Union 型	292
Visual Studio Code	14, 203, 214
WASM	112
web の仕組み	279
while 文	45

あ行

アクセッサ	131
アクター	188
アジャイル開発モデル	200
アセンブラ	82
アセンブリ言語	82
値渡し	56
アトム	178
アドレスバス	77

索引

アプリケーション 76
アリティ 177
安全性 222
暗黙の型変換 33
イクセス表現 91
委譲 129, 139
1 の補数表現 90
イテレータパターン 167
イベント 143
イミュータブル 124
インスタンス 124
インタフェース 140
インテリセンス 216
ウォーターフォールモデル
.................................200
エイリアス 55
エコシステム 250, 267
エージェント 193
エスケープシーケンス ...36
エラー処理... 142, 238, 261
演算
..... 19, 22, 122, 175, 252
演算子 22, 26, 126
演算装置 78
オーバーライド 134
オーバーロード 133
オブジェクト 124, 136
オブジェクト形式マクロ
.................................26
オブジェクト指向プログラ
ミング 118, 128, 164
オペランド 26
オペレータ 26
オペレーティングシステム
.........................76, 105
親クラス 129
オンライン実行環境.......10

か行

可視性 130
仮想化技術 113
仮想マシン 114
型 21, 225
型安全性 230
型エイリアス 257, 291
型指定子 21
型修飾子 21
型推論 124, 232, 291
型の互換性 293
型パラメータ 152
型ヒント 257, 291
型変換 33
カーネル 105
カーネルモード 107
カプセル化 131
ガベージコレクション
.................................159
仮引数 51
関数 . 21, 29, 225, 262, 288
関数型言語 172
関数型プログラミング
.... 118, 172
関数定義 51, 179
関数ポインタ 58
関数名 52
関数呼び出し 56
記憶 19, 252
記憶域期間 53
基数 87
基数変換 87
キャスト 33
キャプチャ演算子 184
キャメルケース 23, 123
共用体 60, 62
クエリストリング 285

クラウドコンピューティング
.................................113
クラス...121, 129, 264, 289
クラス図 139, 165
クラスメンバ 136
繰り返し 38, 42
クレート 225
クロージャ 186
クロック信号 77
グローバル変数...........53
継承 129, 138
結合性 28
言語処理系...................109
項 175
構造化プログラミング
.........................38, 48
構造体 59, 60
構造体タグ 60
構造的部分型 293
子クラス 129
固定小数点...................90
コード 3
コミット 206
コミットメッセージ.....207
コメント 41, 42
コレクション 150
コレクションフレームワーク
.... 150, 159
コンストラクタ 131, 136
コンテナ 115, 202, 212
コンパイラ 20
コンパイル.............20, 109
コンポジション 139

さ行

再束縛 175
三項条件演算子............27

索引

参照 137
参照外し 55
参照渡し 56
ジェネリックス 152
シェル 105, 108
式 27
シグニチャ 134
シーケンス図 166
辞書 256
実引数 52
実装 140
自動記憶域期間............53
借用 242
10 進数 87
集約 139
出力
　....19, 122, 175, 252, 287
出力関数 30
順次実行 22
純粋関数 172
条件分岐 38
初期化 24
状態遷移図 165
所有権 239, 242
スクリプト言語............250
スコープ 52
スタック領域 94, 96
ステージングエリア.....205
ストラテジーパターン
　................................169
ストリーム 64
スライス 254
スレッド 107, 189, 245
スレッド安全性............245
制御構造 38, 127, 179,
　　　　227, 258, 288
制御信号 77

制御装置 78
生成 AI 2, 6, 72, 216,
　　　　275, 295, 299
静的型付け 230
静的記憶域期間............53
静的領域 94, 102
セット 151
セレクタ 282
線形探索 154
束縛 175
ソケット 108
添字 34
ソースコード 19
ソフトウェア 76, 104

た行

第一級オブジェクト.....173
タグ 279
タグ付き Union 型........292
タプル 179, 226, 256
段階的詳細化 51
単項演算子......................27
短絡評価 28
チェック例外 147
抽象クラス 140
強い型付け 230
ツリー 157
定数 21, 25
定数領域 94, 102
デコレータパターン.....168
デザインパターン 167
データバス....................77
データベース 161
手続き型プログラミング
　................................73
デフォルトパッケージ
　................................122

デフォルト引数............263
統合的コーディング環境
　................203, 214
動的型付け 230
動的記憶域期間............53
動的メモリ確保............67
トレイト 227

な行

内包表記 260
名前空間 115, 176
名前的型システム 293
二項演算子......................27
2 進数 87
2 の補数表現 90
二分木 157
二分探索 158
入力
　....19, 122, 175, 252, 287
入力関数 30

は行

ハイパーテキスト 279
ハイパーバイザ............115
パイプライン 177
配列 33, 56, 127, 226
配列変数 33
バージョン管理............203
バージョン管理システム
　................201, 204
バス 77
バックエンド 111, 295
パッケージ 121
パッケージマネージャ
　................202, 211, 223
パッケージ名 122
ハッシュ 155

310

索引

ハッシュ関数 155
ハードウェア 76, 77
パラダイム 119
ハンドラ 143
引数 21, 29
非チェック例外 145
非同期処理.........195, 304
ヒープ領域.............94, 99
ファイル入出力......64, 266
フィールド 121
副作用 29
浮動小数点...................90
ブランチ 208
プログラミング言語の水準
................................18
プログラム 3, 75
プロセス 107, 189
プロセスの監視...........192
プロセスの生成...........189
フローチャート...........39
プロトタイプ宣言 52
プロパティ 282
フロントエンド....111, 295
文 21
並行・分散処理.............70
並行処理 188
並列処理 188
ベクタ 226
返却値 29
変数 21, 22, 125,
                175, 225, 287
ポインタ 55

ま行

マクロ 225
マップ.......... 151, 179, 226
マルチスレッド...........245

ミックスイン 266
ミドルウェア 105
ミュータブル 124
無名関数 185
メソッド 121
メモリ 79
メモリ安全性 239
メモリ管理...................158
メモリリーク 239
メモリ領域...................94
メンバ 60
モジュール...................225
文字列 35

や行

優先順位 28
ユーザ定義関数...........51
ユーザモード 107
要素 33
弱い型付け 230

ら行

ライフタイム 243
ライブラリ 267
ライブラリ関数...........50
ラッパークラス...........152
ラムダ式 141
ランタイム...................120
リスト
....69, 151, 153, 178, 254
リソース 63
リテラル 26
リポジトリ 205
リレーショナルデータベース
.... 161, 162
ルーティング 299
例外 145

レコード 135
レジスタ 78
列挙型 233
列挙子 233
ローカル 10
ローカル変数 52

わ行

ワイルドカード...........182
ワーキングツリー 205

311

著者紹介

荒木雅弘 博士(工学)

1993 年京都大学大学院工学研究科博士後期課程研究指導認定退学。
京都大学工学部助手，京都大学総合情報メディアセンター講師，京都工芸繊維大学准教授などを歴任。
専門はマルチモーダルインタラクション，音声対話システム，機械学習。
著書に，『フリーソフトでつくる音声認識システム 第 2 版』森北出版 (2017)，『フリーソフトではじめる機械学習入門 第 2 版』森北出版 (2018)，『マンガでわかる機械学習』オーム社 (2018) などがある。
一連の著作物が評価され，2018 年に日本工学教育協会より工学教育賞（著作部門）を受賞している。

NDC007	319p	21cm

プログラミング〈新〉作法
これからプログラムを書く人のために

2024 年 9 月 26 日　第 1 刷発行
2024 年 10 月 31 日　第 2 刷発行

著　者	荒木雅弘
発行者	篠木和久
発行所	株式会社　講談社

KODANSHA

〒112-8001　東京都文京区音羽 2-12-21
　　販　売　(03) 5395-5817
　　業　務　(03) 5395-3615

編　集　株式会社　講談社サイエンティフィク

代表　堀越俊一

〒162-0825　東京都新宿区神楽坂 2-14　ノービィビル
　　編　集　(03) 3235-3701

本文データ制作　株式会社トップスタジオ

印刷・製本　株式会社ＫＰＳプロダクツ

落丁本・乱丁本は，購入書店名を明記のうえ，講談社業務宛にお送り下さい．送料小社負担にてお取替えします．
なお，この本の内容についてのお問い合わせは講談社サイエンティフィク宛にお願いいたします．定価はカバーに表示してあります．
© Masahiro Araki, 2024

本書のコピー，スキャン，デジタル化等の無断複製は著作権法上での例外を除き禁じられています．本書を代行業者等の第三者に依頼してスキャンやデジタル化することはたとえ個人や家庭内の利用でも著作権法違反です．
JCOPY 〈(社) 出版者著作権管理機構　委託出版物〉
複写される場合は，その都度事前に (社) 出版者著作権管理機構（電話 03-5244-5088，FAX 03-5244-5089，e-mail : info@jcopy.or.jp）の許諾を得て下さい．
Printed in Japan
ISBN 978-4-06-536981-4